Sarah Gießen / Hiroshi Nakanishi

Excel 2010 Formeln und Funktionen

Sarah Gießen / Hiroshi Nakanishi

Excel 2010

Formeln und Funktionen

Finanzen · Statistik · Mathematik

Mit 184 Abbildungen

FRANZIS

Bibliografische Information der Deutschen Bibliothek

Die Deutsche Bibliothek verzeichnet diese Publikation in der Deutschen Nationalbibliografie;
detaillierte Daten sind im Internet über http://dnb.ddb.de abrufbar.

Herausgeber: Ulrich Dorn
Satz: DTP-Satz A. Kugge, München
art & design: www.ideehoch2.de
Druck: Bercker, 47623 Kevelaer
Printed in Germany

ISBN 978-3-645-60093-4

Inhaltsverzeichnis

1 Excel 2010 – Grundlagen

In diesem Buch geht es um den Einsatz von Excel-Funktionen in unterschiedlichen Arbeitsbereichen. Die Berechnungen liefern Ergebnisse als Zahlen, Texte oder auch Datumswerte. Dieses Kapitel beschreibt den grundlegenden Umgang mit den Werten in den Excel-Zellen. Sie erfahren, wie Sie

- Zahlen formatieren und Einheiten für die Zellwerte darstellen,
- Ein- und Mehrzahl mithilfe der benutzerdefinierten Formatierung einstellen,
- spezielle Nummern wie firmeninterne Personalnummern oder Versicherungsscheinnummern formatieren,
- den Befehl *Gültigkeit* zur Steuerung der Benutzereingabe nutzen,
- eine Listenauswahl für eine Zelle anlegen,
- die bedingte Formatierung einsetzen, um die Zelle abhängig vom Inhalt anzuzeigen,
- den Befehl *Inhalte einfügen* einsetzen, um Zellwerte individuell zu bearbeiten,
- Ihre Tabellenblätter für den Ausdruck vorbereiten und schließlich
- Ihre Ergebnisse in Form von Diagrammen auswerten und präsentieren.

All diese Themen werden so komprimiert angeboten, dass Sie sich auf den Einsatz Ihrer gewünschten Funktion konzentrieren können.

▣ Download-Link

www.buch.cd
Hier finden Sie alle Beispieldateien übersichtlich nach Kapiteln geordnet. Einfach kurz registrieren und herunterladen.

⊡ Lesezeichen

http://www.winfuture-forum.de
http://www.office2010-hilfe.de/
http://www.office-loesung.de
Nützliche Tipps direkt aus der Office-Community

1.1 Zahlen- und Datumsformate

Jede Zahl, die Sie in Excel eingeben, können Sie im Anschluss gestalten. Sie können ihr beispielsweise ein Währungsformat zuweisen. Wichtig ist nur, dass die gewünschten Zellen markiert sind, bevor Sie das Format zuweisen. Auf dem Register *Start* gibt es Schaltflächen sowie ein Listenfeld zur Zellformatierung.

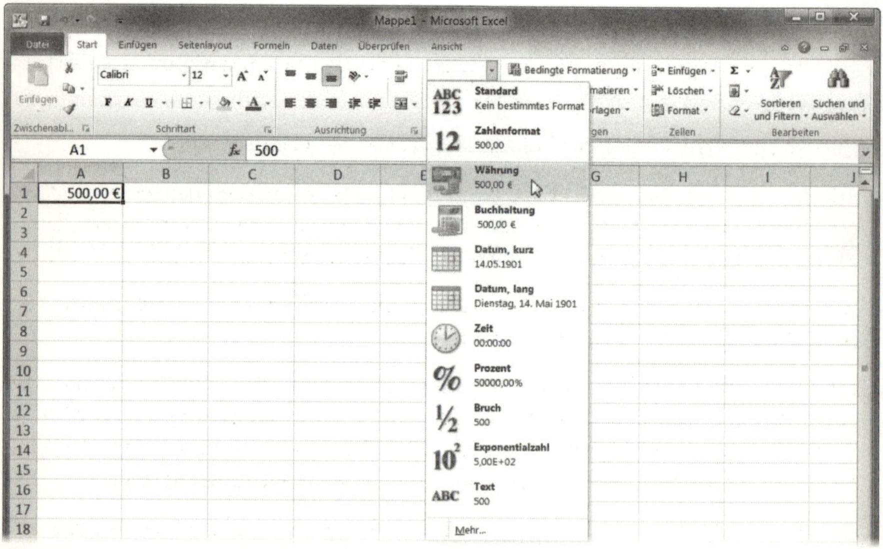

Bild 1.1: Die Schnellauswahl zu den Zahlenformaten

Neben den Standardkategorien wie z. B. *Währung* oder *Zahl* möchten wir im Anschluss die *benutzerdefinierten Zahlenformate* besonders hervorheben.

Zahlen formatieren

Drei Tastenkombinationen zur schnellen Formatierung gleich zu Beginn:

- `Strg` + `Umschalt` + `1` weist den markierten Zellen zwei Nachkommastellen und den Tausenderpunkt zu.
- `Strg` + `Umschalt` + `4` weist den markierten Zellen das Währungsformat zu.
- `Strg` + `Umschalt` + `6` weist den markierten Zellen das Standardformat zu.

Tipp: Das Standardwährungsformat legen Sie in der Systemsteuerung von Windows fest.

Zahlen mit Einheiten über die benutzerdefinierten Zahlenformate gestalten

Sollten die angebotenen Formate nicht ausreichen, weil Sie z. B. die Angabe *500,00 Liter* in einer Zelle benötigen, müssen Sie ein benutzerdefiniertes Zahlenformat anlegen.

1. Markieren Sie die Zelle oder Zellen, die das Format erhalten sollen.
2. Öffnen Sie über das Kontextmenü der rechten Maustaste das Fenster *Zellen formatieren* und aktivieren Sie das Register *Zahlen.* Alternativ können Sie das Dialogfenster *Zellen formatieren* über die Tastenkombination `Strg`+`1` öffnen.
3. In der Kategorie *Benutzerdefiniert* finden Sie bereits einige vordefinierte Formate, die Sie ändern bzw. anpassen können.
4. Geben Sie entweder Ihr eigenes Format in das Feld *Typ* ein oder wählen Sie eines aus der Liste aus. In diesem Beispiel haben wir den Eintrag *#.##0,00* angeklickt. Dieses Format wird jetzt in das Feld *Typ* übernommen. Es ist das Zahlenformat für Zahlen mit Tausenderpunkt und zwei Nachkommastellen.
5. Klicken Sie jetzt hinter die letzte 0, drücken Sie einmal auf die `Leer`-Taste und schreiben Sie `"Liter"`. Im Feld *Typ* sollte jetzt der folgende Eintrag stehen:

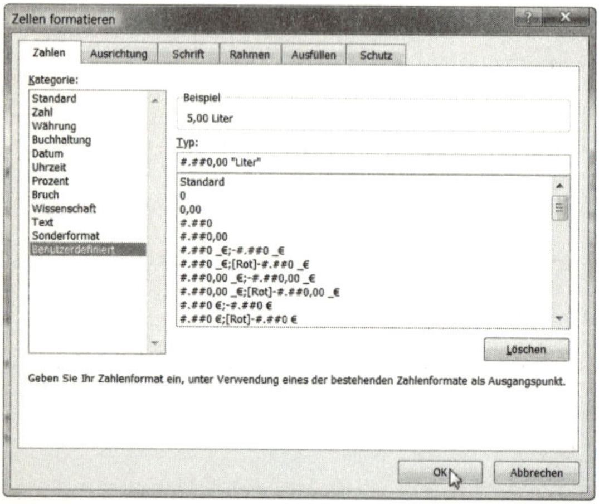

Bild 1.2: Das eigene benutzerdefinierte Zahlenformat für das Beispiel Liter

Das bedeutet, dass hinter den Zahlenangaben mit zwei Nachkommastellen die Einheit *Liter* angezeigt wird.

```
5,00 Liter bzw. 5.500,00 Liter bzw. 1.123.500,00 Liter
```

Die #-Symbole sind Platzhalter für den Fall, dass eine größere Zahl eingegeben wird. Wenn die Zahl größer als 1000 ist, werden Tausenderpunkte angezeigt, ohne dass Sie sie extra eingeben müssen. Wenn Sie keine Tausenderpunkte wollen, wählen Sie das folgende Format:

```
0,00 "Liter"
```

6 Bestätigen Sie Ihre Eingabe mit *OK*.

Jetzt haben alle markierten Zellen dieses Format. In der Zeile 7 haben wir die benutzerdefinierten Formate sichtbar dargestellt.

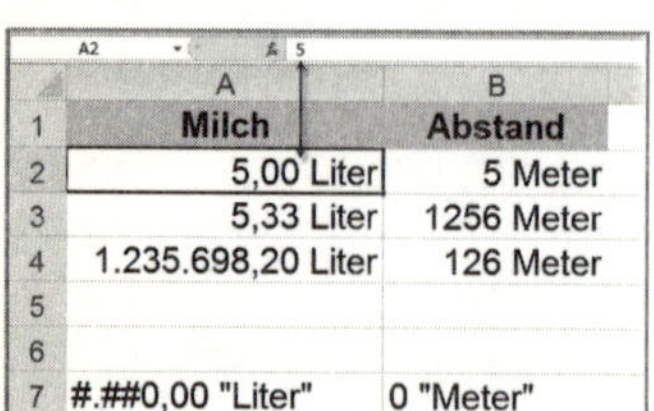

Bild 1.3: Zahlen mit Einheiten direkt in den Zellen sind besser lesbar.

Wenn Sie auf eine formatierte Zelle klicken, erkennen Sie in der Bearbeitungsleiste, dass in der Zelle nur die Zahl enthalten ist.

Tipp: Selbstverständlich können Sie diese Zahlen für weitere Berechnungen verwenden.

Benutzerdefinierte Datumsformate

Für Datumswerte verwendet man andere Symbole zur Formatierung, die im Folgenden kurz erläutert werden.

Ein Standarddatum könnte so aussehen:

```
10.07.2010 oder auch 10.7.10
```

Leider bieten einige Excel-Versionen dieses nicht in der Kategorie *Datum* an. Das benutzerdefinierte Format sieht folgendermaßen aus:

```
tt.MM.jjjj
```

Im Fenster *Zellen formatieren* finden Sie in der Kategorie *Datum* viele vordefinierte Datumsformate.

Ein weiteres Datumsformat, das auch oft fehlt:

```
Samstag, den 10. Juli 2010
```

Das Format muss ebenfalls bei den benutzerdefinierten Formaten eingegeben werden:

```
TTTT," den "TT.MMMM JJJJ
```

Es folgt die Auflösung der Buchstaben für das Datum 10.07.2010.

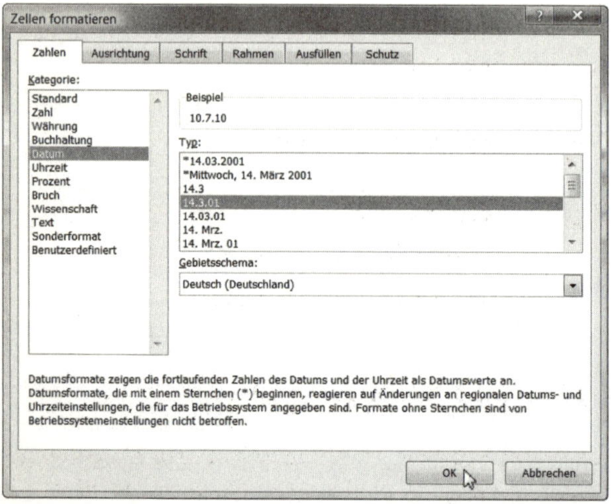

Bild 1.4: Die vordefinierten Datumsformate

Für den Tag:

Formatzeichen	Darstellung	Beschreibung
T	10	Tag (Zahl) ohne führende 0
TT	10	Tag (Zahl) mit führender 0
TTT	Sa	Wochentag kurz
TTTT	Samstag	Wochentag lang

Für den Monat:

Formatzeichen	Darstellung	Beschreibung
M	7	Monat (Zahl) ohne führende 0
MM	07	Monat (Zahl) mit führender 0
MMM	Jul	Monatsname kurz
MMMM	Juli	Monatsname lang

Tipp: Bitte beachten Sie, dass der Buchstabe »M« für den Monat groß geschrieben ist. Das kleine »m« steht für Minuten.

Bei den Jahren sind nur die folgenden beiden Kürzel sinnvoll:

Formatzeichen	Darstellung	Beschreibung
`JJ`	10	Jahreszahl kurz (zweistellig)
`JJJJ`	2010	Jahreszahl lang (vierstellig)

1.2 Eingaben mit dem Befehl *Gültigkeit* prüfen

Nehmen wir an, Sie haben eine Tabelle erstellt, in die auch Kollegen Daten eingeben müssen. Nun wissen Sie, dass es einige Personen gibt, die vielleicht nicht die gewünschten Informationen in die Zellen schreiben. Wenn Sie beispielsweise wünschen, dass eine Zahl zwischen 1 und 100 in die Zelle eingegeben werden soll, dann setzen Sie den Befehl *Gültigkeit* ein. *Gültigkeit* prüft die Zelleingabe und bringt bei Nichtbeachtung eine Fehlermeldung.

1. Markieren Sie die Zelle oder die Zellen, die einer Gültigkeitsprüfung unterliegen sollen.
2. Aktivieren Sie das Register *Daten* und klicken Sie auf die Schaltfläche *Datenüberprüfung*.

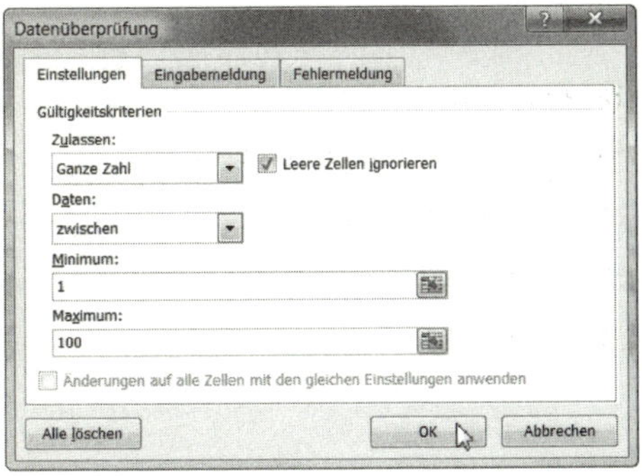

Bild 1.5: Die Funktion *Gültigkeit* lässt nur ganze Zahlen zwischen 1 und 100 in den markierten Zellen zu.

3 Im Feld *Zulassen* müssen Sie definieren, welche Prüfung erfolgen soll. In diesem Beispiel lassen wir nur ganze Zahlen zu.

Über das Feld *Zulassen* können Sie die Eingabe von Datums- oder Zeitwerten erzwingen. Mit dem Eintrag *Textlänge* definieren Sie eine maximale Eingabe von Zeichen für die Zellen. Wenn Sie beispielsweise möchten, dass nicht mehr als 10 Zeichen eingegeben werden dürfen, wählen Sie den Eintrag *Textlänge.*

4 Nachdem Sie den Eintrag *Ganze Zahl* gewählt haben, müssen Sie die Grenzen bestimmen. In diesem Beispiel haben wir zwischen 1 und 100 gewählt. Also sind alle Eingaben, die größer als 100 oder kleiner als 1 sind, nicht zulässig.

5 Wenn Sie in dieser Zelle eine Eingabe vornehmen, bei der die Bedingung nicht zutrifft, dann erscheint die folgende Fehlermeldung:

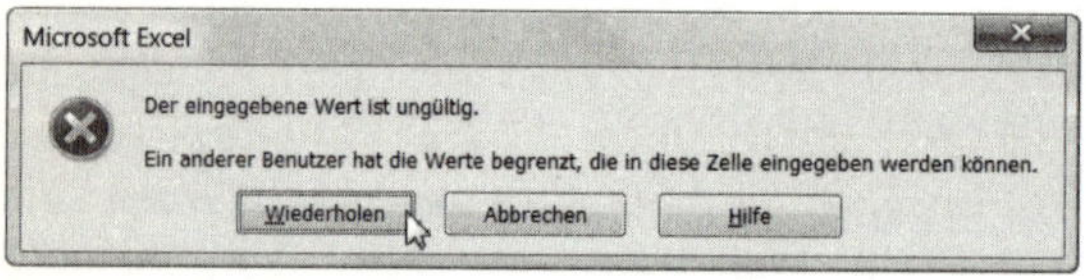

Bild 1.6: Eine falsche Eingabe wird durch diese Meldung quittiert.

▶ Die Eingabeaufforderung

Sie können den Zellen mit der Gültigkeitsprüfung eine Eingabeaufforderung zuweisen. Dann erscheint beim Markieren der Zelle ein Hinweis, den Sie selbst gestalten können.

1 Markieren Sie die gewünschten Zellen.

2 Öffnen Sie das Fenster *Datenüberprüfung* und aktivieren Sie das Register *Eingabemeldung.*

3 Schreiben Sie die Eingabeaufforderung.

Wenn Sie die Zelle mit der Prüfung markieren, dann erscheint die von Ihnen generierte Meldung.

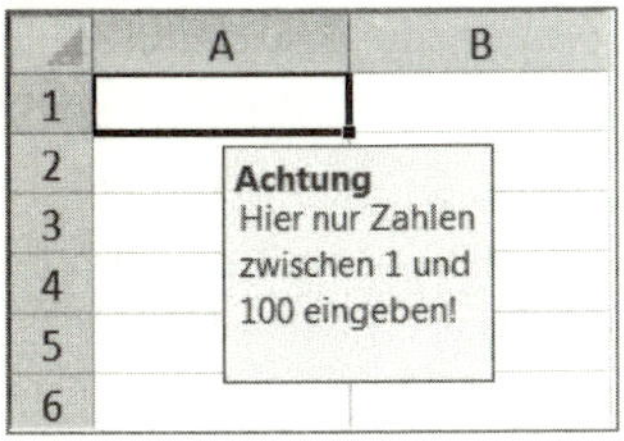

Bild 1.7: Die von Ihnen erstellte Eingabeaufforderung

▶ Die Fehlermeldung

Sie können auch die Fehlermeldung gestalten und zusätzlich bestimmen, was bei einer Fehleingabe mit dem Zellinhalt geschehen soll.

1. Markieren Sie die gewünschten Zellen.
2. Öffnen Sie das Fenster *Datenüberprüfung* und aktivieren Sie das Register *Fehlermeldung*.
3. Schreiben Sie die Fehlermeldung und wählen Sie den *Typ* aus.

▶ Eigene Fehlermeldung zur Datengültigkeit

Wenn Sie die Fehlermeldung *Stopp* gewählt haben, erscheint bei einer Falscheingabe eine Fehlermeldung, bei der Sie nur die Wahl haben zwischen *Wiederholen*, dann wird der Cursor wieder in die Zelle gesetzt, oder *Abbrechen*, dann wird der Inhalt gelöscht bzw. der vorherige Inhalt angezeigt.

Wenn Sie den Typ *Warnung* gewählt haben, erscheint ein Hinweisfenster, in dem bei einem Klick auf *Ja* die falsche Eingabe übernommen wird. Bei einem Klick auf *Nein* wird der Cursor wieder in die Zelle gesetzt und bei *Abbrechen* wird der Inhalt gelöscht bzw. der vorherige Inhalt wieder angezeigt.

Bei Wahl der Fehlermeldung *Information* erscheint eine Meldung, bei der die falsche Eingabe mit *OK* übernommen werden kann. Mit *Abbrechen* wird der Zellinhalt gelöscht bzw. der vorherige Inhalt wieder angezeigt.

1.3 Bedingte Formatierung

Eine bevorzugt eingesetzte Funktion ist die hervorgehobene Darstellung von Zahlenwerten über die Hintergrundfarbe, die Rahmenart oder den Schriftstil.

Vielleicht haben Sie eine Liste mit Zahlen erstellt und wollen auf den ersten Blick darüber informiert werden, welche Zahlen einer oder mehreren Bedingungen entsprechen.

In diesem Beispiel sollen alle Zellen, deren Inhalt größer als 980 ist, mit einer roten Füllfarbe gezeigt werden.

1. Markieren Sie alle Zellen, in denen die Bedingung geprüft werden soll.
2. Aktivieren Sie das Register *Start* und wählen Sie die Befehlsfolge *Bedingte Formatierung / Regeln zum Hervorheben von Zellen / Größer als.*

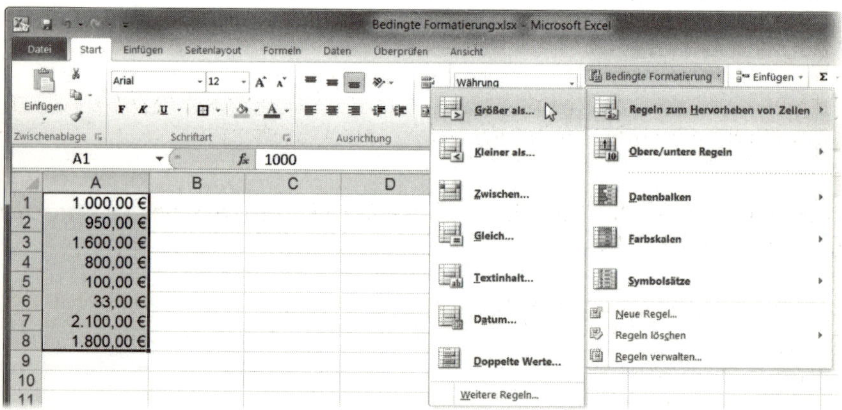

Bild 1.8: Die *bedingte Formatierung* starten

3. Geben Sie ins Fenster *Größer als* den gewünschten Wert ein und wählen Sie am Listenfeld *mit* das gewünschte Format aus.

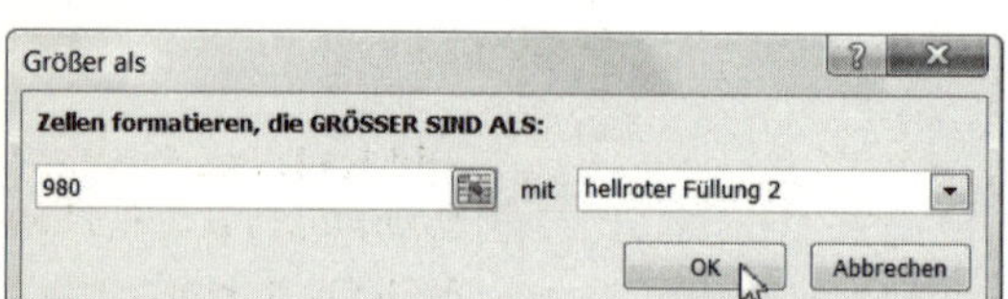

Bild 1.9: Bei einem Zellwert größer als 980 soll die Zelle rot eingefärbt werden.

4. Bestätigen Sie mit *OK*.

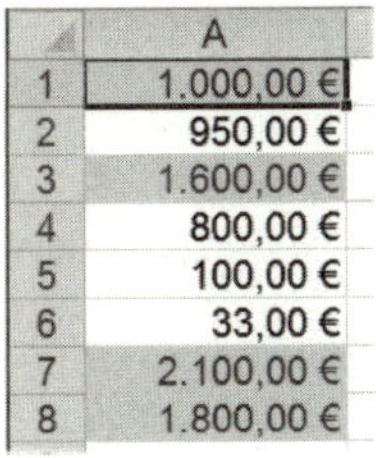

Bild 1.10: Jetzt sind alle Zellen, die der Bedingung entsprechen, rot eingefärbt.

▶ Weitere Bedingungen einsetzen

Wenn Sie die Bedingung größer oder gleich 980 einsetzen möchten, dann wählen Sie wieder die Befehlsfolge *Bedingte Formatierung / Regeln zum Hervorheben von Zellen / Weitere Regeln.*

Wählen Sie im unteren Teil des Fensters *Neue Formatierungsregel* die Bedingung aus, in unserem Beispiel *größer oder gleich.* Geben Sie dann im Feld rechts daneben den Wert ein.

Mit einem Klick auf die Schaltfläche *Formatieren* können Sie zwischen verschiedenen Zellformaten wählen.

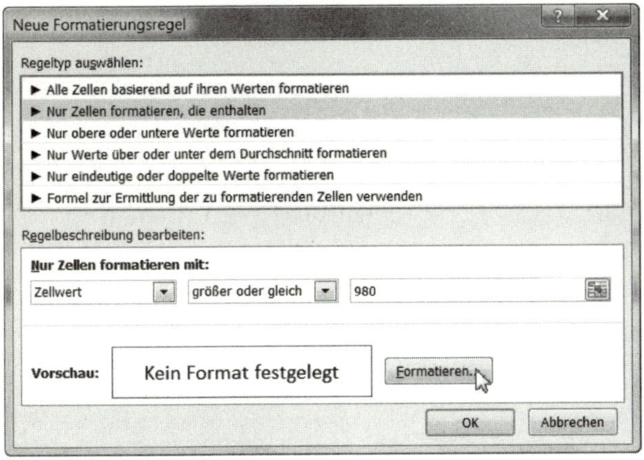

Bild 1.11: Das Fenster *Neue Formatierungsregel* bietet noch mehr Möglichkeiten.

▶ Datenbalken einsetzen

Ein weiterer Befehl bei der *bedingten Formatierung* betrifft die Datenbalken. Je höher der Wert, desto länger der Balken. Die folgende Abbildung zeigt ein Beispiel:

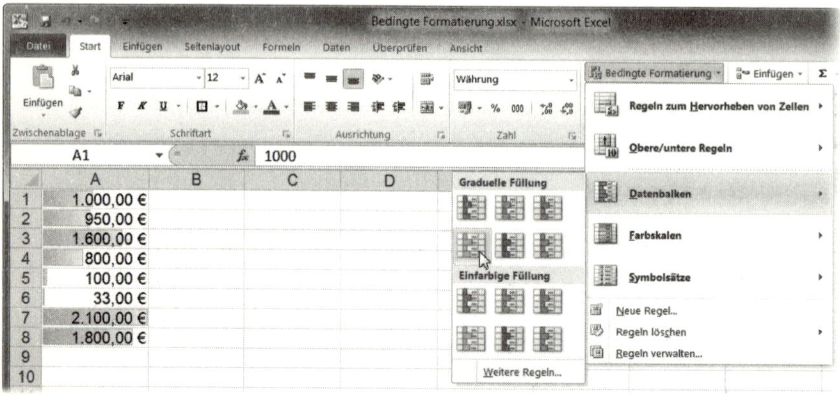

Bild 1.12: Datenbalken zur Kennzeichnung der Zahlen einsetzen

2 Funktionen erstellen und bearbeiten

In den folgenden Kapiteln finden Sie Beschreibungen zu allen Excel-Funktionen. Um eine der im Buch beschriebenen Excel-Funktionen in den eigenen Dateien anzuwenden, müssen Sie die Funktionen in die Zellen eingeben und bearbeiten. Es gibt verschiedene Möglichkeiten, Funktionen zu erfassen:

- Manuelle Eingabe eines Rechenschritts in eine Zelle
- Eingeben und Bearbeiten der Formeln in der Bearbeitungsleiste
- Erstellen von Funktionen mit dem Funktions-Assistenten

Diese Varianten werden im Detail erläutert.

▣ Download-Link

www.buch.cd
Hier finden Sie alle Beispieldateien übersichtlich nach Kapiteln geordnet.

2.1 Rechenschritte manuell eingeben und bearbeiten

Die erste Möglichkeit ist die manuelle Eingabe eines einfachen Rechenschritts in eine Excel-Zelle.

Manuelle Eingabe eines einfachen Rechenschritts

1. Öffnen Sie die Beispieldatei *Funktionen_erfassen.xlsx.*
2. Setzen Sie den Cursor in die Zelle D8, in der die Formel erstellt werden soll.
3. Eine Excel-Funktion beginnt mit einem Gleichheitszeichen (=). Um im vorliegenden Beispiel die beiden Zahlen zu addieren, geben Sie nach dem Gleichheitszeichen die folgende Formel ein:

```
=D4+D6
```

4. Ist die Formeleingabe beendet, drücken Sie die [Eingabe]-Taste.

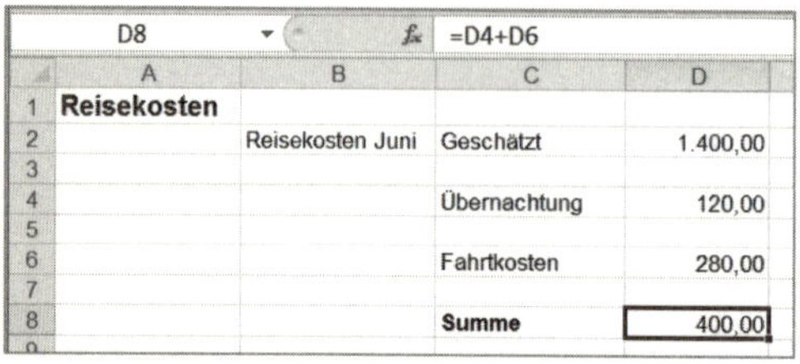

D8 =D4+D6

	A	B	C	D
1	**Reisekosten**			
2		Reisekosten Juni	Geschätzt	1.400,00
3				
4			Übernachtung	120,00
5				
6			Fahrtkosten	280,00
7				
8			**Summe**	400,00

Bild 2.1: Eine Formel manuell erfassen.

Wenn Sie jetzt die Zahlen in der Zelle D4 oder D6 ändern, wird das Ergebnis in D8 direkt nach Drücken der [Eingabe]-Taste aktualisiert. Auf diese Art können Sie alle Berechnungen erstellen, so einfache, wie gerade beschrieben, oder auch sehr komplexe. Die folgende Tabelle zeigt die Tasten, auf denen Sie die Rechenschritte finden.

Rechenschritt	Numerischer Block	Tastatur	Beispiel
Addition	[+]	[+]	=A1+A2
Subtraktion	[-]	[-]	=A1–A2
Multiplikation	[x] oder [*]	[*] [⇧]+[+]	=A1*A2
Division	[÷] oder [/]	[/] [⇧]+[7]	=A1/A2
Potenz		[^]	=10^3 (entspricht 10*10*10)
Klammern		( )	=A1*(B1+C1)

Tipp: Viele bevorzugen für die Eingabe der Zahlen und der Rechenzeichen den rechten numerischen Block. Dort finden Sie auch die [Eingabe]-Taste. Sie ist häufig auch mit [Enter] beschriftet.

▶ Kernsätze der Mathematik

Sie kennen doch sicherlich noch die Aussagen Ihres Mathematiklehrers:

- Potenzrechnung vor Punktrechnung.

- Punktrechnung geht vor Strichrechnung.
- Was in Klammern steht, wird zuerst berechnet.
- Keine Division durch 0.

Das gilt auch für alle Berechnungen in Excel.

▶ Die Funktion SUMME

Die am häufigsten eingesetzte Funktion ist die SUMME-Funktion. Deshalb bietet Ihnen Excel diese Funktion auch als Schaltfläche an.

Wenn Sie den Inhalt dreier Monatsumsätze addieren wollen, gehen Sie so vor:

1. Öffnen Sie die Datei *Summe.xlsx*. Aktivieren Sie das Register *Summe_1 leer*.
2. Setzen Sie den Cursor in die Zelle, in der Sie das Ergebnis sehen möchten. In diesem Beispiel ist es die Zelle D7.
3. Klicken Sie auf die Schaltfläche *Summe* (∑).

Jetzt »rät« Excel, welche Zellen addiert werden sollen, und markiert diese Zellen.

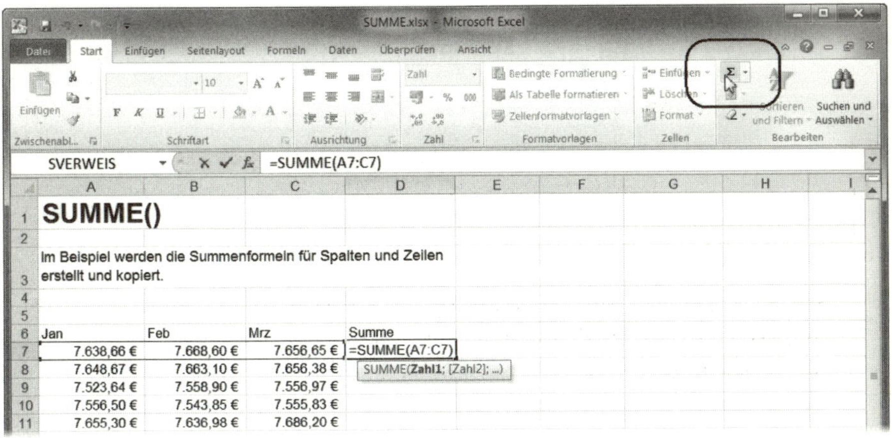

Bild 2.2: Die Funktion SUMME erkennt selbstständig die Zellen zum Addieren.

Wenn Sie andere Zellen addieren möchten, markieren Sie jetzt diese Zellen.

4. Nachdem alle Zellen markiert sind, deren Inhalt summiert werden soll, drücken Sie die [Eingabe]-Taste.

Jetzt sehen Sie in der gewünschten Zelle das Ergebnis. In der Bearbeitungsleiste erkennen Sie die Funktion, die in der Zelle steht.

> **Tipp:** Die Funktion SUMME können Sie auch mit einer Tastenkombination starten. Setzen Sie den Cursor in die Zielzelle und drücken Sie die Tastenkombination [Alt]+[⇧]+[0]. Jetzt »rät« Excel auch hier, welche Zellen addiert werden sollen. Markieren Sie die gewünschten Zellen und bestätigen Sie mit [Eingabe].

▶ Formeln kopieren

Nun möchten Sie die Funktion SUMME, die in der Zelle D7 steht, in die Zellen darunter kopieren.

1. Markieren Sie die Zelle D7.
2. Zeigen Sie mit der Maus auf das Ausfüllkästchen in der Zelle D7. Das ist die kleine Ecke rechts unten. Der Mauszeiger wechselt zu einem schlanken Plus-Symbol.
3. Ziehen Sie nun mit gedrückter linker Maustaste beliebig weit nach unten.

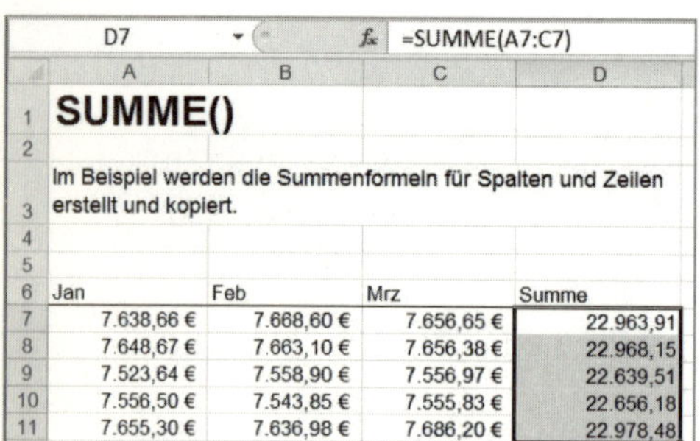
D7 | =SUMME(A7:C7)

	A	B	C	D
1	SUMME()			
2				
3	Im Beispiel werden die Summenformeln für Spalten und Zeilen erstellt und kopiert.			
4				
5				
6	Jan	Feb	Mrz	Summe
7	7.638,66 €	7.668,60 €	7.656,65 €	22.963,91
8	7.648,67 €	7.663,10 €	7.656,38 €	22.968,15
9	7.523,64 €	7.558,90 €	7.556,97 €	22.639,51
10	7.556,50 €	7.543,85 €	7.555,83 €	22.656,18
11	7.655,30 €	7.636,98 €	7.686,20 €	22.978,48

Bild 2.3: Die Funktion SUMME wurde erfolgreich kopiert

Sie erkennen, dass Excel die Zelladressen automatisch angepasst hat. Das heißt, in der Zelle D11 werden die Zellen der Zeile 11 addiert.

▶ Noch ein Beispiel zur Funktion SUMME

Wenn Sie die Funktion SUMME starten, dann markiert Excel einige Zellen und schlägt sie Ihnen zur Summierung vor, wie wir im vorherigen Beispiel gesehen haben. Das folgende Beispiel zeigt ein mögliches Problem:

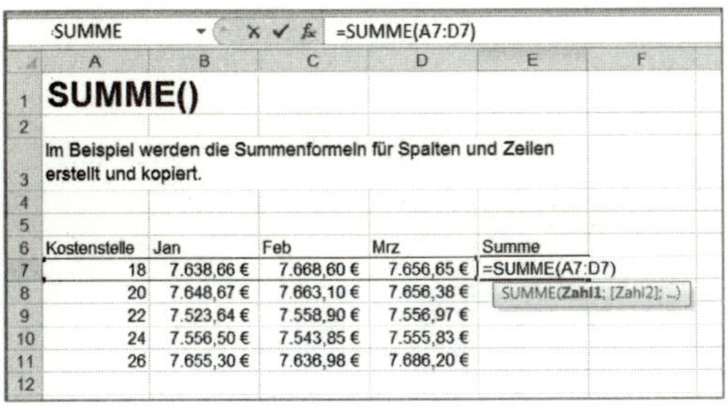

Bild 2.4: Der Vorschlag ist nicht immer korrekt.

Excel will die Kostenstellen in der Spalte A mit addieren. Jetzt müssen Sie handeln.

1. Markieren Sie die Zellen, die addiert werden sollen.

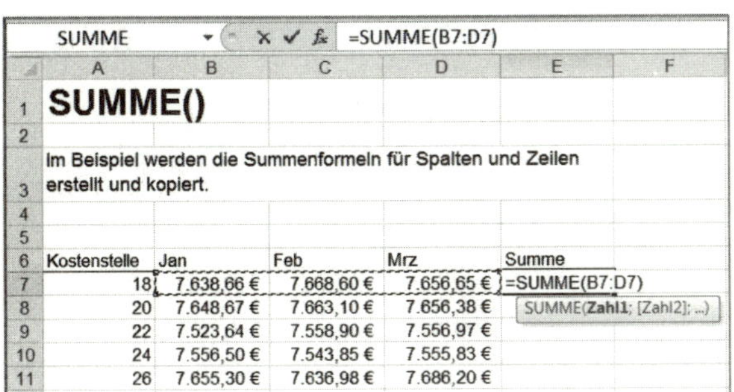

Bild 2.5: Die korrigierten Zellen in der Funktion SUMME

2. Drücken Sie die [Eingabe]-Taste zur Bestätigung.
3. Kopieren Sie die Formel nach unten.

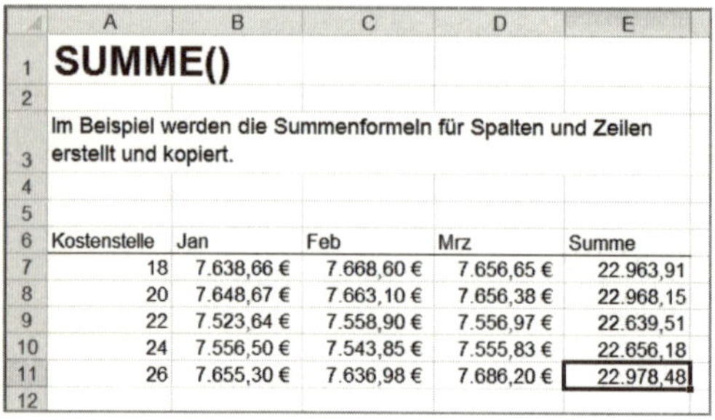

	A	B	C	D	E
1	SUMME()				
2					
3	Im Beispiel werden die Summenformeln für Spalten und Zeilen erstellt und kopiert.				
4					
5					
6	Kostenstelle	Jan	Feb	Mrz	Summe
7	18	7.638,66 €	7.668,60 €	7.656,65 €	22.963,91
8	20	7.648,67 €	7.663,10 €	7.656,38 €	22.968,15
9	22	7.523,64 €	7.558,90 €	7.556,97 €	22.639,51
10	24	7.556,50 €	7.543,85 €	7.555,83 €	22.656,18
11	26	7.655,30 €	7.636,98 €	7.686,20 €	22.978,48
12					

Bild 2.6: Ergebnisse, die mit der Funktion SUMME ermittelt wurden

Komplexere Additionen mit der Funktion SUMME

Manche Zellinhalte können Sie nicht durch Ziehen markieren.

Im folgenden Beispiel sollen die Zellen vom Januar und die Zellen vom März addiert werden.

1. Starten Sie die Funktion SUMME wie gewohnt. Das heißt, Sie markieren die Zelle, in der das Ergebnis stehen soll, anschließend klicken Sie auf die Schaltfläche *Summe* und markieren die ersten Zellen.

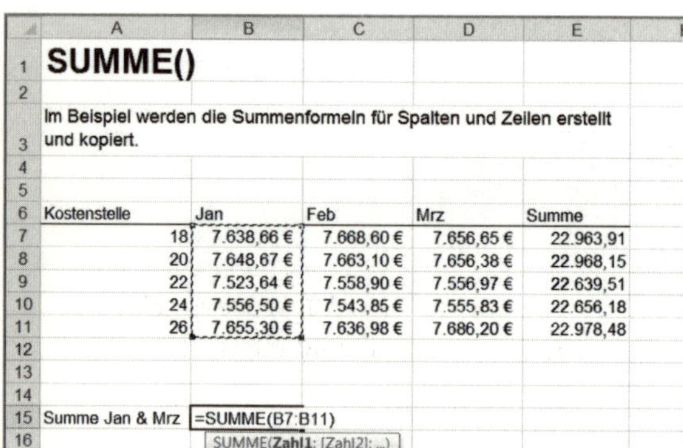

	A	B	C	D	E
1	SUMME()				
2					
3	Im Beispiel werden die Summenformeln für Spalten und Zeilen erstellt und kopiert.				
4					
5					
6	Kostenstelle	Jan	Feb	Mrz	Summe
7	18	7.638,66 €	7.668,60 €	7.656,65 €	22.963,91
8	20	7.648,67 €	7.663,10 €	7.656,38 €	22.968,15
9	22	7.523,64 €	7.558,90 €	7.556,97 €	22.639,51
10	24	7.556,50 €	7.543,85 €	7.555,83 €	22.656,18
11	26	7.655,30 €	7.636,98 €	7.686,20 €	22.978,48
12					
13					
14					
15	Summe Jan & Mrz	=SUMME(B7:B11)			
16		SUMME(**Zahl1**; [Zahl2]; ...)			

Bild 2.7: Die ersten Zellen, die addiert werden sollen

2. Drücken Sie die Taste [;]. Jetzt wird das Semikolon in der Funktion gezeigt.
3. Markieren Sie nun den zweiten Zellenblock, der addiert werden soll.

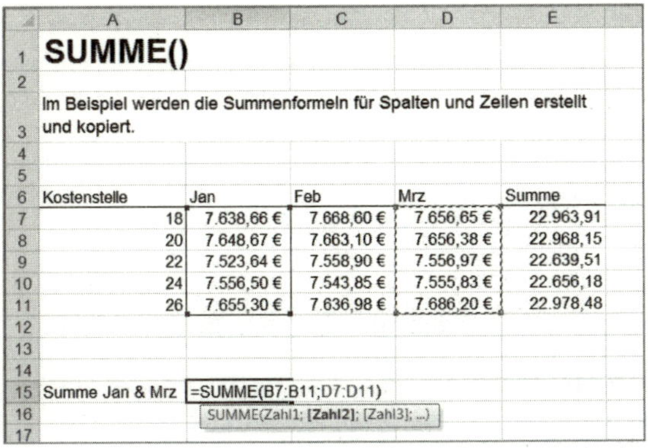

Bild 2.8: Mehrere Zellbereiche werden jetzt addiert.

Sie können bis zu 255 verschiedene Zellbereiche in der Funktion SUMME zur Addition angeben.

4. Wenn Sie alle Zellen markiert haben, drücken Sie [Eingabe].

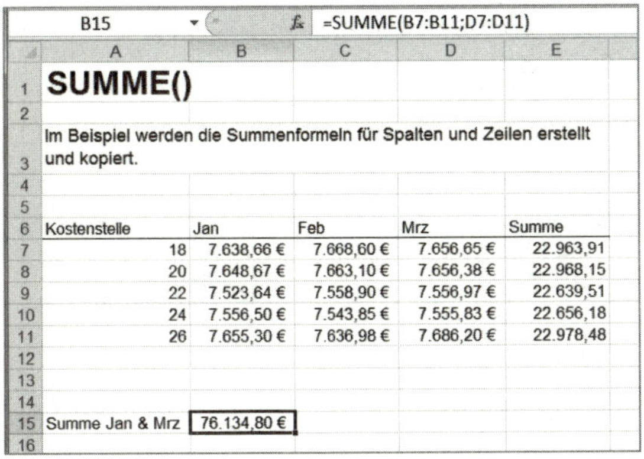

Bild 2.9: Das Ergebnis der Addition

2.2 Grundwissen zu den Formeln

Formeln nachträglich bearbeiten

Wenn Sie eine Formel nachträglich ändern möchten, markieren Sie die Zelle und führen Sie eine der folgenden Aktionen durch:

- Klicken Sie doppelt in die Zelle mit der Excel-Funktion. Danach befinden Sie sich im Bearbeitungsmodus, sodass Sie die Funktion sehen und der Cursor innerhalb der Formel blinkt.

Oder:

- Markieren Sie die Zelle und drücken Sie die Funktionstaste [F2].

Oder:

- Markieren Sie die Zelle und setzen Sie den Cursor in die Bearbeitungsleiste.

Die Bearbeitungsleiste befindet sich oberhalb des Excel-Arbeitsblatts zwischen den Spaltenüberschriften und den Symbolleisten.

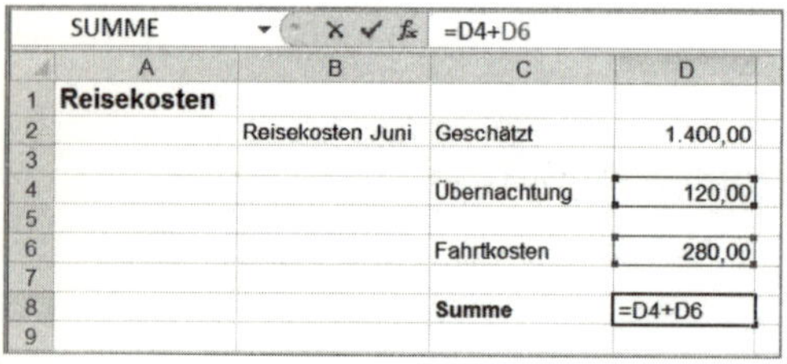

Bild 2.10: Funktionen ändern über die Bearbeitungsleiste.

Tipp: Wird die Bearbeitungsleiste nicht angezeigt, aktivieren Sie das Register *Ansicht* und setzen Sie das Häkchen *Bearbeitungsleiste* im Bereich *Anzeigen*. Das Häkchen signalisiert, ob die Leiste zurzeit angezeigt wird. Für längere Formeln können Sie die Höhe der Bearbeitungsleiste mehrzeilig einstellen.

Formeln im Arbeitsblatt finden

▶ Alle Formeln markieren

Sie erhalten von einem Kollegen eine Tabelle und möchten nun wissen, welche Zellen Formeln enthalten.

1. Aktivieren Sie das Register *Start*, wählen Sie an der Schaltfläche *Suchen und Auswählen* den Befehl *Gehe zu* oder drücken Sie die Taste [F5].
2. Klicken Sie auf die Schaltfläche *Inhalte*.

3. Aktivieren Sie die Option *Formeln*.

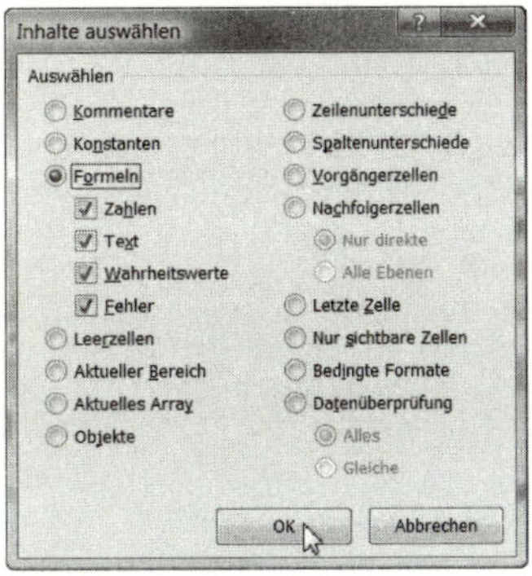

Bild 2.11: Gleich werden alle Zellen markiert, die Formeln enthalten.

4. Bestätigen Sie mit *OK*.

Jetzt werden alle Zellen markiert, die Formeln enthalten.

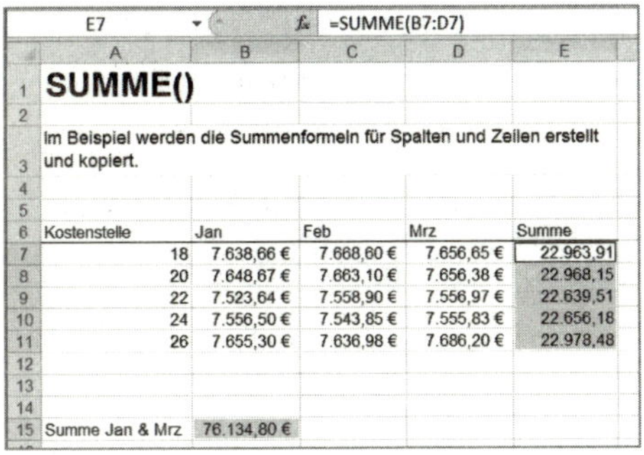

Bild 2.12: Alle Zellen mit Formeln sind markiert.

▶ Alle Formeln im Arbeitsblatt anzeigen

Excel bietet auch einen Programmbefehl an, um alle auf dem Arbeitblatt befindlichen Formeln anzuzeigen. Im »Normalzustand« werden ja die Ergebnisse der Formeln angezeigt.

Im Register *Formeln* finden Sie im Bereich *Formelüberwachung* den Befehl *Formeln anzeigen*.

Mit diesem Befehl schalten Sie die Ansicht auf Formelanzeige um. Die Spaltenbreite wird vergrößert, sodass die Formeln in den Zellen sichtbar werden.

Außerdem werden die Zahlenformate ausgeblendet.

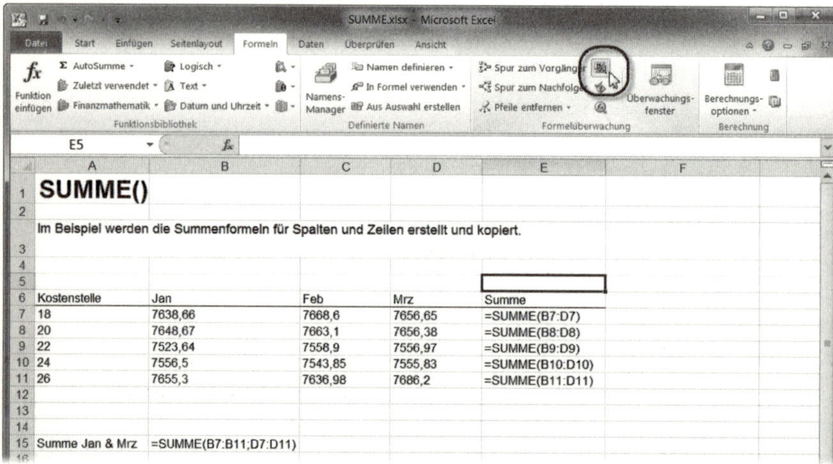

Bild 2.13: Formeln im Arbeitsblatt anzeigen

Durch nochmalige Wahl der oben beschriebenen Befehlsfolge sehen Sie die Ergebnisse und die Zahlenformate in den Zellen.

Formelergebnis als Werte kopieren

Sie haben eine Formel erstellt und benötigen nun nur das Ergebnis an einer anderen Stelle.

1. Markieren Sie die Zelle mit der Formel und wählen Sie den Befehl *Kopieren.*
2. Setzen Sie den Cursor an die Stelle, an der Sie das Ergebnis sehen möchten. Im folgenden Beispiel haben wir die Zelle D10 markiert.
3. Klicken Sie im Register *Start* auf die Schaltfläche *Einfügen.* Wählen Sie im Bereich *Werte einfügen* den gewünschten Befehl aus. Dabei haben Sie jetzt die Möglichkeit, in der Vorschau zu sehen, welcher Befehl welche Auswirkung hat.

Damit die neue Funktionalität erkennbar ist, haben wir die Zelle D8 mit der Formel zusätzlich mit dem Zellformat *Füllfarbe* und dem Zahlenformat *Währung* formatiert.

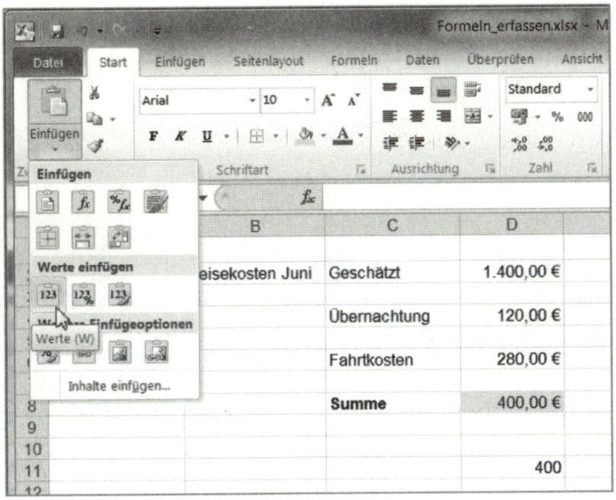

Bild 2.14: Die Werte einfügen, die zuvor kopiert wurden

Mit dem Befehl *Werte* wird nur das Ergebnis eingefügt. Mit dem Befehl *Werte und Zahlenformate* wird zusätzlich zum Ergebnis auch das Währungsformat eingefügt. Mit dem Befehl *Werte und Quellformatierung* werden das Ergebnis und alle Formate der Ursprungszelle eingefügt.

4 Wählen Sie den Befehl *Werte.*

Jetzt steht nur das Ergebnis in der Zelle. Die Funktion dahinter, das Zahlen- und das Zellformat wurden nicht mit eingefügt.

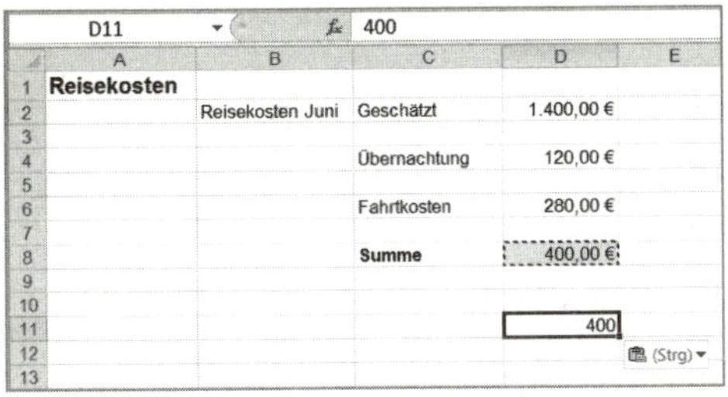

Bild 2.15: Das feste Ergebnis.

Über die *Einfügeoptionen*-Schaltfläche können Sie Ihre Wahl jetzt noch ändern.

Wenn sich jetzt einer der Beträge in den Zellen D4 bzw. D6 ändert, ändert sich das kopierte Ergebnis in D11 nicht.

Berechnung abschalten

Sie haben eine umfangreiche Tabelle mit vielen Berechnungen. Jede Änderung in einer Zelle benötigt viel Zeit, da Excel immer wieder alle Zellen neu berechnet. In diesem Fall können Sie die Berechnung ausschalten.

1. Wählen Sie die Befehlsfolge *Datei / Optionen.*
2. Wählen Sie die Kategorie *Formeln* und aktivieren Sie die Option *Manuell.*

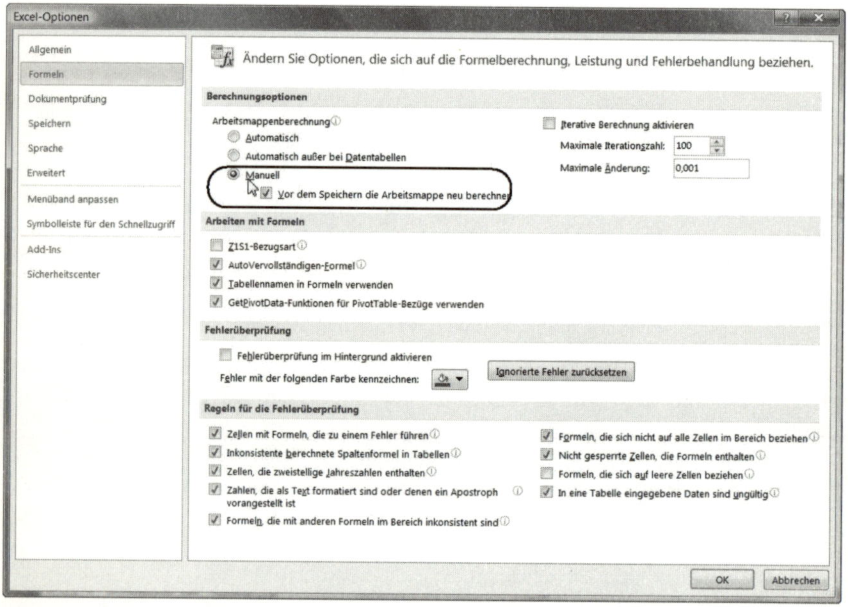

Bild 2.16: Das automatische Neuberechnen der Zellen abschalten.

3. Bestätigen Sie mit *OK.*

Jetzt werden die Zellen mit den Funktionen nur dann neu berechnet, wenn Sie die Taste [F9] drücken.

2.3 Relative und absolute Adressierung

Um Formeln für das Arbeitsblatt allgemeingültiger aufzubauen, verwendet man in der Praxis die relative und absolute Adressierung.

Haben Sie etwa eine Liste von Zahlen und möchten Sie diese mit einem Faktor, der in einer anderen Zelle steht, berechnen, bekommen Sie ein Problem.

Die folgende Abbildung zeigt das Beispiel.

C5 =B5+B2

	A	B	C
1	Spesensatz	15,00 €	
2			
3	Namen	Beleg	Auszahlung
4	Müller	45,00 €	60,00 €
5	Maier	65,00 €	65,00 €
6	Schmidt	85,00 €	#WERT!
7	Huber	15,00 €	60,00 €
8	Metzger	20,00 €	85,00 €
9	Meinert	50,00 €	135,00 €
10	Hebrer	66,00 €	81,00 €
11	Wellert	10,00 €	30,00 €
12	Tannenmann	25,00 €	75,00 €
13	Walder	88,00 €	154,00 €
14			

Bild 2.17: Ein Fehler hat sich eingeschlichen, nachdem die erste Formel in Zelle C4 nach unten kopiert wurde.

Der Wert in der Zelle B4 wird mit dem Faktor 15 aus der Zelle B1 addiert. Das erste Ergebnis in der Zelle C4 lautet 60. Anschließend wurde die Formel am Ausfüllkästchen nach unten kopiert.

Danach traten die Fehler auf. Wenn Sie auf die Zelle C5 klicken, erkennen Sie, dass Excel die folgende Rechnung durchführt:

```
Zelle links (B5) + Zelle (B2)
```

Excel sollte aber rechnen:

```
Zelle links + Zelle mit Faktor (B1)
```

Löschen Sie als Erstes alle Ergebnisse. Schreiben Sie anschließend in der Zelle C4 die Formel neu. Schreiben Sie:

```
=B4+B1
```

Nachdem Sie die Zelle B1 benannt haben, drücken Sie die Taste [F4]. Die Formel sieht nun folgendermaßen aus:

```
=B4+$B$1
```

Kopieren Sie die Formel nach unten.

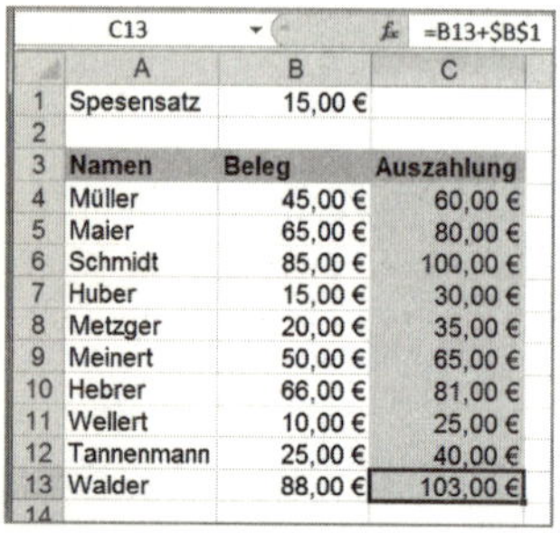
C13 =B13+$B$1

	A	B	C
1	Spesensatz	15,00 €	
2			
3	Namen	Beleg	Auszahlung
4	Müller	45,00 €	60,00 €
5	Maier	65,00 €	80,00 €
6	Schmidt	85,00 €	100,00 €
7	Huber	15,00 €	30,00 €
8	Metzger	20,00 €	35,00 €
9	Meinert	50,00 €	65,00 €
10	Hebrer	66,00 €	81,00 €
11	Wellert	10,00 €	25,00 €
12	Tannenmann	25,00 €	40,00 €
13	Walder	88,00 €	103,00 €
14			

Bild 2.18: Das Ergebnis mit der Taste F4.

Die Schreibweise mit den Dollarzeichen nennt man *absolute Adressierung*. Das bedeutet, wenn Sie jetzt die Formel nach unten kopieren, bleibt die Zelladresse B1 in jeder Formel stehen. Die erste Zelladresse nennt man relativ, weil sie sich beim Kopieren verändert. Wenn Sie eine Formel erstellt haben, das Ergebnis richtig ist und erst nach dem Kopieren der Formel ein Fehler auftritt, dann überlegen Sie, welche Zelle/Zellen Sie mit F4 »festmachen« müssen. Sie können die Dollarzeichen auch manuell über die Tastatur eingeben, oder Sie klicken auf die Zelladresse und drücken F4.

Anzahl Drücken von F4	Darstellung	Beschreibung
1	$B$1	Zelle B1 ist absolut.
2	B$1	Erste Zeile ist festgestellt.
3	$B1	Erste Spalte ist festgestellt.
4	B1	Zelle B1 ist relativ.

▶ Noch ein Beispiel zum Einsatz der Taste F4

Sie möchten diesmal die Formel nicht nur nach unten, sondern auch nach rechts kopieren. Sie müssen in diesem Beispiel nur die Spalte A und die Zeile 1 feststellen. Die Formel lautet:

```
=$A3*B$1
```

Nachdem Sie das Gleichheitszeichen und die erste Zelladresse eingegeben haben, müssen Sie jetzt die erste Spalte feststellen. Drücken Sie dazu dreimal die Taste F4.

Das Dollarzeichen sollte jetzt vor dem A stehen. Geben Sie jetzt den Rechenschritt ein, in diesem Beispiel das Sternchen für die Multiplikation.

Um jetzt die erste Zeile festzustellen, müssen Sie zweimal auf die Taste [F4] drücken.

Das Dollarzeichen vor dem A stellt sicher, dass die erste Spalte festgesetzt wird. Das Dollarzeichen vor der 1 stellt sicher, dass die erste Zeile festgesetzt wird. Egal, wohin Sie diese Formel kopieren, es wird immer die erste Spalte der aktuellen Zeile mit der ersten Zelle der aktuellen Spalte multipliziert.

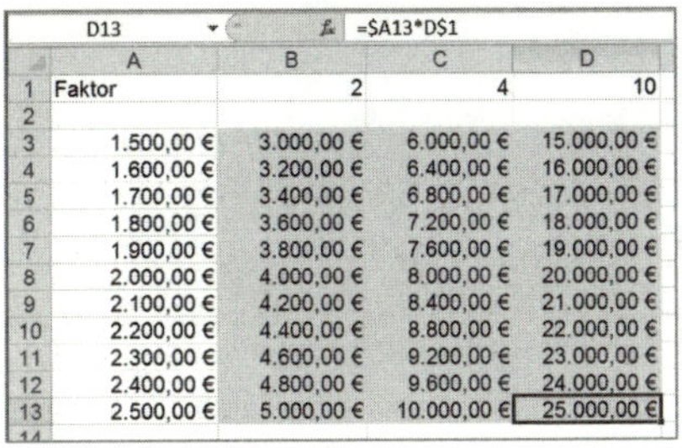
D13 =$A13*D$1

	A	B	C	D
1	Faktor	2	4	10
2				
3	1.500,00 €	3.000,00 €	6.000,00 €	15.000,00 €
4	1.600,00 €	3.200,00 €	6.400,00 €	16.000,00 €
5	1.700,00 €	3.400,00 €	6.800,00 €	17.000,00 €
6	1.800,00 €	3.600,00 €	7.200,00 €	18.000,00 €
7	1.900,00 €	3.800,00 €	7.600,00 €	19.000,00 €
8	2.000,00 €	4.000,00 €	8.000,00 €	20.000,00 €
9	2.100,00 €	4.200,00 €	8.400,00 €	21.000,00 €
10	2.200,00 €	4.400,00 €	8.800,00 €	22.000,00 €
11	2.300,00 €	4.600,00 €	9.200,00 €	23.000,00 €
12	2.400,00 €	4.800,00 €	9.600,00 €	24.000,00 €
13	2.500,00 €	5.000,00 €	10.000,00 €	25.000,00 €

Bild 2.19: Die erste Spalte und die erste Zeile wurden zum Berechnen festgestellt.

▶ Die Spur einer Formel verfolgen

Sollten Sie nicht erkennen können, welche Zellen zur Berechnung einer Formel eingesetzt wurden, lassen Sie sich die Spuren anzeigen.

1. Markieren Sie die Zelle, von der Sie wissen möchten, welche Zellen zur Berechnung hinzugezogen wurden.
2. Aktivieren Sie das Register *Formeln* und klicken Sie auf die Schaltfläche *Spur zum Vorgänger.*

Die Pfeile zeigen jetzt die Zellen, die zur Berechnung herangezogen werden.

Tipp: Wenn Sie eine Tabelle bearbeiten müssen und in einer Zelle eine Zahl steht, von der Sie nicht wissen, ob und wo sie zur Berechnung herangezogen wird, markieren Sie die Zelle und klicken auf die Schaltfläche *Spur zum Nachfolger.* Dann zeigt Ihnen Excel mit den blauen Pfeilen, ob und wo der Einsatz erfolgt.

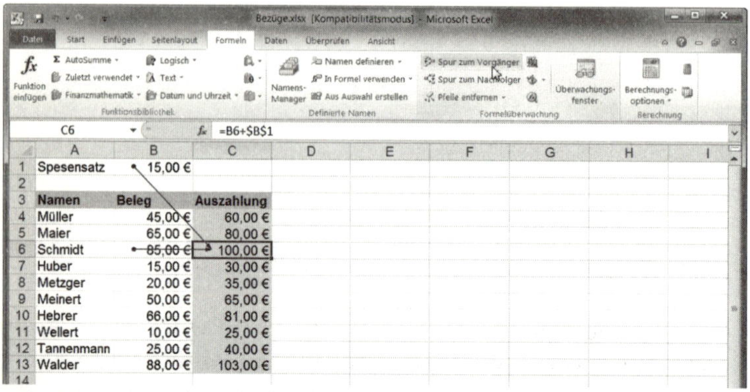

Bild 2.20: Mithilfe der *Spur zum Vorgänger* lassen Sie sich die Zellen anzeigen, die zur Berechnung hinzugezogen werden.

Mit einem Klick auf die Schaltfläche *Pfeile entfernen* löschen Sie die Pfeile wieder.

2.4 Der Funktions-Assistent

Der Funktions-Assistent bietet Ihnen weit über 200 fertige Funktionen an. Sie können diese ganz bequem aus einem Fenster wählen. Dabei steht Ihnen eine sehr gute Hilfefunktion zur Verfügung.

Einsatzgebiete

Um den Funktions-Assistenten zu öffnen, wählen Sie die folgenden Schritte:

1. Klicken Sie auf die *fx*-Schaltfläche in der Bearbeitungsleiste, wie es die folgende Abbildung zeigt.
2. Über das Listenfeld *Kategorie auswählen* grenzen Sie die Funktionen thematisch ein. Sollten Sie sich nicht sicher sein, in welcher Kategorie die gesuchte Funktion steckt, lassen Sie sich den Eintrag *Alle* anzeigen.
3. Jetzt sind die Funktionen alphabetisch geordnet. Sollten Sie nun eine Funktion mit dem Anfangsbuchstaben *W* suchen, müssen Sie nicht mühsam blättern. Klicken Sie auf einen Funktionsnamen und geben Sie den gesuchten Anfangsbuchstaben ein. Die Anzeige springt sofort zur ersten Funktion mit diesem Buchstaben.

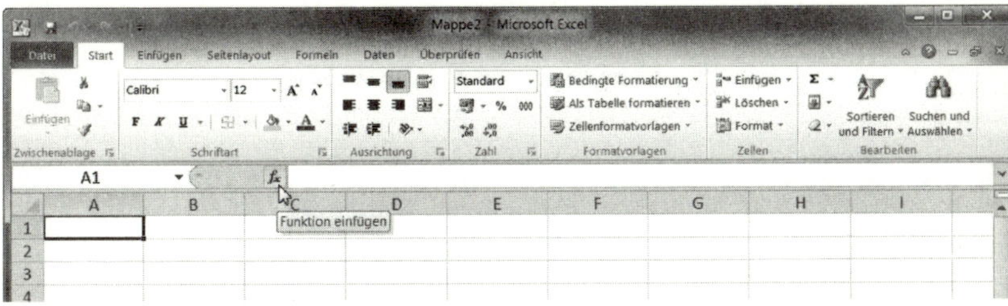

Bild 2.21: Den Funktions-Assistenten in der Bearbeitungsleiste aufrufen.

4 Mit einem Klick auf eine Funktion sehen Sie im unteren Teil des Fensters zwei Erklärungen. Zum einen sehen Sie zuerst die Syntax, darunter steht die Beschreibung zu dieser Funktion. Wenn Sie die gesuchte Funktion gefunden haben, doppelklicken Sie darauf oder markieren Sie sie und klicken auf die Schaltfläche *OK*.

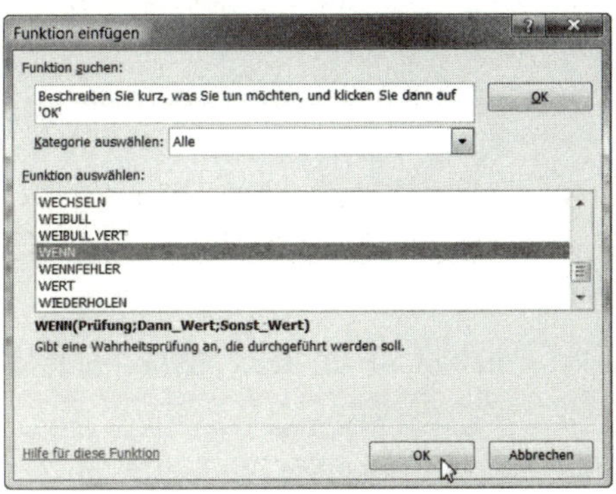

Bild 2.22: Der erste Schritt des Funktions-Assistenten.

Aus der Liste aller Funktionen haben wir den Eintrag WENN gewählt. Wir möchten abhängig vom Zellinhalt eine Aktion durchführen.

Im Fenster *Funktionsargumente* geben Sie in den verschiedenen Parameterfeldern die Prüfung und die jeweiligen Aktionen ein.

Tipp: Manchmal kann es sein, dass dieses Fenster vor der oder den Zellen steht, die Sie markieren möchten. Zeigen Sie in den Hintergrundbereich des Fensters und ziehen Sie das Fenster zur gewünschten Position.

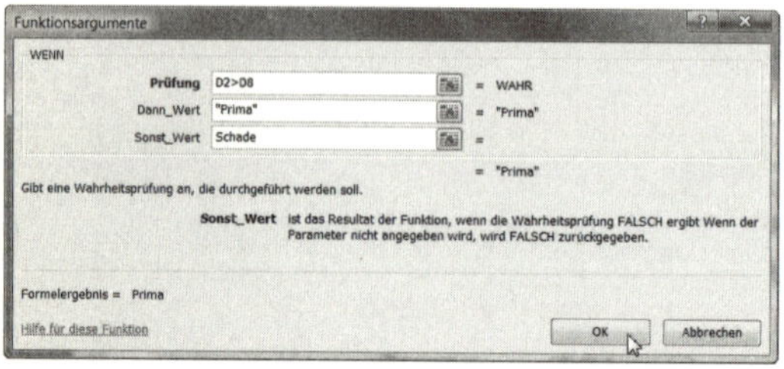

Bild 2.23: Zweiter Schritt des Funktions-Assistenten.

Als Vorschau steht im Fenster bereits das zu erwartende Ergebnis. Klicken Sie auf die Schaltfläche *OK*. Dann wird das Ergebnis in der aktuellen Zelle und die zugehörige Funktion in der Bearbeitungsleiste angezeigt.

Verschachtelte Funktionen

Nehmen wir an, Sie benötigen zum Ermitteln eines Ergebnisses zwei Funktionen, die ineinander verschachtelt sind.

Im vorliegenden Beispiel wollen wir wieder in Abhängigkeit vom Zellinhalt verschiedene Ergebnisse sehen.

Wenn in B1 eine Zahl zwischen 100.000 und 200.000 steht, dann soll in B3 das Wort »Prima« erscheinen. Zum Ermitteln dieses Ergebnisses benötigen wir neben der Funktion WENN auch die Funktion UND.

Nachdem Sie die WENN-Funktion ausgewählt haben, steht der Cursor im Feld *Prüfung*. Hier muss nun die UND-Funktion gestartet werden.

Öffnen Sie über den Listenpfeil das *Namenfeld* und wählen Sie die Funktion aus. Sollte sie nicht in der kleinen Auswahl stehen, wählen Sie den Befehl *Weitere Funktionen* und suchen im Fenster *Funktionen auswählen.*

Nachdem Sie die Bedingungen eingegeben haben, dürfen Sie nicht auf die Schaltfläche *OK* klicken. Sie müssen in der Bearbeitungsleiste auf den Namen der Funktion klicken, von der aus Sie die aktuelle Funktion (UND) gestartet haben.

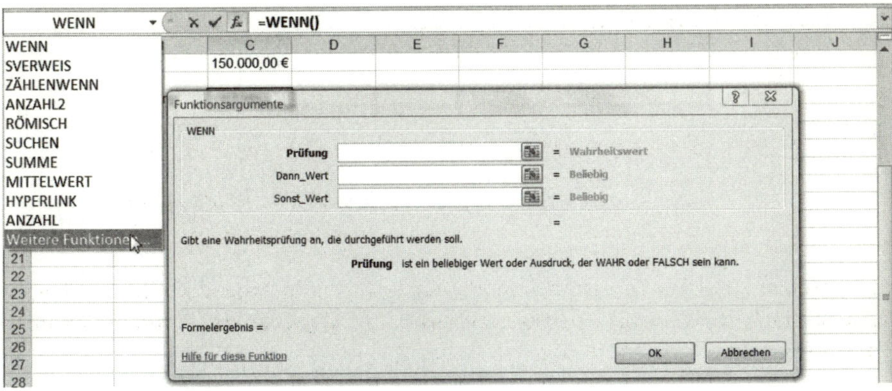

Bild 2.24: Eine weitere Funktion auswählen

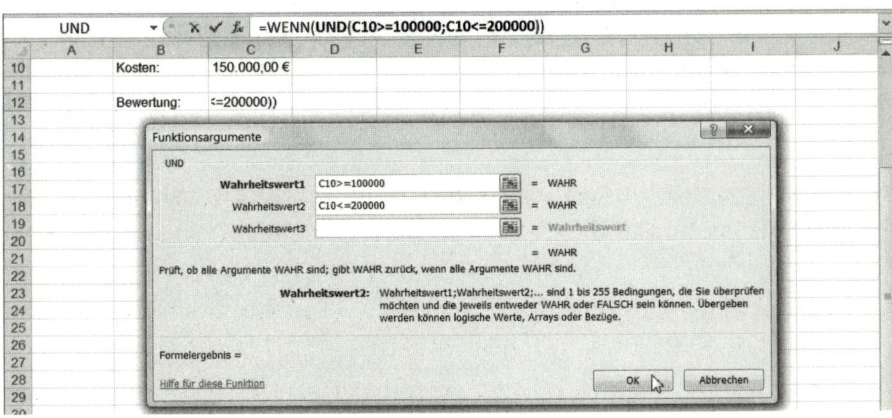

Bild 2.25: Die verschachtelte Funktion

In diesem Beispiel müssen Sie auf das Wort WENN klicken. Jetzt wird wieder die WENN-Funktion im Fenster *Funktionsargumente* angezeigt.

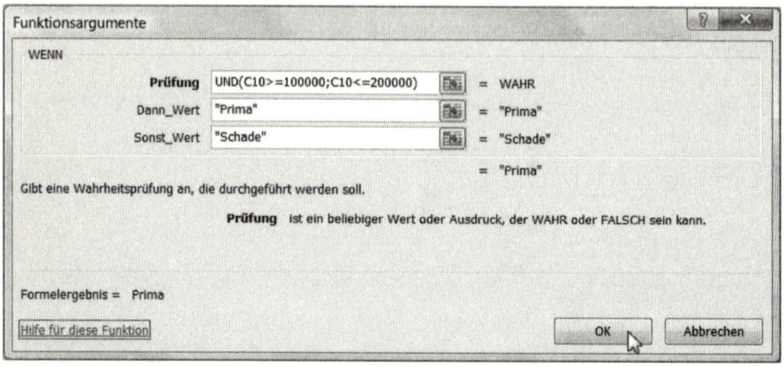

Bild 2.26: Die WENN-Funktion mit der verschachtelten UND-Funktion

Nachdem Sie die weiteren Argumente ausgefüllt haben, können Sie mit *OK* bestätigen.

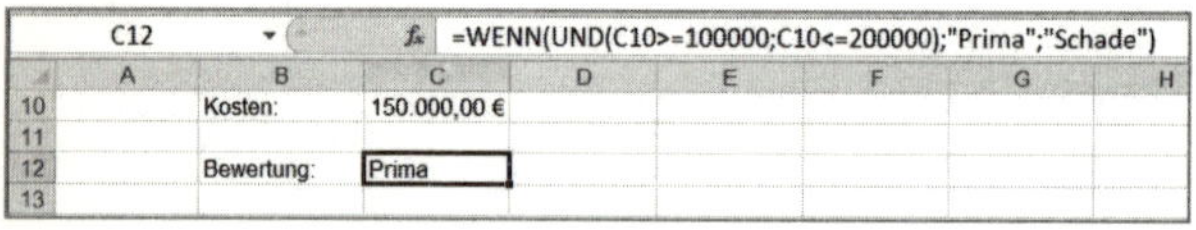

Bild 2.27: Das Ergebnis ist eine verschachtelte Funktion.

Wenn Sie eine verschachtelte Funktion bearbeiten möchten, klicken Sie zuerst in der Bearbeitungsleiste auf den gewünschten Funktionsnamen und dann auf die Schaltfläche *fx*.

2.5 Formeln schützen

Nehmen wir an, Sie möchten Ihre Tabelle vor Veränderung schützen. Außerdem sollen Ihre Formeln nicht in der Bearbeitungsleiste angezeigt werden.

1. Markieren Sie die Zellen, die Sie vor Veränderung und vor neugierigen Blicken schützen möchten.
2. Klicken Sie mit der rechten Maustaste in die Markierung und wählen Sie den Befehl *Zellen formatieren*.
3. Wechseln Sie zum Register *Schutz* und aktivieren Sie die Option *Ausgeblendet*.

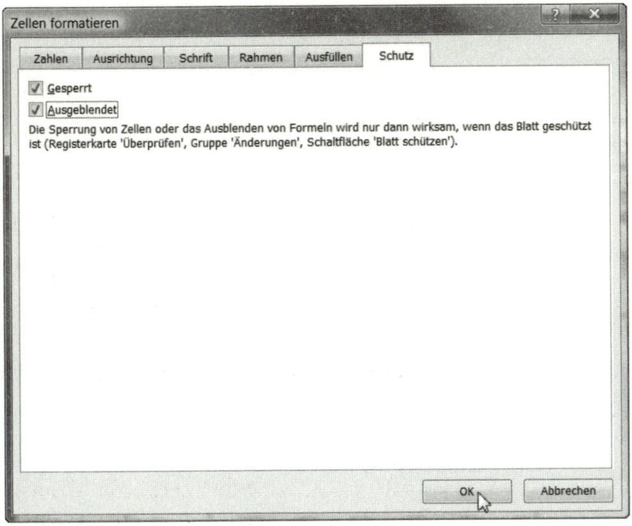

Bild 2.28: Formeln vor Überschreiben schützen und ausblenden

4. Um den Blattschutz zu aktivieren, wählen Sie über das Register *Überprüfen* den Befehl *Blatt schützen.*

5. Geben Sie ein Kennwort ein.

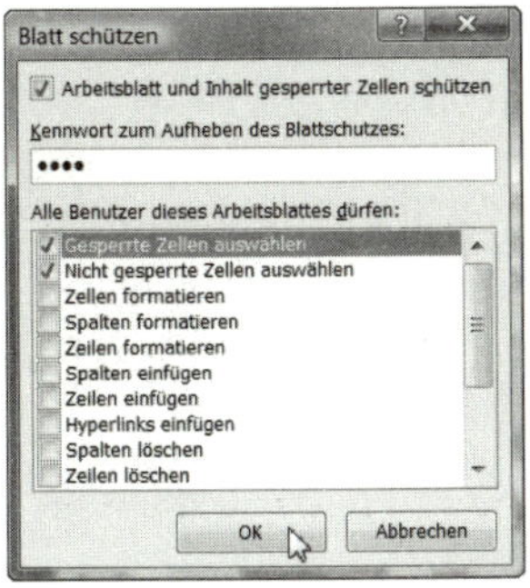

Bild 2.29: Das Kennwort zum Blattschutz eingeben

6. Nachdem Sie mit *OK* bestätigt haben, müssen Sie das Kennwort wiederholen. Nach erfolgreicher Eingabe sind alle zuvor markierten Zellen vor Veränderung geschützt. Die Zellen, die Formeln enthalten, zeigen diese nicht, wenn Sie sie markieren.

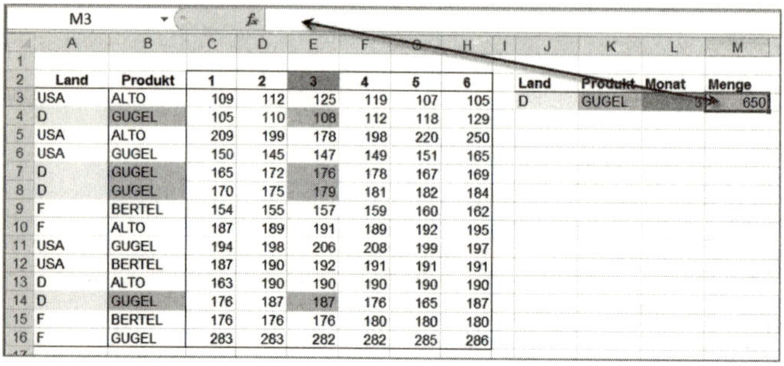

Land	Produkt	1	2	3	4	5	6
USA	ALTO	109	112	125	119	107	105
D	GUGEL	105	110	108	112	118	129
USA	ALTO	209	199	178	198	220	250
USA	GUGEL	150	145	147	149	151	165
D	GUGEL	165	172	176	178	167	169
D	GUGEL	170	175	179	181	182	184
F	BERTEL	154	155	157	159	160	162
F	ALTO	187	189	191	189	192	195
USA	GUGEL	194	198	206	208	199	197
USA	BERTEL	187	190	192	191	191	191
D	ALTO	163	190	190	190	190	190
D	GUGEL	176	187	187	176	165	187
F	BERTEL	176	176	176	180	180	180
F	GUGEL	283	283	282	282	285	286

Land	Produkt	Monat	Menge
D	GUGEL	3	650

Bild 2.30:
Die Formeln werden nicht gezeigt.

3 Mit Textfunktionen arbeiten

In vielen Excel-Dateien sind Texte enthalten. Sie dienen meist zur Beschreibung des Zahlenmaterials. Excel bietet eine Fülle von Funktionen an, um Texte zu bearbeiten.

▣ Download-Link

www.buch.cd
Hier finden Sie alle Beispieldateien übersichtlich nach Kapiteln geordnet.

3.1 ERSETZEN

Mit der Funktion ERSETZEN können Sie bestimmte Stellen im Text durch einen anderen Text überschreiben.

Wenn Sie Ihre Artikelbezeichnung automatisch um eine Jahreszahl erweitern möchten, dann ist die im Folgenden beschriebene Funktion die richtige.

▶ Syntax

```
=Ersetzen(Alter_Text; Erstes_Zeichen;
                Anzahl_Zeichen; Neuer_Text)
```

▶ Parameter

Alter_Text	In diesem Feld steht die Zelladresse der Zelle, deren Inhalt Sie verändern möchten.
Erstes_Zeichen	Hier geben Sie die Position des ersten Zeichens ein, ab dem der neue Text den vorhandenen überschreiben soll.
Anzahl_Zeichen	Wie viele Zeichen des alten Texts sollen vom neuen Text überschrieben werden? Geben Sie die Anzahl hier ein. Diese kann von der Anzahl der Zeichen im Feld *Neuer_Text* differieren.
Neuer_Text	Hier geben Sie den Text ein, der ab jetzt in der Zelle stehen soll.

▶ Ähnliche Funktionen

WECHSELN()

Eine Artikelbezeichnung ändern

Im folgenden Beispiel möchten Sie den englischen Begriff *Bubblegum*, der aus neun Buchstaben besteht, durch das Wort Kaugummi ersetzen, das nur aus acht Zeichen besteht.

Diese Aufgabe finden Sie auf dem Register *Ersetzen_2*.

Die Aufgabenstellung für Excel lautet also:

Ersetze in der Zelle A7 ab dem ersten Zeichen die folgenden neun Zeichen durch den Text »Kaugummi«, der in Zelle A3 steht.

Der Funktionsaufbau sieht folgendermaßen aus:

```
=ERSETZEN(A7;1;9;$A$3)
```

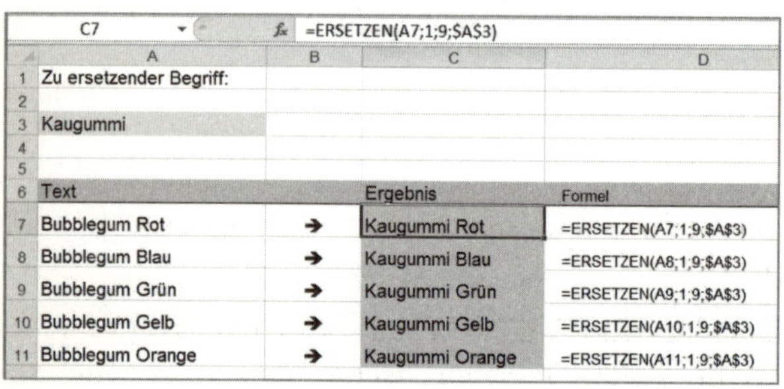

C7 =ERSETZEN(A7;1;9;$A$3)

	A	B	C	D
1	Zu ersetzender Begriff:			
2				
3	Kaugummi			
4				
5				
6	Text		Ergebnis	Formel
7	Bubblegum Rot	➔	Kaugummi Rot	=ERSETZEN(A7;1;9;$A$3)
8	Bubblegum Blau	➔	Kaugummi Blau	=ERSETZEN(A8;1;9;$A$3)
9	Bubblegum Grün	➔	Kaugummi Grün	=ERSETZEN(A9;1;9;$A$3)
10	Bubblegum Gelb	➔	Kaugummi Gelb	=ERSETZEN(A10;1;9;$A$3)
11	Bubblegum Orange	➔	Kaugummi Orange	=ERSETZEN(A11;1;9;$A$3)

Bild 3.1: Die Funktion ERSETZEN tauscht ganze Wörter in Zellen aus.

Zahlen addieren, die mit Text eingegeben wurden

Im folgenden Beispiel wollen wir Zahlen addieren, die mit Text in eine Zelle eingegeben wurden.

Sie haben von einem Kollegen eine Tabelle erhalten, in der neben den Zahlen in jeder Zelle auch noch eine Einheit steht, beispielsweise Liter. Jetzt sollen Sie diese Werte addieren. Diese Aufgabe finden Sie auf dem Register *Ersetzen_3*.

Die Aufgabenstellung für Excel lautet also:

Ersetze in der Zelle A7 ab dem ersten Zeichen die folgenden sechs Zeichen durch nichts.

Der Funktionsaufbau sieht folgendermaßen aus:

```
=ERSETZEN(A7;1;6;"")
```

Kopieren Sie diese Funktion nach unten und addieren Sie im Anschluss die Ergebnisse.

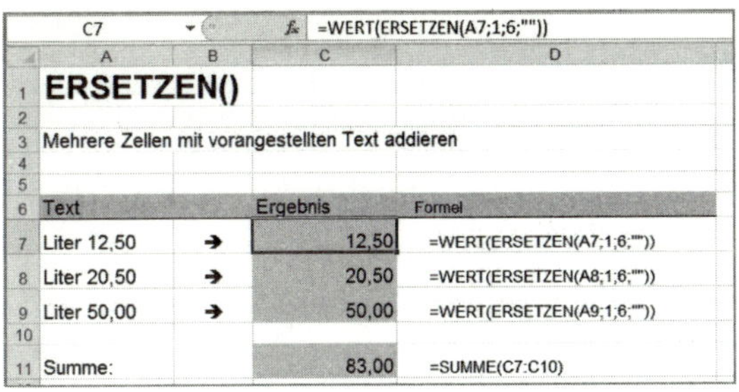

Bild 3.2: Die Funktion ERSETZEN entfernt Text aus Zellen.

3.2 FINDEN

Ermittelt die Position eines Buchstabens oder einer Ziffer in einem Text. Groß-/Kleinschreibung wird berücksichtigt.

Wenn Sie beispielsweise die Position des Buchstabens x im Wort Excel, das als einziges Wort in der Zelle steht, finden möchten, dann liefert die Funktion FINDEN die Zahl 2, weil das x an zweiter Position in der Zelle steht.

▶ Syntax

```
=FINDEN(Suchtext; Text; Erstes_Zeichen)
```

▶ Parameter

Suchtext	Der zu suchende Buchstabe bzw. die zu suchende Ziffer.
Text	Der Text bzw. die Zelle, die durchsucht werden soll.

Erstes_Zeichen	Die Stelle (Zahl), ab der gesucht werden soll. Soll ab der ersten Stelle im Text gesucht werden, geben Sie den Parameter 1 ein.

Einen Text in einem Zellinhalt finden

Das folgende Beispiel zeigt das Einsatzgebiet der Funktion FINDEN. Stellen Sie sich vor, Sie möchten die Position eines Wortes in einer Zelle finden.

1. Öffnen Sie die Datei *FINDEN.XLSX* und aktivieren Sie das Register *Finden_1*. Setzen Sie den Cursor in die Zelle D7 und starten Sie die Funktion FINDEN über den Funktions-Assistenten.
2. Im Feld *Suchtext* steht der Begriff, nach dem gesucht wird. In diesem Beispiel ist es das Wort, das in der Zelle B7 steht.
3. Geben Sie ins Feld *Text* die Zelladresse ein, die durchsucht werden soll. In diesem Beispiel ist es A7.
4. In das Feld *Erstes_Zeichen* kommt die Angabe der Position, ab der die Zelle durchsucht werden soll. In diesem Beispiel soll die ganze Zelle ab der ersten Position durchsucht werden. Diese Angabe steht in Zelle C7.
5. Bestätigen Sie mit *OK*.

Der Suchauftrag lautet so: *Merke Dir den Inhalt von B7 und suche in A7 ab der ersten Position.*

```
=FINDEN(B7;A7;C7)
```

6. Kopieren Sie die Funktion nach unten.

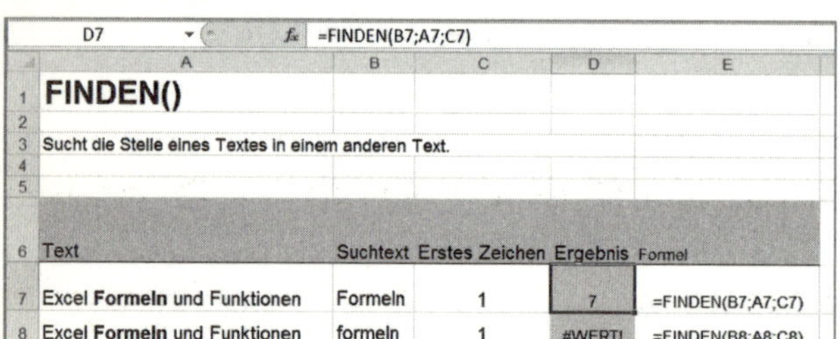

D7 =FINDEN(B7;A7;C7)

	A	B	C	D	E
1	**FINDEN()**				
2					
3	Sucht die Stelle eines Textes in einem anderen Text.				
4					
5					
6	Text	Suchtext	Erstes Zeichen	Ergebnis	Formel
7	Excel **Formeln** und Funktionen	Formeln	1	7	=FINDEN(B7;A7;C7)
8	Excel **Formeln** und Funktionen	formeln	1	#WERT!	=FINDEN(B8;A8;C8)

Bild 3.3: Die Funktion FINDEN findet die erste Position eines Wortes in einer Zelle.

Mit diesem Ergebnis alleine kann man nicht so viel anfangen, aber in Verbindung mit anderen Funktionen ist die Funktion FINDEN sehr produktiv.

Zellinhalte trennen

Sie haben in einer Zelle zwei Werte, z. B. Vor- und Nachnamen, die Sie trennen möchten. Die folgende Abbildung zeigt ein Beispiel in der Spalte A.

Das Beispiel finden Sie auf dem Register *Finden_2*.

Tipp: Mit der Befehlsfolge *Daten / Text in Spalten* können Sie Zellinhalte auch trennen. Dieses Beispiel ist im Anschluss beschrieben.

Den Vornamen finden

Zuerst wollen wir uns den Vornamen in der Spalte B anzeigen lassen.

```
=LINKS(A6;FINDEN(" ";A6)-1)
```

Im inneren Teil der Funktion wird die Position des Leerzeichens gefunden.

```
FINDEN(" ";A6)
```

Das Ergebnis ist 6, da das Leerzeichen in der Zelle A6 an der sechsten Position steht.

Jetzt holt sich die Funktion LINKS das Ergebnis der Funktion FINDEN. Also steht jetzt noch in der Zelle:

```
=LINKS(A6;6-1)
```

Excel nimmt also aus der Zelle A6 die ersten fünf Zeichen.

Den Nachnamen finden

Um den Nachnamen zu erhalten, setzen Sie den Cursor in die Zelle C6 und geben die folgende Funktion ein:

```
=RECHTS(A6;LÄNGE(A6)-FINDEN(" ";A6))
```

Zuerst wird von der Anzahl der Zeichen in der Zelle, also 11, die Position des Leerzeichens (6) abgezogen.

```
LÄNGE(A6)-FINDEN(" ";A6)
```

Das Ergebnis dieses Teils ist 5.

Jetzt sieht die Funktion RECHTS so aus:

```
RECHTS(A6;5)
```

Das Ergebnis:

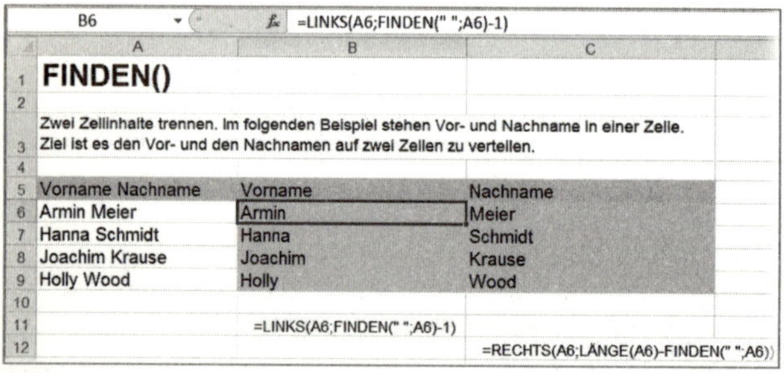

Bild 3.4: Die Funktion FINDEN liefert die Positionsangaben, mit denen die Funktionen LINKS und RECHTS die gewünschte Anzahl von Zeichen anzeigen.

Tipp: Für Personen mit zwei Vornamen oder mit Doppelnamen sind weitere Teilungen notwendig.

Text in Spalten

Ihr Ziel ist es nun, mit so wenig Aufwand wie möglich diese Daten pro Zeile in zwei Spalten aufzuteilen. Natürlich funktionieren die folgenden Schritte auch dann, wenn noch mehr Daten in einer Zelle stehen.

Dieses Beispiel finden Sie auf dem Register *Finden_3.*

1. Markieren Sie die Zellen mit den Daten.
2. Aktivieren Sie das Register *Daten* und klicken Sie auf die Schaltfläche *Text in Spalten.*
3. Lassen Sie die Option *Getrennt* aktiviert. In der Regel erkennt Excel selbstständig, welcher ursprüngliche Dateityp vorliegt.

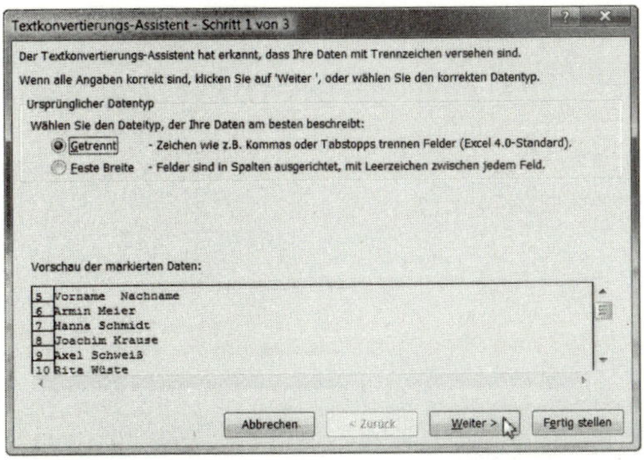

Bild 3.5: Der erste Schritt des Textkonvertierungs-Assistenten, in dem Excel die Daten analysiert

4. Klicken Sie auf die Schaltfläche *Weiter*.

5. Im zweiten Schritt des Textkonvertierungs-Assistenten bestimmen Sie, welches Trennzeichen im Text vorliegt. Excel schlägt ein Trennzeichen vor, Sie können aber trotzdem eingreifen, wenn ein anderes Zeichen vorliegt. Sollte es eines sein, das nicht in der Aufzählung ist, aktivieren Sie die Option *Andere* und geben das Zeichen ein. In diesem Beispiel ist es ein *Leerzeichen*, setzen Sie das entsprechende Häkchen.

6. Sollen die Texte beispielsweise durch drei Leerzeichen voneinander getrennt werden, erzeugt Excel insgesamt vier Spalten. Davon sind zwei leer. Um dies zu vermeiden, aktivieren Sie das erste Feld *Aufeinanderfolgende Trennzeichen als ein Zeichen behandeln.*

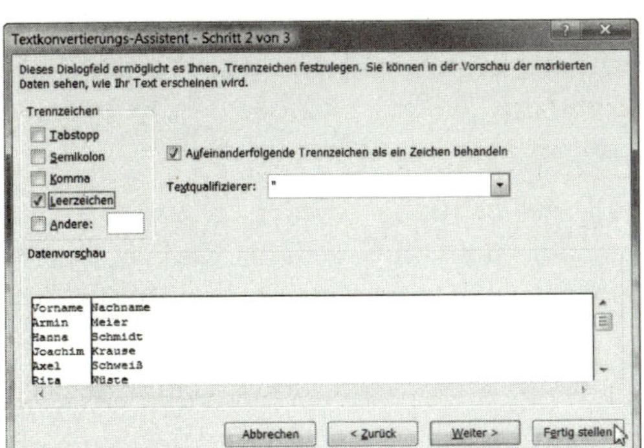

Bild 3.6: Der zweite Schritt des Textkonvertierungs-Assistenten, in dem Sie das oder die Trennzeichen angeben

7. Klicken Sie auf *Weiter*.

8 Im dritten Schritt weisen Sie jeder Spalte ein Format zu. Außerdem können Sie gewisse Spalten vom Import ausnehmen.

9 Klicken Sie auf *Fertig stellen.*

Bild 3.7: Nach der Trennung der Daten präsentiert Ihnen Excel die Tabelle in einem benutzerfreundlicheren Format.

Wenn die Zellen neben den markierten Zellen nicht leer sind, erscheint, nachdem Sie auf *Fertig stellen* geklickt haben, ein Hinweis, dass Sie Daten überschreiben.

3.3 GLÄTTEN

Mit dieser Funktion entfernen Sie überflüssige Leerzeichen aus einer Zelle. Alle Leerzeichen, die am Anfang bzw. am Ende eines Zellinhalts stehen, werden entfernt.

Wenn sich in einer Zelle ein Satz befindet, in dem zwischen den Wörtern nur ein Leerzeichen steht, wird dieses nicht entfernt. Sollten zwischen den Wörtern zwei oder mehr Leerzeichen stehen, wird immer nur eines stehen gelassen.

Stellen Sie sich vor, beim Import von Daten haben Sie in jeder Zelle zu Beginn fünf Leerzeichen. Hier können Sie diese mit der Funktion GLÄTTEN löschen.

▶ Syntax

```
=Glätten(Text)
```

▶ Parameter

Text	In diesem Feld steht die Zelladresse, die überflüssige Leerzeichen enthalten könnte.

▶ Ähnliche Funktionen

SÄUBERN()

Überflüssige Leerzeichen vor, hinter und zwischen Texten entfernen

Das folgende Beispiel zeigt das Einsatzgebiet der Funktion GLÄTTEN. Alle überflüssigen Leerzeichen zwischen den Wörtern werden entfernt.

1. Öffnen Sie die Datei *GLÄTTEN.XLSX* und aktivieren Sie das Register *Glätten_1*. Setzen Sie den Cursor in die Zelle C6 und starten Sie die Funktion GLÄTTEN über den Funktions-Assistenten.
2. Geben Sie ins Feld *Text* die Zelladresse ein, deren ersten Buchstaben Sie in Großbuchstaben umwandeln möchten. In diesem Beispiel ist es A6.
3. Bestätigen Sie mit *OK*.

Der Inhalt der Zelle C6 sieht nun folgendermaßen aus:

```
=GLÄTTEN(A6)
```

4. Kopieren Sie die Funktion nach unten.

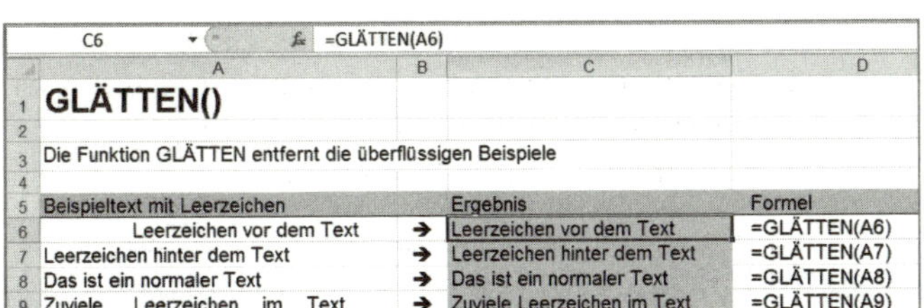

Bild 3.8: Die Funktion GLÄTTEN entfernt alle überflüssigen Leerzeichen aus einer Zelle.

Alle Zellinhalte werden jetzt ohne überflüssige Leerzeichen gezeigt.

3.4 GROSS

Mit dieser Funktion machen Sie aus allen Buchstaben in einer Zelle Großbuchstaben. Ziffern werden nicht verändert. Das Ergebnis wird so angezeigt, als hätten Sie den Text mit gedrückter `Umschalt`-Taste eingegeben.

▶ Syntax

```
=GROSS(Text)
```

▶ Parameter

Text	In diesem Feld steht die Zelladresse, deren Inhalt Sie in Großbuchstaben sehen möchten.

▶ Ähnliche Funktionen

GROSS2(), KLEIN()

Alle Buchstaben in Großbuchstaben umwandeln

Das folgende Beispiel zeigt das Einsatzgebiet der Funktion GROSS. Alle Buchstaben sollen automatisch in Großbuchstaben umgewandelt werden.

1. Öffnen Sie die Datei *GROSS.XLSX* und aktivieren Sie das Register *Gross_1*. Setzen Sie den Cursor in die Zelle C7 und starten Sie die Funktion GROSS über den Funktions-Assistenten.
2. Geben Sie ins Feld *Text* die Zelladresse ein, deren Werte Sie in Großbuchstaben umwandeln möchten. In diesem Beispiel ist es A7.
3. Bestätigen Sie mit *OK*.

Der Funktionsaufbau:

```
=GROSS(A7)
```

4. Kopieren Sie die Funktion nach unten.

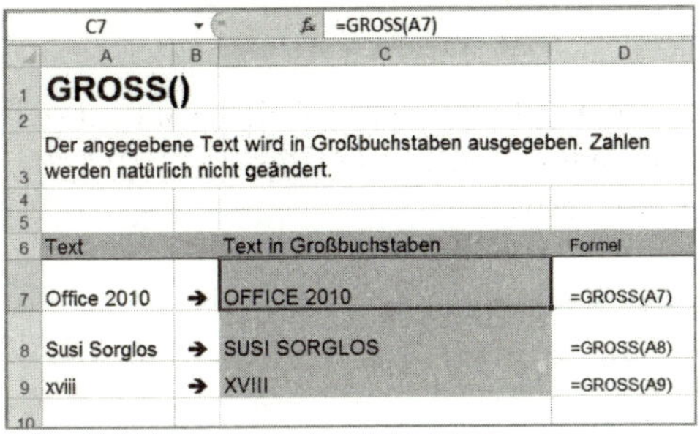

Bild 3.9: Die Funktion GROSS macht aus allen Buchstaben einer Zelle Großbuchstaben.

Der Zellinhalt wird jetzt in Großbuchstaben gezeigt. Zahlen werden nicht verändert.

3.5 GROSS2

Mit dieser Funktion wandeln Sie den ersten Buchstaben jedes Wortes in einer Zelle in Großbuchstaben um.

▶ Syntax

```
=GROSS2(Text)
```

▶ Parameter

Text	In diesem Feld steht die Zelladresse mit dem Inhalt, dessen ersten Buchstaben Sie in Großbuchstaben umwandeln möchten.

▶ Ähnliche Funktionen

GROSS(), KLEIN(), ERSETZEN(),WECHSELN()

3.6 IDENTISCH

Die Funktion IDENTISCH vergleicht den Inhalt von zwei Zellen und liefert bei gleichem Inhalt das Ergebnis *Wahr* und bei ungleichem Inhalt den Wert *Falsch.* Groß- und Kleinschreibung wird berücksichtigt, die Zellformatierung dagegen nicht.

▶ Syntax

```
=IDENTISCH(Text1; Text2)
```

▶ Parameter

Text1	Die Zelladresse, die mit dem zweiten Zellinhalt verglichen wird.
Text2	Die Zelladresse, die den zweiten Zellinhalt enthält.

Die Inhalte von zwei Zellen vergleichen

Sie haben Daten aus einem anderen System erhalten und möchten diese jetzt auf Rechtschreibfehler untersuchen. In der Spalte A sind die Originaldaten und in der Spalte B sind die importierten Daten, die Fehler enthalten können.

1. Öffnen Sie die Datei *IDENTISCH.XLSX* und aktivieren Sie das Register *Identisch_1*. Setzen Sie den Cursor in die Zelle C6 und starten Sie die Funktion IDENTISCH über den Funktions-Assistenten.
2. Geben Sie ins Feld *Text1* die erste Zelladresse ein, deren Inhalt Sie vergleichen möchten. In diesem Beispiel ist es A6.
3. In Feld *Text2* kommt die Zelladresse der Zelle, die verglichen werden soll. In diesem Beispiel ist es B6.
4. Bestätigen Sie mit *OK*.

Der Funktionsaufbau sieht folgendermaßen aus:

```
=IDENTISCH(A6;B6)
```

5. Kopieren Sie die Funktion nach unten.

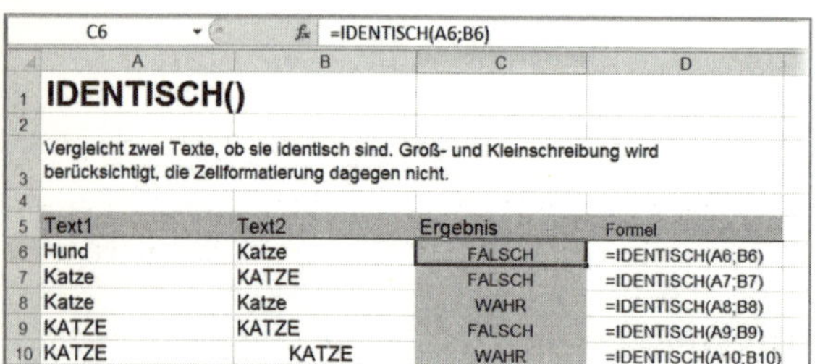
C6 =IDENTISCH(A6;B6)

	A	B	C	D
1	IDENTISCH()			
2				
3	Vergleicht zwei Texte, ob sie identisch sind. Groß- und Kleinschreibung wird berücksichtigt, die Zellformatierung dagegen nicht.			
4				
5	Text1	Text2	Ergebnis	Formel
6	Hund	Katze	FALSCH	=IDENTISCH(A6;B6)
7	Katze	KATZE	FALSCH	=IDENTISCH(A7;B7)
8	Katze	Katze	WAHR	=IDENTISCH(A8;B8)
9	KATZE	KATZE	FALSCH	=IDENTISCH(A9;B9)
10	KATZE	KATZE	WAHR	=IDENTISCH(A10;B10)

Bild 3.10: Die Funktion IDENTISCH vergleicht zwei Zellinhalte.

In der Zeile 6 werden Hund und Katze miteinander verglichen. Das Ergebnis ist natürlich FALSCH. In der Zeile 10 werden zwei gleiche Zellinhalte verglichen, die nur unterschiedlich gestaltet sind. Die Funktion IDENTISCH ignoriert unterschiedliche Zellformate.

Doppelte Werte automatisch einfärben

Wenn Sie sich in einer Liste alle doppelten Werte automatisch anzeigen lassen möchten, dann setzen Sie am besten die bedingte Formatierung ein.

1. Markieren Sie alle Zellen, die auf doppelte Werte hin überprüft werden sollen.
2. Klicken Sie im Register *Start* auf die Schaltfläche *Bedingte Formatierung* und wählen Sie den Eintrag *Neue Regel.*
3. Markieren Sie im Fenster *Neue Formatierungsregel* den Eintrag *Nur eindeutige oder doppelte Werte formatieren.*
4. Lassen Sie im Listenfeld *Werte im ausgewählten Bereich* den Eintrag *doppelte* stehen.
5. Klicken Sie auf die Schaltfläche *Formatieren*, um den doppelten Zellen ein Format zuzuweisen.
6. Nachdem Sie sich für eine Formatierung entschieden haben, bestätigen Sie mit *OK.*

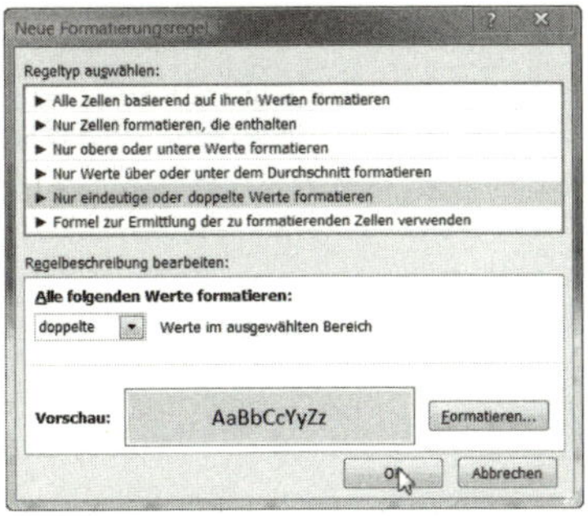

Bild 3.11: Alle doppelten Werte sollen mithilfe der *bedingten Formatierung* eingefärbt werden.

7. Bestätigen Sie jetzt noch einmal mit *OK.*

8 Übertragen Sie mit dem Pinsel nun das Format der aktuellen Zelle auf die anderen Zellen.

Bild 3.12: Das Ergebnis: Alle doppelten Werte sind hervorgehoben.

Dieses Beispiel finden Sie auf dem Register *Identisch_3*.

Doppelte Werte automatisch löschen

Es gibt einen Befehl, der doppelte Werte aus einer Liste entfernt. Markieren Sie die Zellen, die durchsucht werden sollen. Aktivieren Sie das Register *Daten* und klicken Sie auf die Schaltfläche *Duplikate entfernen*.

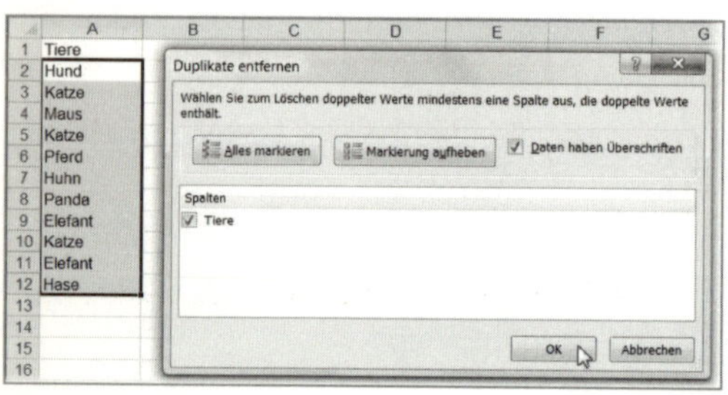

Bild 3.13: Das Ergebnis: Alle doppelten Werte werden entfernt.

Bestätigen Sie mit *OK*.

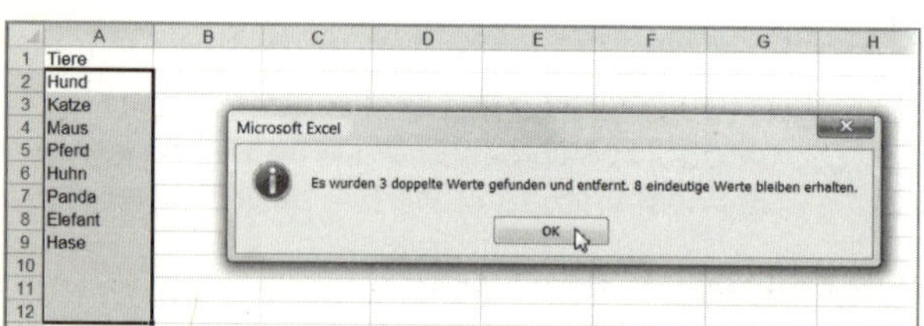

Bild 3.14: Sie erhalten die Anzahl der doppelten und der eindeutigen Werte.

3.7 KLEIN

Mit dieser Funktion machen Sie aus allen Buchstaben in einer Zelle Kleinbuchstaben.

▶ Syntax

```
=KLEIN(Text)
```

▶ Parameter

Text	In diesem Feld steht die Zelladresse, deren Buchstaben Sie in Kleinbuchstaben umwandeln möchten.

▶ Ähnliche Funktionen

GROSS(), GROSS2()

3.8 LÄNGE

Gibt die Anzahl von Zeichen an, die in eine Zelle eingetippt wurden. Leerzeichen und Sonderzeichen werden mitgezählt.

▶ Syntax

```
=LÄNGE(Text)
```

▶ Parameter

Text	In diesem Feld steht die Zelladresse, deren Anzahl Zeichen Sie ermitteln wollen.

Wie viele Zeichen enthält die Zelle?

In diesem Beispiel soll Excel zählen, wie viele Zeichen eine Zelle enthält.

1. Öffnen Sie die Datei *LÄNGE.XLSX* und aktivieren Sie das Register *Länge_1*. Setzen Sie den Cursor in die Zelle C7 und starten Sie die Funktion LÄNGE über den Funktions-Assistenten.
2. Geben Sie ins Feld *Text* die Zelladresse ein, deren Zeichen Sie zählen möchten. In diesem Beispiel ist es A7.

3 Bestätigen Sie mit *OK*.

Der Funktionsaufbau:

```
=LÄNGE(A7)
```

4 Kopieren Sie die Funktion nach unten.

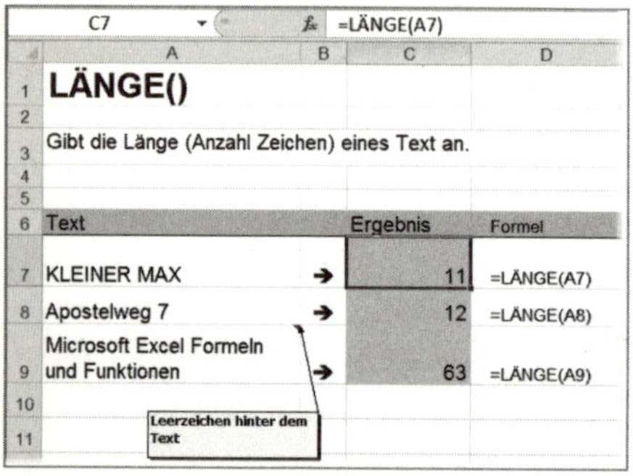

Bild 3.15: Die Funktion LÄNGE zählt die Anzahl der Zeichen in der Zelle.

Das Ergebnis zeigt jetzt die genaue Anzahl der Zeichen inklusive Leerzeichen in einer Zelle.

Artikelnummern automatisch auffüllen

Müssen Ihre Artikelnummern beispielsweise immer sechsstellig sein und möchten Sie sie nun automatisch mit Nullen auffüllen lassen, wenn sie vierstellig sind, wäre ein gewünschtes Ergebnis von 1234 nach 123400. Das folgende Beispiel finden Sie auf dem Register *Länge_2*. Mit einer WENN-Funktion prüfen Sie, ob die Artikelnummer vierstellig ist. Wenn ja, dann werden zwei Nullen an die Artikelnummer angehängt. Andernfalls wird die Artikelnummer angezeigt.

```
=WENN(LÄNGE(A2)=4;A2&"00";A2)
```

Der erste Teil der WENN-Funktion prüft mit der Funktion LÄNGE, ob die Artikelnummer vierstellig ist:

```
WENN(LÄNGE(A2)=4;
```

Sollte dies zutreffen, dann werden zwei Nullen an den Inhalt der Zelle gehängt.

```
A2&"00";
```

Wenn die Artikelnummer aus sechs Stellen besteht, wird nur der Inhalt der Zelle genommen.

```
A2)
```

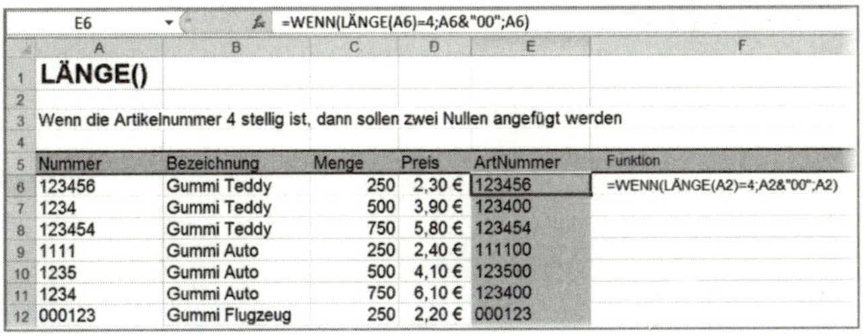

E6 =WENN(LÄNGE(A6)=4;A6&"00";A6)

	A	B	C	D	E	F
1	LÄNGE()					
2						
3	Wenn die Artikelnummer 4 stellig ist, dann sollen zwei Nullen angefügt werden					
4						
5	Nummer	Bezeichnung	Menge	Preis	ArtNummer	Funktion
6	123456	Gummi Teddy	250	2,30 €	123456	=WENN(LÄNGE(A2)=4;A2&"00";A2)
7	1234	Gummi Teddy	500	3,90 €	123400	
8	123454	Gummi Teddy	750	5,80 €	123454	
9	1111	Gummi Auto	250	2,40 €	111100	
10	1235	Gummi Auto	500	4,10 €	123500	
11	1234	Gummi Auto	750	6,10 €	123400	
12	000123	Gummi Flugzeug	250	2,20 €	000123	

Bild 3.16: Die Artikelnummer soll mit Nullen aufgefüllt werden, wenn sie nur aus vier Zeichen besteht.

Das Ergebnis zeigt jetzt jede Artikelnummer sechsstellig.

Das automatische Auffüllen bei unterschiedlicher Länge

Das folgende Beispiel zeigt das Auffüllen von Nullen, bei unterschiedlicher Anzahl von Zellen. Sie finden das Beispiel auf dem Register *Länge_3*.

```
=WENN(LÄNGE(A2)<>6;A2&WIEDERHOLEN(0;6-LÄNGE(A2));A2)
```

Der erste Teil der WENN-Funktion prüft mit der Funktion LÄNGE, ob die Artikelnummer ungleich 6 Zeichen ist.

```
WENN(LÄNGE(A2)<>6;
```

Sollte dies zutreffen, wird die Zahl 0 sooft wiederholt, bis die sechs Zeichen aufgefüllt sind, und diese Anzahl Nullen wird an den Inhalt von A2 angehängt.

```
A2&WIEDERHOLEN(0;6-LÄNGE(A2));
```

Wenn die Artikelnummer aus sechs Stellen besteht, wird nur der Inhalt der Zelle genommen.

```
A7)
```

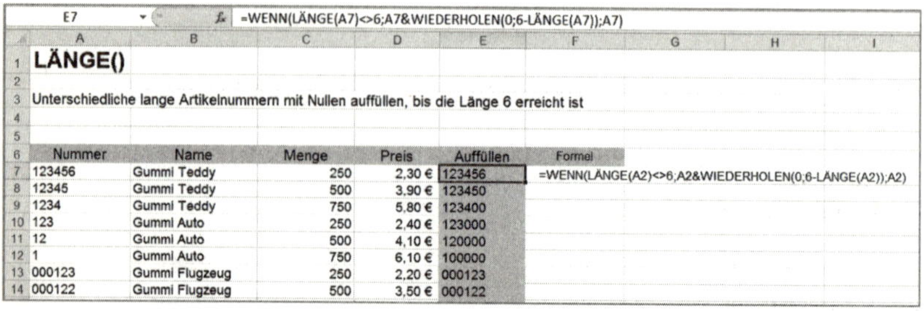

E7 =WENN(LÄNGE(A7)<>6;A7&WIEDERHOLEN(0;6-LÄNGE(A7));A7)

LÄNGE()

Unterschiedliche lange Artikelnummern mit Nullen auffüllen, bis die Länge 6 erreicht ist

Nummer	Name	Menge	Preis	Auffüllen	Formel
123456	Gummi Teddy	250	2,30 €	123456	=WENN(LÄNGE(A2)<>6;A2&WIEDERHOLEN(0;6-LÄNGE(A2));A2)
12345	Gummi Teddy	500	3,90 €	123450	
1234	Gummi Teddy	750	5,80 €	123400	
123	Gummi Auto	250	2,40 €	123000	
12	Gummi Auto	500	4,10 €	120000	
1	Gummi Auto	750	6,10 €	100000	
000123	Gummi Flugzeug	250	2,20 €	000123	
000122	Gummi Flugzeug	500	3,50 €	000122	

Bild 3.17: Das automatische Auffüllen von Zahlen bei unterschiedlicher Länge

Jetzt wird jede Artikelnummer sechsstellig dargestellt.

3.9 LINKS

Mit dieser Funktion lassen Sie sich nur einen Teil eines Zellinhalts anzeigen.

Sie möchten jetzt nur die ersten Zeichen sehen, die in einer Zelle stehen. Hier setzen Sie die Funktion LINKS ein.

▶ Syntax

```
=LINKS(Text; Anzahl_Zeichen)
```

▶ Parameter

Text	In diesem Feld steht die Zelladresse, von der Sie nur einen Teil sehen möchten.
Anzahl_Zeichen	Hier geben Sie die Anzahl der Zeichen ein, die Sie sehen möchten. Wenn Sie das Feld leer lassen, sehen Sie nur das erste Zeichen des Zellinhalts.

▶ Ähnliche Funktionen

RECHTS(), TEIL()

Die Funktion LINKS

Das folgende Beispiel zeigt das Einsatzgebiet der Funktion LINKS. Sie möchten sich nur einen Teil aus einer Zelle anzeigen lassen.

1. Öffnen Sie die Datei *LINKS.XLSX* und aktivieren Sie das Register *Links_1.*
2. Setzen Sie den Cursor in die Zelle C7 und starten Sie die Funktion LINKS über den Funktions-Assistenten.
3. Geben Sie ins Feld *Text* die Zelladresse ein, deren Werte Sie sehen möchten. In diesem Beispiel ist es A7.
4. In das Feld *Anzahl_Zeichen* kommt die Anzahl der Zeichen, die Sie sehen möchten. Diese Zahl steht in der Zelle B7.
5. Bestätigen Sie Ihre Eingabe.

Der Aufbau der Funktion

```
=LINKS(A7;B7)
```

6. Kopieren Sie die Formel nach unten.

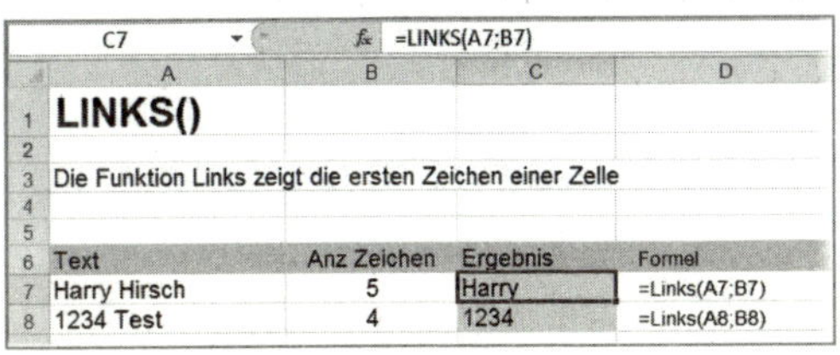

Bild 3.18: Ein Beispiel für die Funktion LINKS

Tipp: Wenn Sie den zweiten Parameter leer lassen, wird das erste Zeichen in der Zelle angezeigt.

Artikelnummern bereinigen

Sie haben eine Datei mit Artikeln erhalten. Ihre Artikelnummer ist normalerweise sechsstellig. Beim Export aus einem anderen System wurde eine Kennzeichnung -111 angehängt, die Sie nicht benötigen. Sie möchten jetzt nur die ersten sechs Zeichen sehen. Der Funktionsaufbau:

```
=LINKS(A2;6)
```

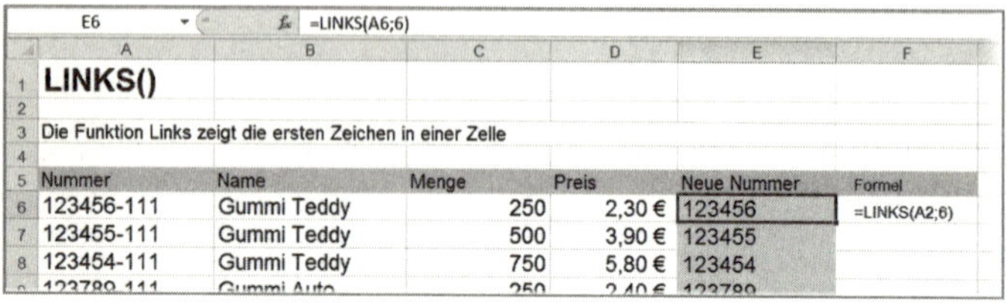

Bild 3.19: Mit der Funktion LINKS wurden die Artikelnummern bereinigt.

3.10 RECHTS

Mit dieser Funktion lassen Sie sich nur den letzten Teil eines Zellinhalts zeigen. Möchten Sie nur die letzten Zeichen sehen, die in einer Zelle stehen, dann setzen Sie die Funktion RECHTS ein.

▶ Syntax

```
=RECHTS(Text; Anzahl_Zeichen)
```

▶ Parameter

Text	In diesem Feld steht die Zelladresse, in der der Inhalt steht, von dem Sie nur einen Teil sehen möchten.
Anzahl_Zeichen	Hier geben Sie die Anzahl der Zeichen ein, die Sie sehen möchten. Wenn Sie das Feld leer lassen, sehen Sie nur das letzte Zeichen des Zellinhalts.

▶ Ähnliche Funktionen

LINKS(), TEIL()

Die Funktion RECHTS

Das folgende Beispiel zeigt das Einsatzgebiet der Funktion RECHTS. Sie möchten sich nur einen Teil aus einer Zelle anzeigen lassen.

1. Öffnen Sie die Datei *RECHTS.XLSX*, aktivieren Sie das Register *Rechts_1* und setzen Sie den Cursor in die Zelle C7.
2. Starten Sie die Funktion RECHTS über den Funktions-Assistenten.

3. Geben Sie ins Feld *Text* die Zelladresse ein, deren Werte Sie sehen möchten. In diesem Beispiel ist es A7.
4. In das Feld *Anzahl_Zeichen* kommt die Anzahl der Zeichen, die Sie sehen möchten. Diese Zahl steht in der Zelle B7.
5. Bestätigen Sie Ihre Eingabe.

Der Aufbau der Funktion:

```
=RECHTS(A7;B7)
```

6. Kopieren Sie die Formel nach unten.

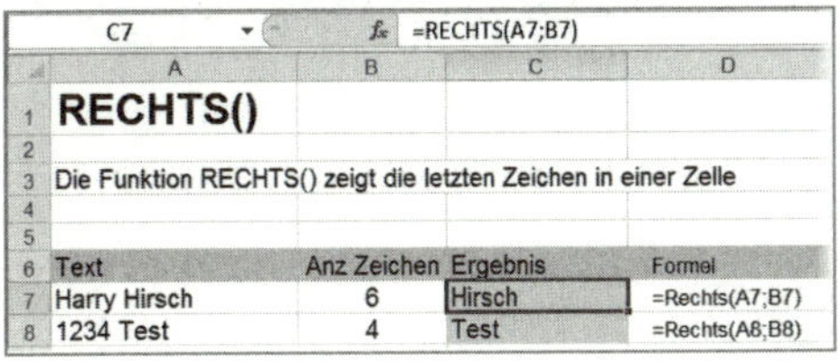

Bild 3.20: Zwei Beispiele für die Funktion RECHTS

Tipp: Wenn Sie den zweiten Parameter leer lassen, wird das letzte Zeichen in der Zelle angezeigt.

Artikelnummern bereinigen

Sie haben eine Datei mit Artikeln erhalten. Ihre Artikelnummer ist normalerweise sechsstellig. Beim Export aus einem anderen System wurde eine Kennzeichnung *xyzAB* angefügt, die Sie nicht benötigen. Sie möchten jetzt nur die letzten sechs Zeichen sehen.

Der Funktionsaufbau:

```
=RECHTS(A6;6)
```

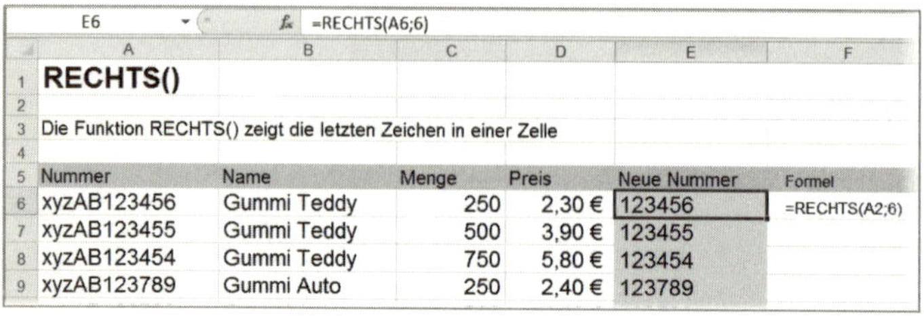

E6 =RECHTS(A6;6)

	A	B	C	D	E	F
1	RECHTS()					
2						
3	Die Funktion RECHTS() zeigt die letzten Zeichen in einer Zelle					
4						
5	Nummer	Name	Menge	Preis	Neue Nummer	Formel
6	xyzAB123456	Gummi Teddy	250	2,30 €	123456	=RECHTS(A2;6)
7	xyzAB123455	Gummi Teddy	500	3,90 €	123455	
8	xyzAB123454	Gummi Teddy	750	5,80 €	123454	
9	xyzAB123789	Gummi Auto	250	2,40 €	123789	

Bild 3.21: Mit der Funktion RECHTS wurde die Artikelnummer bereinigt.

Einen Nachnamen aus einer Zelle extrahieren

In einer Zelle haben Sie die Kundennummer und den Nachnamen, Sie möchten aber nur den Nachnamen aus der Zelle extrahieren. Hier der Funktionsaufbau:

```
=RECHTS(A6;LÄNGE(A6)-FINDEN (" ";A6;1))
```

Der innere Teil der Funktion

```
LÄNGE (A6)-FINDEN(" ";A6;1)
```

sucht die Position des Leerzeichens und zieht das Ergebnis von der Gesamtanzahl der Zeichen der Zelle ab. Für die Zeile 6 wären dies für die Länge elf Zeichen und die Position des Leerzeichens ist 4.

```
11-4=7
```

Der äußere Teil sieht nun so aus:

```
=RECHTS(A6;7)
```

und zeigt den Nachnamen an.

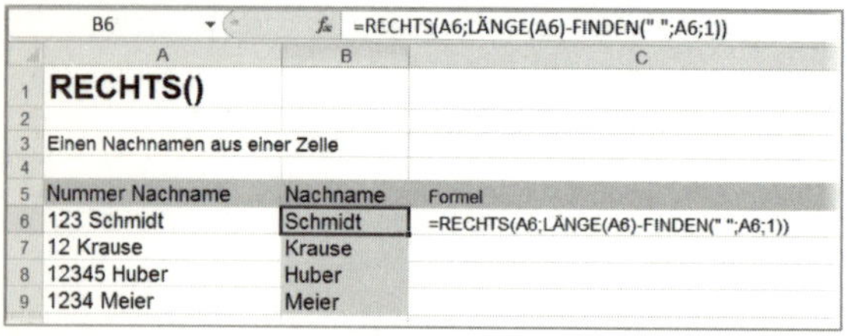

B6 =RECHTS(A6;LÄNGE(A6)-FINDEN(" ";A6;1))

	A	B	C
1	RECHTS()		
2			
3	Einen Nachnamen aus einer Zelle		
4			
5	Nummer Nachname	Nachname	Formel
6	123 Schmidt	Schmidt	=RECHTS(A6;LÄNGE(A6)-FINDEN(" ";A6;1))
7	12 Krause	Krause	
8	12345 Huber	Huber	
9	1234 Meier	Meier	

Bild 3.22: Den Nachnamen aus einer Zelle extrahieren

3.11 SÄUBERN

SÄUBERN entfernt alle nicht sichtbaren Sonderzeichen, die sich in einer Zelle befinden können.

In einem weiteren Beispiel zeigen wir, dass sich die beiden Funktionen SÄUBERN und GLÄTTEN prima ergänzen.

▶ Syntax

```
=SÄUBERN(Text)
```

▶ Parameter

Text	Ein Text oder ein Zellbezug, in dem es nicht sichtbare Sonderzeichen gibt.

▶ Ähnliche Funktionen

WECHSELN()

Steuerzeichen aus einer Zelle entfernen

In der Bearbeitungsleiste erkennen Sie, dass in der Zelle A7 zwischen den Namen ein Kasten steht. Das ist das interne Zeichen für einen Zeilenwechsel. Es wird nicht direkt in der Zelle gezeigt, stört aber, da man den Eindruck hat, es sind zu viele Leerzeichen im Text.

1. Öffnen Sie die Datei *SÄUBERN.XLSX* und aktivieren Sie das Register *Säubern_1*. Setzen Sie den Cursor in die Zelle B7.
2. Öffnen Sie den Funktions-Assistenten und starten Sie die Funktion SÄUBERN.
3. Für das Feld *Text* markieren Sie die Zelle A7.
4. Bestätigen Sie mit *OK*.

Der Aufbau der Funktion lautet:

```
=SÄUBERN(A7)
```

5. Kopieren Sie, wenn nötig, die Funktion nach unten.

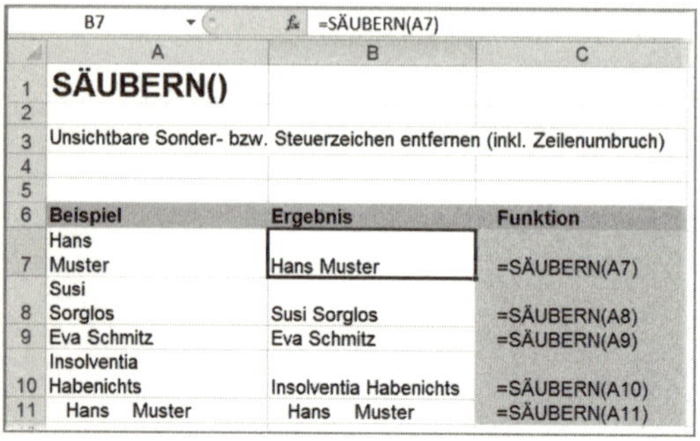

Bild 3.23: Steuerzeichen werden mit der Funktion SÄUBERN entfernt.

Wie Sie unsichtbare Zeichen und überflüssige Leerzeichen mit einem Schritt entfernen, lesen Sie im zweiten Beispiel.

Einen Zeilenwechsel entfernen

Sie haben in einigen Zellen einen Zeilenumbruch, den Sie entfernen möchten. Zum einen könnten Sie dies auf dem Register *Start* über die Schaltfläche *Zeilenumbruch* tun, zum anderen auch mit der Funktion SÄUBERN. Dieses Beispiel finden Sie auf dem Register *Säubern_3*. Der Aufbau der Funktion sieht folgendermaßen aus:

```
=SÄUBERN(A7)
```

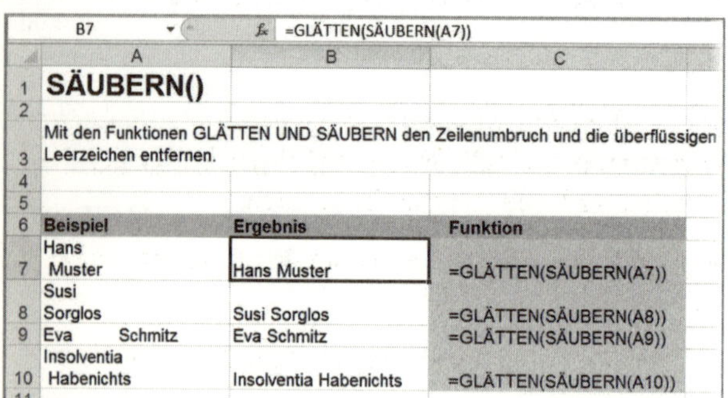

Bild 3.24: Zeilenumbruch mit der Funktion SÄUBERN entfernen

Das Ergebnis erkennen Sie in der oberen Abbildung. Allerdings klappt dies nur, wenn hinter jedem Wort in der Zelle A7 ein Leerzeichen steht. Sollte dort kein Leerzeichen sein, dann erhalten Sie das folgende Ergebnis:

```
SusiSorglosBonn
```

Wenn Sie so ein Ergebnis erhalten, müssen Sie die Funktion WECHSELN einsetzen, um den Zeilenwechsel zu entfernen. Lesen Sie hierzu auch den Abschnitt *Wechseln* weiter hinten in diesem Kapitel.

3.12 SUCHEN

Ermittelt die Position eines Buchstabens oder einer Ziffer in einem Text. Groß-/Kleinschreibung wird nicht berücksichtigt.

Wenn Sie beispielsweise die Position des Buchstabens c im Wort Excel, das als einziges Wort in der Zelle steht, finden möchten, dann liefert die Funktion SUCHEN die Zahl 3, weil das c an dritter Position in der Zelle steht.

▶ Syntax

```
=SUCHEN(Suchtext; Text; Erstes_Zeichen)
```

▶ Parameter

Suchtext	Der zu suchende Buchstabe bzw. die zu suchende Ziffer.
Text	Der Text bzw. die Zelle, die durchsucht werden soll.
Erstes_Zeichen	Die Stelle (Zahl), ab der gesucht werden soll. Soll ab der ersten Stelle im Text gesucht werden, geben Sie den Parameter 1 ein.

Einen Text in einem Zellinhalt suchen

Wenn Sie die Position eines Wortes in einer Zelle finden möchten, lautet der Suchauftrag so: Merke Dir, was ich suche, und sieh in einer Zelle nach.

1. Öffnen Sie die Datei *SUCHEN.XLSX* und aktivieren Sie das Register *Suchen_1*. Setzen Sie den Cursor in die Zelle C7.
2. Öffnen Sie den Funktions-Assistenten und starten Sie die Funktion SUCHEN.
3. Für das erste Feld *Suchtext* markieren Sie die Zelle B7. Dort steht der Text, den sich Excel merken soll.
4. Im Feld *Text* geben Sie die Zelle ein, die durchsucht werden soll. In diesem Beispiel ist es die Zelle A7.

5 Bestätigen Sie mit *OK*.

Der Aufbau der Funktion lautet:

```
=SUCHEN(B7;A7)
```

6 Kopieren Sie die Funktion nach unten.

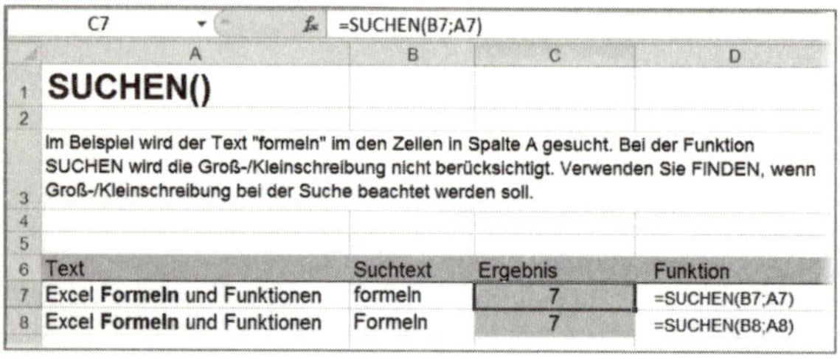

Bild 3.25: Einen Text in einer Zelle suchen und sich die Position ausgeben lassen

Mit der Positionsangabe alleine kann man nicht so viel anfangen. Deshalb finden Sie auf den nächsten Seiten zwei Beispiele, wie Sie mit der Funktion SUCHEN und anderen Funktionen Texte bearbeiten.

Unterschiedlich lange Texte auf zwei Zellen verteilen

Im folgenden Beispiel haben wir in einer Zelle den Vor- und Nachnamen stehen. Sie finden es auf dem Register *Suchen_2*. Ziel ist es, Vor- und Nachnamen zu trennen und auf zwei Zellen zu verteilen.

▶ Die Funktion für den Vornamen

Der Aufbau der Funktion für den Vornamen in der Zelle B6 sieht folgendermaßen aus:

```
=LINKS (A6;SUCHEN(" ";A6)-1)
```

Der innere Teil der Funktion

```
SUCHEN(" ";A6)
```

liefert als Ergebnis 6. An der sechsten Position steht das Leerzeichen.

Die Funktion LINKS sieht jetzt so aus:

```
=LINKS(A6;6-1)
```

Damit liefert sie den ersten Teil aus der Zelle.

▶ Die Funktion für den Nachnamen

Der Aufbau der Funktion für den Nachnamen in der Zelle C6 sieht folgendermaßen aus:

```
=RECHTS (A6;LÄNGE(A6)-SUCHEN(" ";A6))
```

Der innere Teil der Funktion

```
LÄNGE(A6)-SUCHEN(" ";A6)
```

liefert als Ergebnis

```
11-6
```

Jetzt nimmt die Funktion RECHTS

```
RECHTS(A6;5)
```

die letzten fünf Zeichen in der Zelle A5.

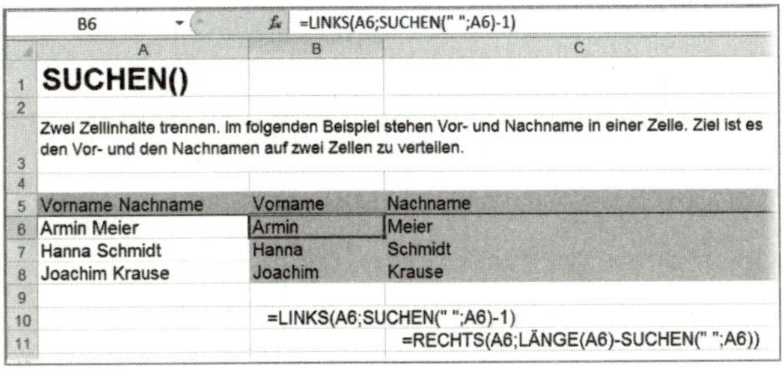

Bild 3.26: Vor- und Nachnamen mit drei Funktionen auf zwei Zellen verteilen

3.13 TEIL

Gibt einen Teil eines Zellinhalts aus. Geben Sie dazu die Anfangsposition und die Länge des Textes an.

▶ Syntax

```
=TEIL(Text; Erstes_Zeichen; Anzahl_Zeichen)
```

▶ Parameter

Text	In diesem Feld steht die Zelladresse, deren Inhalt Sie teilweise sehen möchten.
Erstes_Zeichen	Ab welchem Zeichen soll der Inhalt gezeigt werden?
Anzahl_Zeichen	Hier geben Sie die Anzahl der Zeichen ein, die Sie sehen möchten.

▶ Ähnliche Funktionen

RECHTS(), LINKS()

Nur einen Teil des Zellinhalts weiterbearbeiten

Das folgende Beispiel zeigt die Arbeitsweise der Funktion TEIL. In der Zelle A7 steht ein Text, von dem Sie aber nur einen Teil zur Weiterbearbeitung benötigen.

1. Öffnen Sie die Datei *TEIL.XLSX* und aktivieren Sie das Register *Teil_1*. Setzen Sie den Cursor in die Zelle C7.
2. Öffnen Sie den Funktions-Assistenten und starten Sie die Funktion TEIL.
3. Für das erste Feld *Text* markieren Sie die Zelle A7. Dort steht der Wert, den Sie in einen Text ändern möchten.
4. Im Feld *Erstes_Zeichen* geben Sie die Zelle B7 ein. In diesem Beispiel wollen wir ab der siebten Position den Inhalt von A7 sehen.
5. Die *Anzahl_Zeichen* stehen in Zelle C7. In diesem Beispiel wollen wir die nächsten sechs Zeichen sehen.
6. Bestätigen Sie mit *OK*.

Der Aufbau der Funktion lautet:

```
=TEIL(A7;B7;C7)
```

7. Kopieren Sie die Funktion nach unten.

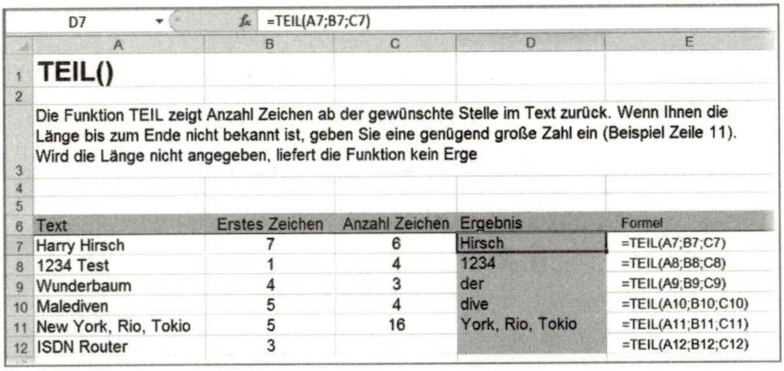

D7 | =TEIL(A7;B7;C7)

	A	B	C	D	E
1	TEIL()				
2					
3	Die Funktion TEIL zeigt Anzahl Zeichen ab der gewünschte Stelle im Text zurück. Wenn Ihnen die Länge bis zum Ende nicht bekannt ist, geben Sie eine genügend große Zahl ein (Beispiel Zeile 11). Wird die Länge nicht angegeben, liefert die Funktion kein Erge				
4					
5					
6	Text	Erstes Zeichen	Anzahl Zeichen	Ergebnis	Formel
7	Harry Hirsch	7	6	Hirsch	=TEIL(A7;B7;C7)
8	1234 Test	1	4	1234	=TEIL(A8;B8;C8)
9	Wunderbaum	4	3	der	=TEIL(A9;B9;C9)
10	Malediven	5	4	dive	=TEIL(A10;B10;C10)
11	New York, Rio, Tokio	5	16	York, Rio, Tokio	=TEIL(A11;B11;C11)
12	ISDN Router	3			=TEIL(A12;B12;C12)

Bild 3.27: Nur einen Teil eines Zellinhalts weiterverarbeiten

Beachten Sie, dass alle drei Parameter ausgefüllt sein müssen.

Eine Artikelnummer wiederherstellen

Nehmen wir an, Sie haben eine Datei mit Artikeln erhalten. Ihre Artikelnummer ist normalerweise sechsstellig. Beim Import aus einem anderen System wurde vorne eine Kennzeichnung xyz- angefügt und hinten -11 angehängt. Diese Kennzeichen benötigen Sie nicht. Sie möchten nur die ursprünglichen sechs Zeichen sehen.

Dieses Beispiel finden Sie auf dem Register *Teil_2*.

1. Setzen Sie den Cursor in die Zelle E2 und starten Sie die Funktion TEIL über den Funktions-Assistenten.
2. Geben Sie ins Feld *Text* die Zelladresse ein, deren Werte Sie sehen möchten. In diesem Beispiel ist es A2.
3. In das Feld *Erstes_Zeichen* kommt die Position des ersten Wertes. In diesem Beispiel ist es die Zahl 5. Ab dem fünften Zeichen ist es die Artikelnummer, die Sie als Ergebnis sehen möchten.
4. In das Feld *Anzahl_Zeichen* kommt die Anzahl der Zeichen, die Sie sehen möchten, also eine 6.
5. Bestätigen Sie Ihre Eingabe.

Der Aufbau der Funktion lautet:

```
=TEIL(A6;5;6)
```

6. Kopieren Sie die Formel nach unten.

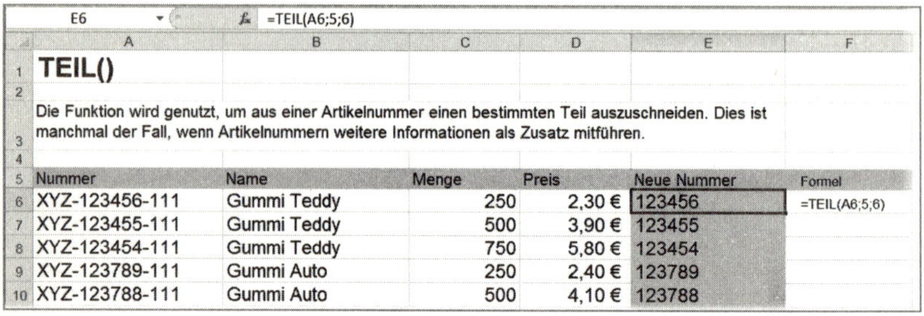

E6 =TEIL(A6;5;6)

	A	B	C	D	E	F
1	TEIL()					
2						
3	Die Funktion wird genutzt, um aus einer Artikelnummer einen bestimmten Teil auszuschneiden. Dies ist manchmal der Fall, wenn Artikelnummern weitere Informationen als Zusatz mitführen.					
4						
5	Nummer	Name	Menge	Preis	Neue Nummer	Formel
6	XYZ-123456-111	Gummi Teddy	250	2,30 €	123456	=TEIL(A6;5;6)
7	XYZ-123455-111	Gummi Teddy	500	3,90 €	123455	
8	XYZ-123454-111	Gummi Teddy	750	5,80 €	123454	
9	XYZ-123789-111	Gummi Auto	250	2,40 €	123789	
10	XYZ-123788-111	Gummi Auto	500	4,10 €	123788	

Bild 3.28: Eine Artikelnummer mit der Funktion TEIL auslesen

Als Ergebnis sehen Sie jetzt nur noch die sechs Zeichen der Spalte *Neue Nummer*, die Sie für weitere Auswertungen benötigen.

Die Quersumme ermitteln

Die Quersumme ist die Summe der Ziffern, aus denen eine Zahl besteht. Die Quersumme von 22 ist 4. Das folgende Beispiel finden Sie auf dem Register *Teil_3*.

Geben Sie die folgende Funktion ein:

```
=TEIL(A5;1;1)+TEIL(A5;2;1)
```

Der erste Teil der Funktion nimmt die erste Ziffer der Zelle A5. Dann wird die zweite Ziffer der Zelle A5 addiert.

Tipp: Sie können diese Funktion beliebig erweitern.

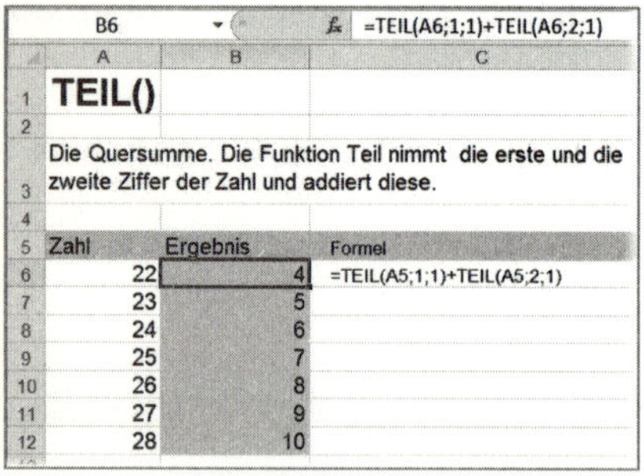

B6 =TEIL(A6;1;1)+TEIL(A6;2;1)

	A	B	C
1	TEIL()		
2			
3	Die Quersumme. Die Funktion Teil nimmt die erste und die zweite Ziffer der Zahl und addiert diese.		
4			
5	Zahl	Ergebnis	Formel
6	22	4	=TEIL(A5;1;1)+TEIL(A5;2;1)
7	23	5	
8	24	6	
9	25	7	
10	26	8	
11	27	9	
12	28	10	

Bild 3.29: Die Quersumme kann mit der Funktion TEIL ermittelt werden.

3.14 VERKETTEN

Führt bis zu 255 unterschiedliche Zellinhalte in einer Zelle zusammen.

▶ Syntax

```
=VERKETTEN(Text1; Text2;…)
```

▶ Parameter

Text1; Text2;..	In diesem Feld steht die erste Zelladresse, die Sie mit anderen verbinden möchten. Sie können bis zu 255 Zeichenfolgen oder Zellbezüge angeben.

Mehrere Zellen zu einer zusammenführen

Sie haben nach einem Textimport eine Artikelnummer in drei verschiedenen Zellen stehen. Jetzt möchten Sie diese Inhalte wieder in einer Zelle sehen.

1. Öffnen Sie die Datei *VERKETTEN.XLSX* und aktivieren Sie das Register *Verketten_1*. Setzen Sie den Cursor in die Zelle D6.
2. Öffnen Sie den Funktions-Assistenten und starten Sie die Funktion VERKETTEN.
3. Für das erste Feld *Text1* markieren Sie die Zelle A6. Dort steht der Text, den Sie zusammenführen möchten.
4. Für das Feld *Text2* markieren Sie die Zelle B6.
5. Nachdem Sie ins Feld *Text2* geklickt haben, zeigt Excel Ihnen das Feld *Text3* an. Geben Sie dort die Zelle C6 ein.
6. Bestätigen Sie mit *OK*.

Der Aufbau der Funktion lautet:

```
=VERKETTEN(A6;B6;C6)
```

7. Kopieren Sie die Funktion nach unten.

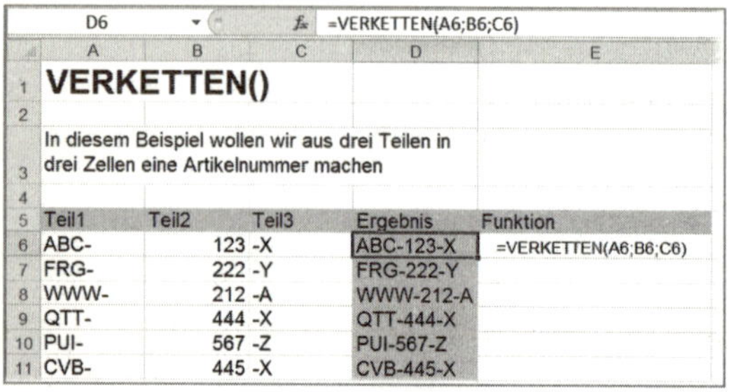

D6 =VERKETTEN(A6;B6;C6)

	A	B	C	D	E
1	VERKETTEN()				
2					
3	In diesem Beispiel wollen wir aus drei Teilen in drei Zellen eine Artikelnummer machen				
4					
5	Teil1	Teil2	Teil3	Ergebnis	Funktion
6	ABC-	123	-X	ABC-123-X	=VERKETTEN(A6;B6;C6)
7	FRG-	222	-Y	FRG-222-Y	
8	WWW-	212	-A	WWW-212-A	
9	QTT-	444	-X	QTT-444-X	
10	PUI-	567	-Z	PUI-567-Z	
11	CVB-	445	-X	CVB-445-X	

Bild 3.30: Aus mehreren Zellinhalten mit der Funktion VERKETTEN einen Wert machen

In der Zelle D6 steht jetzt die Artikelnummer wieder zusammen.

Texte mit Leerzeichen zusammenführen

Sie haben in unterschiedlichen Zellen Texte stehen. Diese Texte möchten Sie in einer Zelle zusammenführen. Dabei müssen Sie beachten, dass Sie auch Leerzeichen zwischen den Wörtern einfügen müssen. Dieses Beispiel finden Sie auf dem Register *Verketten_2*.

Die Funktion sieht folgendermaßen aus:

```
=VERKETTEN(A7;" ";B7;" ";C7)
```

Zuerst wird der Inhalt von A7 genommen, dann wird ein Leerzeichen angefügt und im Anschluss wird der Inhalt von B7 genommen. Vor dem dritten Wort in C7 wird noch einmal ein Leerzeichen eingefügt.

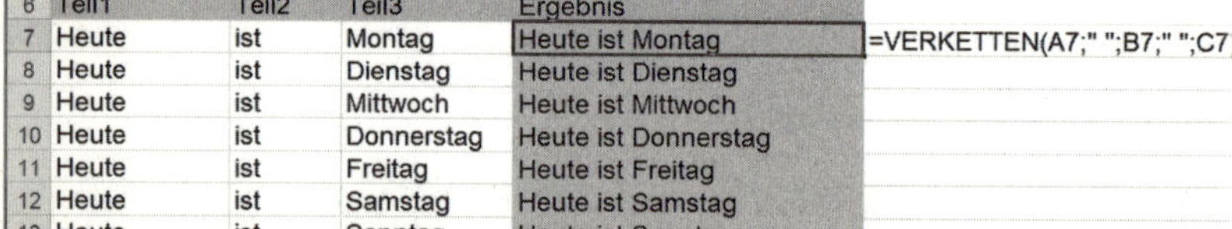

D7 =VERKETTEN(A7;" ";B7;" ";C7)

	A	B	C	D	E
1	VERKETTEN()				
2					
3	In diesem Beispiel sehen Sie, wie Sie mehere Wörter aus verschiedenen Zellen in eine Zelle zusammenfassen können				
4					
5					
6	Teil1	Teil2	Teil3	Ergebnis	
7	Heute	ist	Montag	Heute ist Montag	=VERKETTEN(A7;" ";B7;" ";C7)
8	Heute	ist	Dienstag	Heute ist Dienstag	
9	Heute	ist	Mittwoch	Heute ist Mittwoch	
10	Heute	ist	Donnerstag	Heute ist Donnerstag	
11	Heute	ist	Freitag	Heute ist Freitag	
12	Heute	ist	Samstag	Heute ist Samstag	
13	Heute	ist	Sonntag	Heute ist Sonntag	

Bild 3.31: Mehrere Zellen und Leerzeichen zusammenführen

Zellinhalte manuell verketten

Es besteht auch die Möglichkeit, Zellinhalte ohne die Funktion VERKETTEN zusammenzuführen. Dazu setzen Sie das &-Zeichen ein.

Die Formel sieht folgendermaßen aus:

```
=A7&" "&B7&" "&C7
```

Zuerst wird der Inhalt von A7 genommen. Dieser Text wird mit einem Leerzeichen über das &-Zeichen verbunden. Hinter dem Leerzeichen wird jetzt wieder mit einem &-Zeichen der Inhalt der Zelle B7 verbunden.

Wichtig ist, dass Sie alle Zellen und alle Leerzeichen mit dem &-Zeichen verbinden. Konstanten, in diesem Beispiel das Leerzeichen, werden in Anführungszeichen gesetzt.

Der Unterschied zwischen der Funktion VERKETTEN und dem &-Zeichen liegt in der Menge der Parameter, die Sie zusammenführen. Mit der Funktion VERKETTEN können Sie maximal 255 Zellinhalte zusammenführen, mit dem &-Zeichen deutlich mehr.

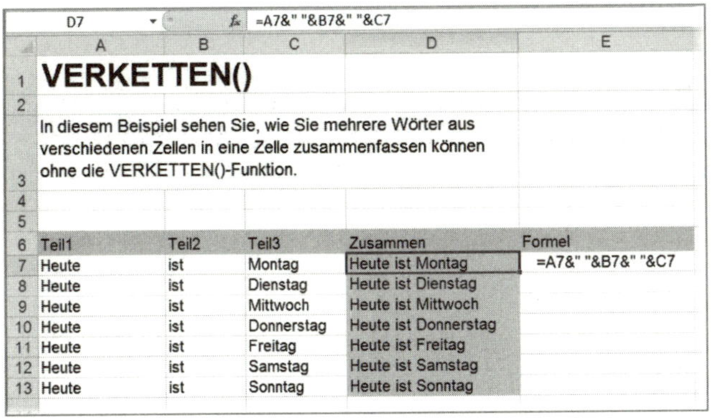

D7 =A7&" "&B7&" "&C7

	A	B	C	D	E
1	VERKETTEN()				
2					
3	In diesem Beispiel sehen Sie, wie Sie mehrere Wörter aus verschiedenen Zellen in eine Zelle zusammenfassen können ohne die VERKETTEN()-Funktion.				
4					
5					
6	Teil1	Teil2	Teil3	Zusammen	Formel
7	Heute	ist	Montag	Heute ist Montag	=A7&" "&B7&" "&C7
8	Heute	ist	Dienstag	Heute ist Dienstag	
9	Heute	ist	Mittwoch	Heute ist Mittwoch	
10	Heute	ist	Donnerstag	Heute ist Donnerstag	
11	Heute	ist	Freitag	Heute ist Freitag	
12	Heute	ist	Samstag	Heute ist Samstag	
13	Heute	ist	Sonntag	Heute ist Sonntag	

Bild 3.32: Zellinhalte manuell mit dem &-Zeichen zusammenführen

3.15 WECHSELN

Wechselt in einer Zelle einen Text durch einen anderen Text aus.

Sie wollen einen Produktwechsel durchführen. Ein Produkt soll durch ein anderes ersetzt werden. Jetzt steht der Name des alten Produkts mitten im Text. Dann können Sie mithilfe der Funktion WECHSELN den alten Namen durch den neuen Namen ersetzen.

▶ Syntax

```
=WECHSELN(Text; Alter_Text; Neuer_Text; Ntes_Auftreten)
```

▶ Parameter

Text	Ein Text oder ein Zellbezug.
Alter_Text	Der gesuchte Text, der ersetzt werden soll.
Neuer_Text	Der neue Text, der anstelle von *Alter_Text* angezeigt werden soll.
Ntes_Auftreten	Wie oft soll *Alter_Text* durch *Neuer_Text* ersetzt werden?

▶ Ähnliche Funktionen

ERSETZEN()

Einen Produktnamen automatisch durch einen anderen ersetzen

Im folgenden Beispiel soll der Name *Fervet* durch den Namen *Golibor* ersetzt werden. Der Arbeitsauftrag an die Funktion WECHSELN sieht folgendermaßen aus: Suche in A7 den Text aus C7 und ersetzte ihn durch den Text in E7.

1. Öffnen Sie die Datei *WECHSELN.XLSX* und aktivieren Sie das Register *Wechseln_1*. Setzen Sie den Cursor in die Zelle D7.
2. Starten Sie über den Funktions-Assistenten die Funktion WECHSELN.
3. In das Feld *Text* geben Sie die Zelladresse A7 ein. In dieser Zelle steht der Text, der geändert werden soll.
4. Der Text, der den alten ersetzen soll, steht in Zelle B7. Geben Sie im Feld *Alter_Text* die Zelladresse B7 ein.
5. Für das Feld *Neuer_Text* markieren Sie die Zelle C7.
6. Das Feld *Ntes_Auftreten* bleibt leer.
7. Bestätigen Sie mit *OK*.

Die Funktion sieht jetzt so aus:

```
=WECHSELN(A7;C7;E7)
```

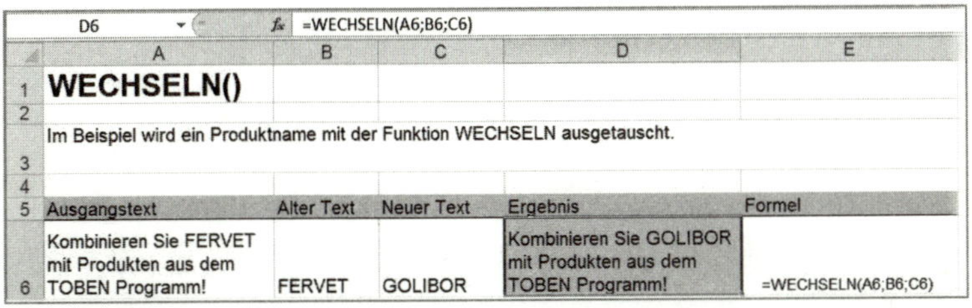

Bild 3.33: Mit der Funktion WECHSELN wird ein Text mit einem anderen Text überschrieben.

Im Ergebnis erkennen Sie jetzt, dass die beiden Produktnamen miteinander vertauscht wurden.

3.16 WERT

Wandelt einen Zellinhalt in einen Zahlenwert um, allerdings nur, wenn der Inhalt der Zelle eine Zahl ist.

Diese Funktion ist interessant, wenn die Zahlen mit dem Hochkomma eingegeben bzw. als Text formatiert wurden. Diese Funktion macht wieder Zahlen aus den Werten, mit denen man anschließend rechnen kann. Zusätzlich entfernt die Funktion WERT alle Zahlenformate der angegebenen Zelle.

▶ Syntax

```
=WERT(Text)
```

▶ Parameter

Text	In diesem Feld steht die Zelladresse, deren Inhalt in eine Zahl umgewandelt werden soll.

▶ Ähnliche Funktionen

TEXT()

Die Funktion WERT

In der folgenden Abbildung sehen Sie ein paar Beispiele für den Einsatz der Funktion WERT.

1. Öffnen Sie die Datei *WERT.XLSX* und aktivieren Sie das Register *Wert_1*. Setzen Sie den Cursor in die Zelle C7.
2. Öffnen Sie den Funktions-Assistenten und starten Sie die Funktion WERT.
3. Für das Feld *Text* markieren Sie die Zelle A7. Dort steht der Text, der mit der Funktion bearbeitet werden soll.
4. Bestätigen Sie mit *OK*.

Der Aufbau der Funktion lautet:

```
=WERT(A7)
```

5. Kopieren Sie die Funktion nach unten.

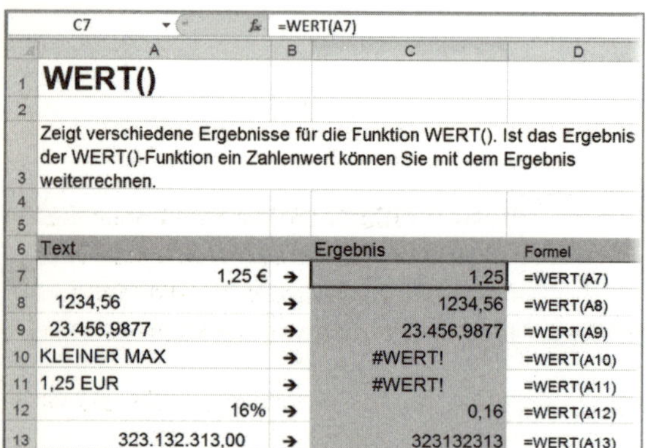

Bild 3.34: Mit der Funktion WERT lassen sich Zahlen, die als Text eingegeben wurden, wieder in Zahlen umwandeln.

In der Zelle A7 steht eine Zahl, die mit dem Währungsformat gestaltet ist. Durch die Funktion WERT wird das Zahlenformat entfernt. In A8 steht eine Zahl, die mit Hochkomma eingegeben, und in A9 steht eine Zahl, die als Text formatiert wurde. Auch hier macht die Funktion WERT wieder eine Zahl daraus und entfernt das Hochkomma bzw. das Textformat.

Sollte sich allerdings Text in der Zelle befinden, dann erscheint eine Fehlermeldung, wie in Zeile 10 und 11.

Zellen addieren, in denen Text steht

Sie haben eine Tabelle mit Zahlen erhalten und möchten diese Zahlen addieren. Leider steht in jeder Zelle neben der Zahl auch noch ein Text. In der folgenden Abbildung können Sie erkennen, dass in der Spalte A vor jeder Zahl der Text »Euro« steht. Dieses Beispiel finden Sie auf dem Register *Wert_2*.

Ziel ist es jetzt, die Texte zu entfernen, um die Addition durchführen zu können.

Der Aufbau der Funktion lautet:

```
=WERT(ERSETZEN(A7;1;5;""))
```

Der innere Teil der Funktion

```
ERSETZEN(A7;1;5;"")
```

entfernt die ersten fünf Zeichen in der Zelle. Aus diesem Ergebnis macht die Funktion WERT jetzt eine Zahl.

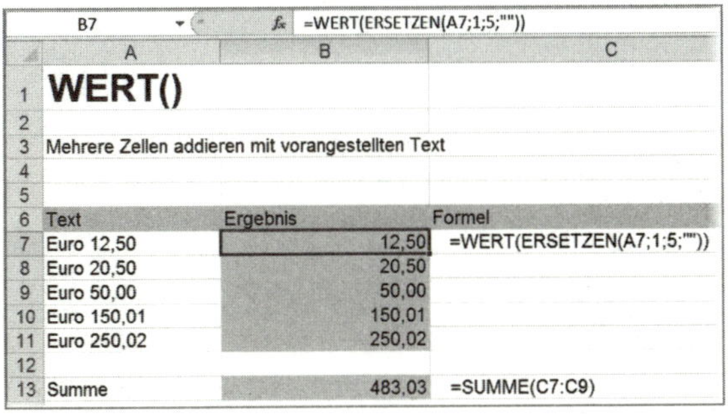

Bild 3.35: Die Funktionen WERT und ERSETZEN entfernen Texte aus Zellen, damit die Werte addiert werden können.

In der Spalte C liegt jetzt das Ergebnis vor. Diese Zahlen werden in Zelle C13 ohne Schwierigkeiten addiert.

4 Datums- und Zeitfunktionen

Berechnungen von Datums- und Uhrzeitwerten sind in vielen Arbeitsbereichen notwendig. Sollen beispielsweise Lieferungen oder Zahlungen kontrolliert werden, müssen von einem Datum aus bestimmte Termine berechnet werden. Bei Arbeits- oder Produktionszeiten innerhalb eines kurzen Zeitraums verwenden Sie die Uhrzeitfunktionen.

Hier helfen die integrierten Excel-Funktionen der Kategorie Datum und Uhrzeit.

▣ Download-Link

www.buch.cd
Hier finden Sie alle Beispieldateien übersichtlich nach Kapiteln geordnet.

Tipp: Einige Funktionen sind nur bei aktivierten Add-Ins verfügbar. Beachten Sie dabei die entsprechende Spalte.

4.1 Rechnen mit Datum und Uhrzeit

Zuerst möchten wir Ihnen erläutern, wie in Excel Datum und Uhrzeiten gespeichert sind, um zu verstehen, wie die Berechnungen durchgeführt werden.

Die wichtigsten Tastenkombinationen bei der Arbeit mit dem Datum zeigen wir Ihnen gleich zu Beginn:

- [Strg] + [.] zeigt das aktuelle Datum.
- [Strg] + [Umschalt] + [.] zeigt die aktuelle Uhrzeit.

Anzahl der Tage zwischen zwei Daten

Wenn Sie wissen möchten, wie viele Tage zwischen zwei Daten liegen, gehen Sie so vor:

1. Geben Sie zwei Daten ein.
2. Setzen Sie den Cursor in die Zelle, in der Sie das Ergebnis sehen möchten.
3. Geben Sie die folgende Formel ein:

```
=B2-B1
```

4. Bestätigen Sie durch Drücken von [Eingabe].
5. Markieren Sie die Zelle wieder und weisen Sie ihr das Zahlenformat *Standard* zu.

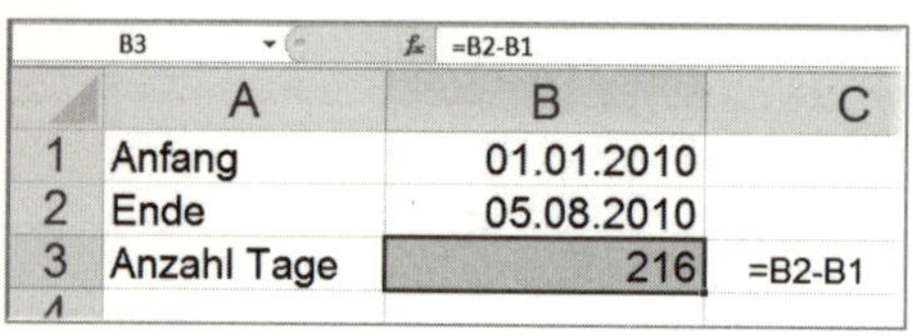

B3 fx =B2-B1

	A	B	C
1	Anfang	01.01.2010	
2	Ende	05.08.2010	
3	Anzahl Tage	216	=B2-B1
4			

Bild 4.1: Die Anzahl der Tage zwischen zwei Daten

Tipp: Seit dem 01.01.1900 nummeriert Excel die Tage fortlaufend durch. So können Sie die Anzahl der Tage zwischen zwei Daten berechnen.

Anzahl der Stunden

Was bei Datumswerten gilt, kann man bei Uhrzeitwerten fortführen. Sie können die Anzahl der Stunden berechnen, die zwischen zwei Uhrzeiten liegt. Dabei müssen Sie sich nur entscheiden, ob das Ergebnis als Dezimalzahl, z. B. 7,5 Stunden, oder als Uhrzeit in der Form 7:30 angezeigt werden soll.

▶ Ergebnis als Dezimalzahl

1. Geben Sie zwei Uhrzeiten ein.
2. Klicken Sie in die Zelle, in der Sie das Ergebnis sehen möchten.

3. Geben Sie die folgende Formel ein:

```
=(B4-B3)*24
```

4. Bestätigen Sie mit [Eingabe].

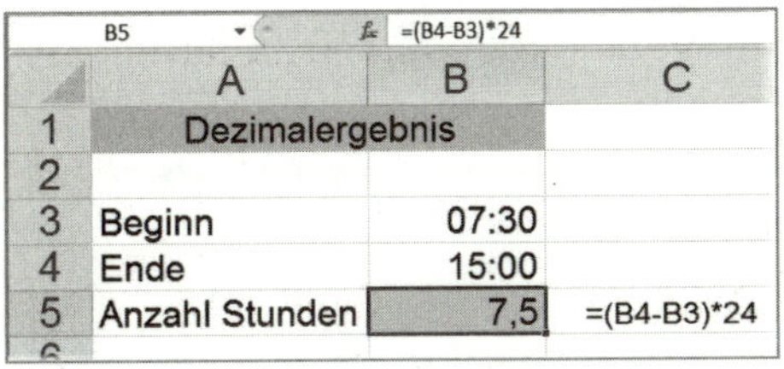

Bild 4.2: Der Rechenschritt, um die Differenz zwischen zwei Zeiten als Dezimalzahl zu erhalten

Das Ergebnis liegt bei 7,5 Stunden. Mit dieser Zahl können Sie weiterrechnen, beispielsweise einen Stundenlohn ermitteln.

Sollten Sie keine Dezimalzahl erhalten, aktivieren Sie das Register *Start* und wählen am Listenfeld *Zahlenformat* die Kategorie *Standard.*

▶ Zeiten über Mitternacht

Bei Berechnungen über Mitternacht hinaus müssen Sie die folgende WENN-Funktion einsetzen:

```
=WENN(B4<B3;B4-B3+1;B4-B3)*24
```

Das Ergebnis im Uhrzeitformat

Wenn Sie das Ergebnis als Uhrzeit wünschen, führen Sie die folgenden Schritte durch:

1. Klicken Sie in die Zelle, in der Sie das Ergebnis sehen möchten.

2. Geben Sie die folgende Formel ein:

```
=(B4-B3)
```

3. Bestätigen Sie mit [Eingabe].

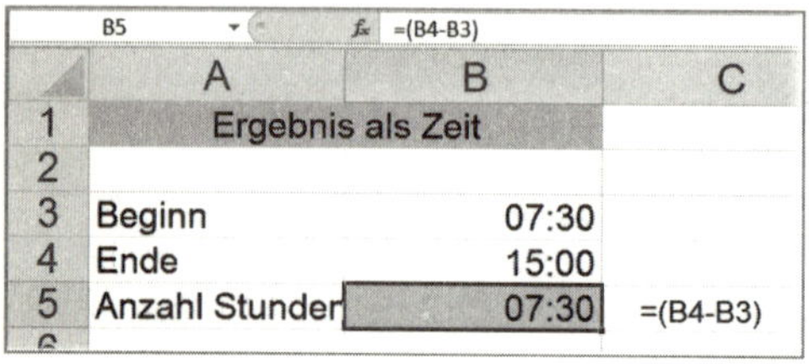

Bild 4.3: Die Differenz zwischen zwei Uhrzeiten als Zeit

Das Ergebnis, siebeneinhalb Stunden, wird jetzt als Uhrzeit angezeigt, sieben Stunden und dreißig Minuten wird jetzt als Zeit angezeigt.

4.2 ARBEITSTAG

Liefert das Datum vor oder nach einer bestimmten Anzahl von Tagen. Wochenenden sowie die Tage, die in der Liste *Freie_Tage* angegeben sind, werden nicht mitgezählt.

▶ Syntax

```
=ARBEITSTAG(Ausgangsdatum; Tage; Freie_Tage)
```

▶ Parameter

Ausgangsdatum	Die Zelladresse mit dem Datum, vom dem aus der gesuchte Tag berechnet wird. Das Ausgangsdatum wird in die Zählung einbezogen.
Tage	Die Anzahl der Tage, die zwischen dem Ausgangsdatum und dem gesuchten Enddatum liegen.
Freie_Tage	Eine Liste mit den Tagen, die nicht mitgezählt werden sollen.

Ein Datum in der Zukunft ermitteln

Vielleicht möchten Sie wissen, der Wievielte in 18 Tagen ist? Ein Lieferant hat Ihnen beispielsweise die Lieferung der Waren in 18 Tagen zugesichert. Die Funktion ARBEITSTAG liefert Ihnen das gewünschte Datum, zählt allerdings die Wochenenden nicht mit.

1. Öffnen Sie die Datei *ARBEITSTAG.XLSX* und aktivieren Sie das Register *Arbeitstag_1*. Markieren Sie die Zelle C10 und öffnen Sie über den Funktions-Assistenten die Funktion ARBEITSTAG.
2. Das Ausgangsdatum steht in der Zelle C6, es ist der 30.04.2010.
3. Die Anzahl der *Tage* steht in der Zelle C7.
4. Wenn Sie die Feiertage innerhalb des ermittelten Zeitraums mit berücksichtigen wollen, dann markieren Sie im dritten Schritt die Zellen, die die Daten der Feiertage enthalten, und bestätigen dann mit *OK*.

Die Funktion sieht folgendermaßen aus:

```
=ARBEITSTAG(C6;C7;F8:F10)
```

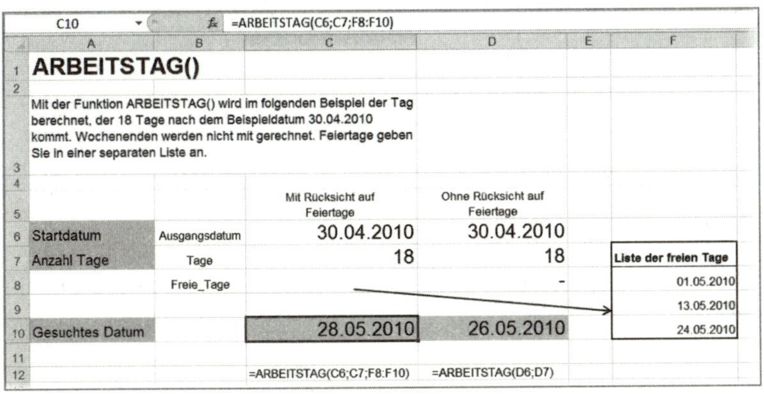

Bild 4.4: Die Funktion ARBEITSTAG ermittelt ein Datum auf Basis eines Startdatums und einer Zahl.

Als Ergebnis wird jetzt in C10 der *28.05.2010* als Lieferdatum ermittelt. In D10 werden die Feiertage nicht berücksichtigt. Dort ermittelt Excel als Liefertermin den *26.05.2010*. Innerhalb des betrachteten Zeitraums sind zwei Feiertage. Da der 01.Mai auf einen Samstag fällt, wird er nicht mit berücksichtigt.

Das Arbeitsenddatum ermitteln

Stellen Sie sich vor, Sie beschäftigen tageweise Aushilfen. Diese Aushilfen beginnen zu einem bestimmten Datum und arbeiten dann eine feste Anzahl von Tagen. Jetzt soll Excel Ihnen das Datum des letzten Arbeitstags ausrechnen.

1. Aktivieren Sie das Register *Arbeitstag_2* und markieren Sie die Zelle D7.
2. Geben Sie die folgende Funktion ein:

```
=ARBEITSTAG(B7;C7)
```

3. Kopieren Sie die Funktion nach unten.

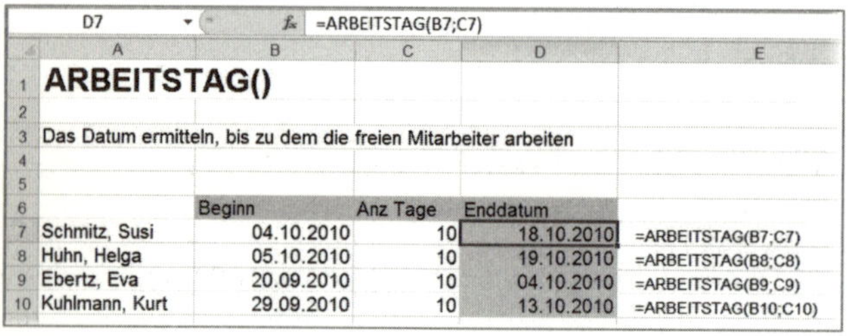

D7 =ARBEITSTAG(B7;C7)

	A	B	C	D	E
1	ARBEITSTAG()				
2					
3	Das Datum ermitteln, bis zu dem die freien Mitarbeiter arbeiten				
4					
5					
6		Beginn	Anz Tage	Enddatum	
7	Schmitz, Susi	04.10.2010	10	18.10.2010	=ARBEITSTAG(B7;C7)
8	Huhn, Helga	05.10.2010	10	19.10.2010	=ARBEITSTAG(B8;C8)
9	Ebertz, Eva	20.09.2010	10	04.10.2010	=ARBEITSTAG(B9;C9)
10	Kuhlmann, Kurt	29.09.2010	10	13.10.2010	=ARBEITSTAG(B10;C10)

Bild 4.5: Das Arbeitsenddatum wird durch das Startdatum und die Anzahl der Tage ermittelt.

4.3 DATEDIF

Zeigt je nach Wunsch die Anzahl der Tage, Monate oder Jahre zwischen zwei Daten an.

Tipp: Diese Funktion finden Sie nicht im Funktions-Assistenten.

▶ Syntax

```
=DATEDIF(1_Parameter; 2_Parameter; 3_Parameter)
```

▶ Parameter

1_Parameter	Die Zelle mit dem Ausgangsdatum, ab dem gezählt werden soll.
2_Parameter	Die Zelle mit dem Enddatum, bis zu dem gezählt werden soll.

3_Parameter Der anzuzeigende Wert. In der folgenden Tabelle sind die Kürzel aufgelistet, die in den dritten Parameter eingegeben werden können.

3_Parameter	Bedeutung
"d"	Anzahl Tage
"m"	Anzahl Monate
"y"	Anzahl Jahre

Aus einem Text ein Datum erstellen

Wenn Sie wissen möchten, wie viele Monate zwischen zwei Daten liegen, gehen Sie so vor:

1. Öffnen Sie die Datei *DATEDIF.XLSX* und aktivieren Sie das Register *Datedif_1*. Setzen Sie den Cursor in die Zelle C6.
2. Diese Funktion wird nicht im Funktions-Assistenten angezeigt, deshalb müssen Sie sie eintippen.

```
=DATEDIF(A6;B6;"Y")
```

3. Bestätigen Sie durch Drücken der [Eingabe]-Taste.
4. Kopieren Sie die Formel nach unten.
5. Geben Sie in den Zellen C11 und C16 nacheinander die folgenden zwei Funktionen ein und kopieren Sie sie auch nach unten:

```
=DATEDIF(A11;B11;"M")
DATEDIF(A16;B16;"D")
```

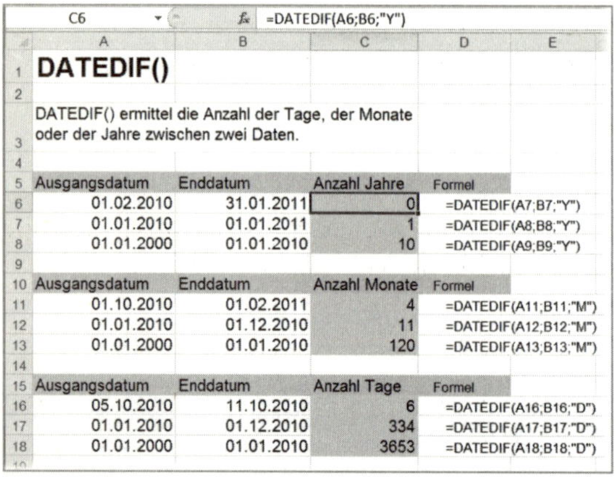

C6 =DATEDIF(A6;B6;"Y")

DATEDIF()

DATEDIF() ermittel die Anzahl der Tage, der Monate oder der Jahre zwischen zwei Daten.

Ausgangsdatum	Enddatum	Anzahl Jahre	Formel
01.02.2010	31.01.2011	0	=DATEDIF(A7;B7;"Y")
01.01.2010	01.01.2011	1	=DATEDIF(A8;B8;"Y")
01.01.2000	01.01.2010	10	=DATEDIF(A9;B9;"Y")
Ausgangsdatum	**Enddatum**	**Anzahl Monate**	**Formel**
01.10.2010	01.02.2011	4	=DATEDIF(A11;B11;"M")
01.01.2010	01.12.2010	11	=DATEDIF(A12;B12;"M")
01.01.2000	01.01.2010	120	=DATEDIF(A13;B13;"M")
Ausgangsdatum	**Enddatum**	**Anzahl Tage**	**Formel**
05.10.2010	11.10.2010	6	=DATEDIF(A16;B16;"D")
01.01.2010	01.12.2010	334	=DATEDIF(A17;B17;"D")
01.01.2000	01.01.2010	3653	=DATEDIF(A18;B18;"D")

Bild 4.6: Die Anzahl der Tage, der Monate und der Jahre zwischen zwei Daten wird mit der Funktion DATEDIF gezählt.

Das Alter ermitteln

Aus einer Liste mit Namen und Geburtsdaten wollen Sie das Alter jeder Person berechnen.

1. Aktivieren Sie das Register *Datedif_2* und setzen Sie den Cursor in die Zelle C6.
2. Geben Sie die folgende Funktion ein:

```
=(DATEDIF(B6:B17;HEUTE();"Y")
```

3. Drücken Sie zum Abschluss `Eingabe`.

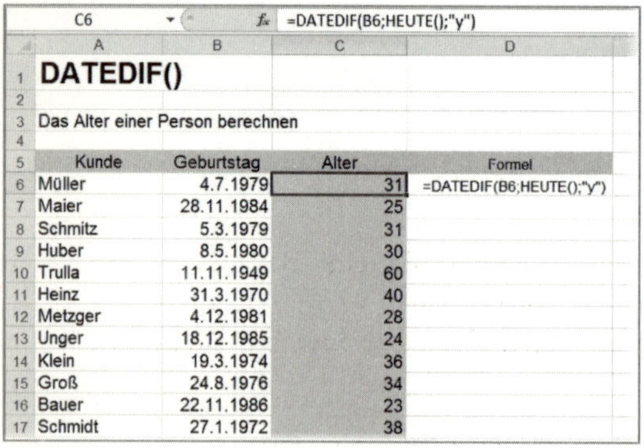

C6 =DATEDIF(B6;HEUTE();"y")

DATEDIF()

Das Alter einer Person berechnen

Kunde	Geburtstag	Alter	Formel
Müller	4.7.1979	31	=DATEDIF(B6;HEUTE();"y")
Maier	28.11.1984	25	
Schmitz	5.3.1979	31	
Huber	8.5.1980	30	
Trulla	11.11.1949	60	
Heinz	31.3.1970	40	
Metzger	4.12.1981	28	
Unger	18.12.1985	24	
Klein	19.3.1974	36	
Groß	24.8.1976	34	
Bauer	22.11.1986	23	
Schmidt	27.1.1972	38	

Bild 4.7: Das Alter jeder Person

Da als zweiter Parameter die Funktion HEUTE() angegeben wurde, wird bei jedem Start der Mappe das Alter neu berechnet und gegebenenfalls aktualisiert.

4.4 DATUM

Erstellt aus den drei Angaben Jahr, Monat und Tag einen Datumswert. Mithilfe dieser Funktion können Sie mit einfachen Methoden ermitteln, wer im nächsten Monat Geburtstag hat.

Die Berechnung `DATUM(2010; 13; 4)` führt zu keiner Fehlermeldung. Die Funktion addiert auf den 01.01.2010 13 Monate plus drei Tage und ermittelt daher den `4.1.2011.`

▶ Syntax

```
=Datum(Jahr; Monat; Tag)
```

▶ Parameter

Jahr	Eine Zelladresse mit einer gültigen Jahreszahl ab 1900 bis maximal 9999.
Monat	Eine Zelladresse mit einer gültigen Monatzahl zwischen 1 und 12.
Tag	Eine Zelladresse mit einer gültigen Tageszahl zwischen 1 und 31, in Abhängigkeit des Monats.

▶ Ähnliche Funktionen

DATWERT()

Ein Datum zusammensetzen

Von einem anderen Computersystem erhalten Sie ein Datum, das in seine Bestandteile, also Tag, Monat und Jahr, zerpflückt wurde. Alle drei Informationen stehen in separaten Zellen und Sie möchten daraus wieder ein richtiges Datum herstellen.

Im folgenden Beispiel stehen die Angaben in den Zellen B6 bis B8.

Wenn Sie die Funktion DATUM starten, müssen Sie nur darauf achten, dass die Reihenfolge

```
Jahr;Monat;Tag
```

befolgt wird. Mit dem Ergebnis können Sie jetzt weitere Berechnungen durchführen.

1. Öffnen Sie die Datei *DATUM.XLSX* und aktivieren Sie das Register *Datum_1*. Setzen Sie den Cursor in die Zelle B10.
2. Öffnen Sie den Funktions-Assistenten und starten Sie die Funktion DATUM.
3. Für das Feld *Jahr* markieren Sie die Zelle B6.
4. Für das Feld *Monat* markieren Sie die Zelle B7.
5. Für das Feld *Tag* markieren Sie die Zelle B8.
6. Bestätigen Sie mit *OK*.

Die Funktion sieht folgendermaßen aus:

```
=DATUM(B6;B7;B8)
```

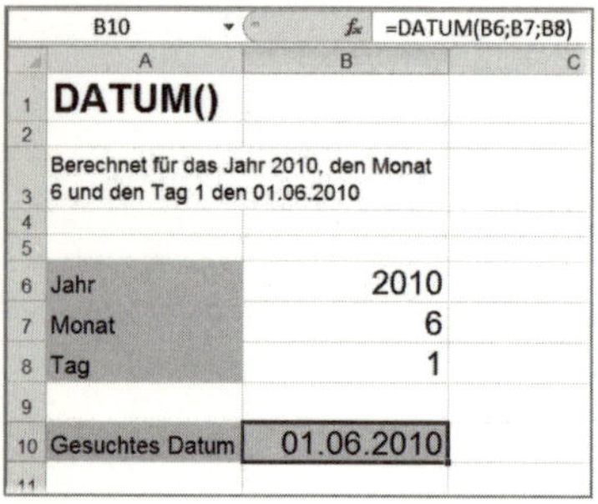

Bild 4.8: Das Beispiel für ein aus drei Parametern zusammengesetztes Datum

Ein Datum wiederherstellen

Sie haben eine Auswertung erhalten, in der der Monat als einzelne Zahl steht. So steht in einer Zelle eine 5. Sie wissen, dass dies der Monat Mai ist, aber Excel erkennt dies nicht auf Anhieb. In der folgenden Abbildung steht in der Spalte A jeweils nur eine Zahl zwischen 1 und 12. Wenn Sie nur diese Angabe haben und aus dieser Zahl ein Datum machen möchten, müssen Sie entscheiden, welcher Tag und welches Jahr mit angezeigt werden. In diesem Beispiel wollen wir immer den Ersten des Monats und das Jahr 2010 sehen. So lautet die Formel:

```
=DATUM(2010;A2;1)
```

Das Ergebnis sehen Sie in der folgenden Abbildung in der Spalte B.

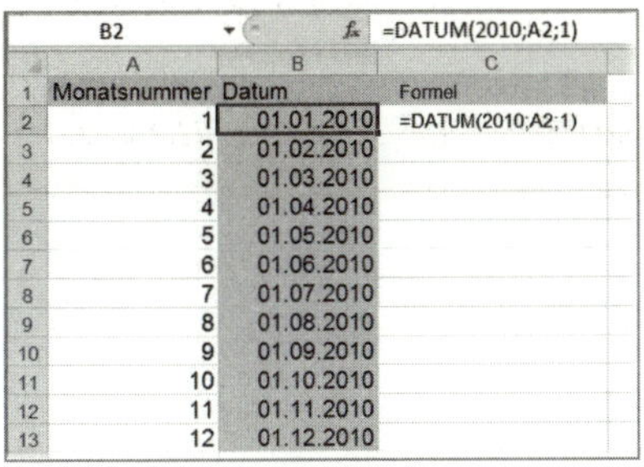

B2 | =DATUM(2010;A2;1)

	A	B	C
1	Monatsnummer	Datum	Formel
2	1	01.01.2010	=DATUM(2010;A2;1)
3	2	01.02.2010	
4	3	01.03.2010	
5	4	01.04.2010	
6	5	01.05.2010	
7	6	01.06.2010	
8	7	01.07.2010	
9	8	01.08.2010	
10	9	01.09.2010	
11	10	01.10.2010	
12	11	01.11.2010	
13	12	01.12.2010	

Bild 4.9: Ein zusammengesetztes Datum mit festen Werten

Wenn Sie aus der Monatsnummer in Spalte A den ausgeschriebenen Monatsnamen wünschen, müssen Sie die oben beschriebene Berechnung erzeugen. Formatieren Sie dann die Zellen mit dem benutzerdefinierten Zahlenformat:

```
MMMM
```

So lassen Sie sich den Monatsnamen ausgeschrieben anzeigen.

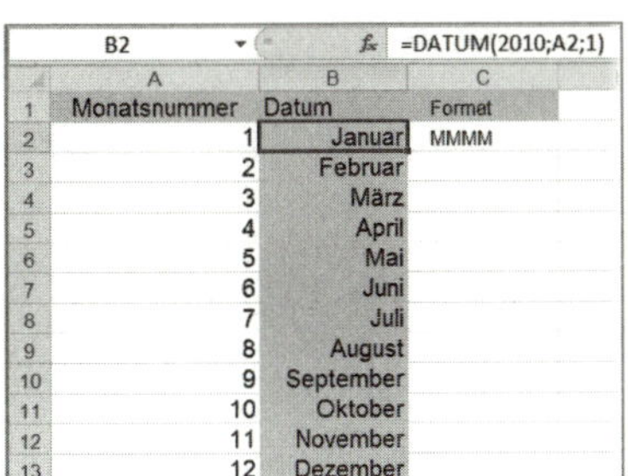

B2 | =DATUM(2010;A2;1)

	A	B	C
1	Monatsnummer	Datum	Format
2	1	Januar	MMMM
3	2	Februar	
4	3	März	
5	4	April	
6	5	Mai	
7	6	Juni	
8	7	Juli	
9	8	August	
10	9	September	
11	10	Oktober	
12	11	November	
13	12	Dezember	

Bild 4.10: Ein zusammengesetztes Datum mit festen Werten und einer benutzerdefinierten Formatierung

Tipp: In Kapitel 1 wurden die benutzerdefinierten Zahlenformate beschrieben.

Wer hat nächsten Monat Geburtstag?

Sie haben eine Geburtstagsliste und möchten wissen, wer im ersten Halbjahr Geburtstag feiert.

Eine mögliche Lösung besteht darin, zu ermitteln, wann die Person in diesem Jahr feiert, also das Geburtsjahr in das aktuelle Jahr umwandeln zu lassen und danach mit dem benutzerdefinierten AutoFilter den gewünschten Zeitbereich zu durchsuchen.

Die Funktion lautet:

```
=DATUM(JAHR(HEUTE());MONAT(C3);TAG(C3))
```

Der Teil

```
=DATUM(JAHR(HEUTE());
```

ermittelt immer das aktuelle Jahr.

Der restliche Teil

```
MONAT(C3);TAG(C3))
```

fügt den Monat und den Tag des Geburtsdatums hinzu. Die folgende Abbildung zeigt das Ergebnis.

D2 =DATUM(JAHR(HEUTE());MONAT(C2);TAG(C2))

	A	B	C	D	E
1	Vorname	Nachname	Geburtstag	GebTagDiesesJahr	Formel
2	Oskar	Waalkes	11.01.1955	11.01.2010	=DATUM(JAHR(HEUTE());MONAT(C2);TAG(C2))
3	Susi	Sorglos	21.01.1963	21.01.2010	
4	Gisela	Mueller	10.10.1949	10.10.2010	
5	Frank	Gruen	27.01.1972	27.01.2010	

Bild 4.11: Wann feiert die Person in diesem Jahr Geburtstag?

Jetzt kann über den AutoFilter ein Bereich, der gezeigt werden soll, ausgewählt werden. In diesem Beispiel sollen alle Personen gezeigt werden, die im März Geburtstag haben.

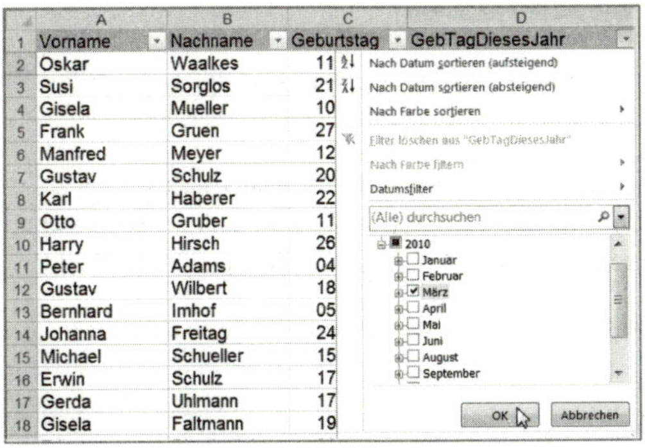

	A	B	C	D
1	Vorname	Nachname	Geburtstag	GebTagDiesesJahr
2	Oskar	Waalkes	11	
3	Susi	Sorglos	21	
4	Gisela	Mueller	10	
5	Frank	Gruen	27	
6	Manfred	Meyer	12	
7	Gustav	Schulz	20	
8	Karl	Haberer	22	
9	Otto	Gruber	11	
10	Harry	Hirsch	26	
11	Peter	Adams	04	
12	Gustav	Wilbert	18	
13	Bernhard	Imhof	05	
14	Johanna	Freitag	24	
15	Michael	Schueller	15	
16	Erwin	Schulz	17	
17	Gerda	Uhlmann	17	
18	Gisela	Faltmann	19	

Bild 4.12: Der AutoFilter zeigt nur die gewünschten Geburtstage.

Nachdem Sie den AutoFilter mit *OK* bestätigt haben, werden nur die Personen angezeigt, die im gewählten Zeitraum Geburtstag feiern.

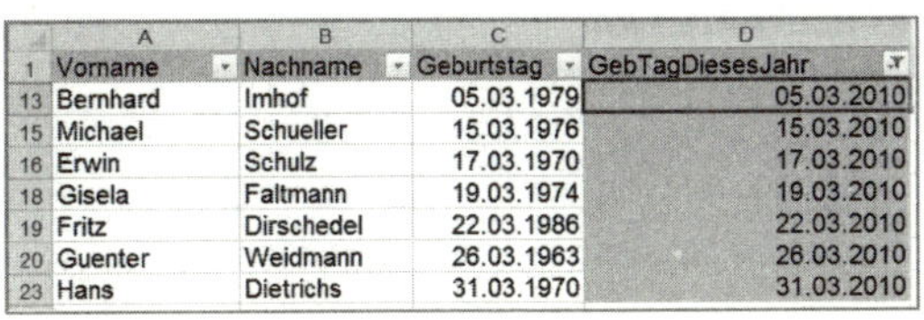

	A	B	C	D
1	Vorname	Nachname	Geburtstag	GebTagDiesesJahr
13	Bernhard	Imhof	05.03.1979	05.03.2010
15	Michael	Schueller	15.03.1976	15.03.2010
16	Erwin	Schulz	17.03.1970	17.03.2010
18	Gisela	Faltmann	19.03.1974	19.03.2010
19	Fritz	Dirschedel	22.03.1986	22.03.2010
20	Guenter	Weidmann	26.03.1963	26.03.2010
23	Hans	Dietrichs	31.03.1970	31.03.2010

Bild 4.13: Diese sieben Personen feiern im März Geburtstag

4.5 DATWERT

Konvertiert einen Text in ein Datum.

▶ Syntax

```
=DATWERT(Datumstext)
```

▶ Parameter

Datumstext	Eine Zelladresse, in der ein Datum steht, das als Text erfasst wurde.

▶ Ähnliche Funktionen

DATUM()

Aus einem Text ein Datum erstellen

Sie haben von einem anderen Computersystem ein Datum erhalten und Excel interpretiert dieses Datum als Text. Dann kann die Funktion DATWERT daraus wieder ein Datum erstellen, mit dem Sie weitere Auswertungen anfertigen können.

1. Öffnen Sie die Datei *DATWERT.XLSX* und aktivieren Sie das Register *Datewert_1*. Setzen Sie den Cursor in die Zelle C7.
2. Öffnen Sie den Funktions-Assistenten und starten Sie die Funktion DATWERT.
3. Für das Feld *Datumstext* markieren Sie die Zelle A7.
4. Bestätigen Sie mit *OK*.

Die Funktion sieht folgendermaßen aus:

```
=DATWERT(A7)
```

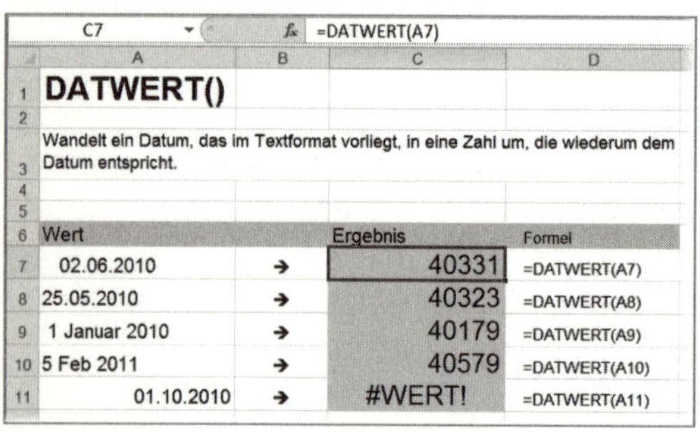

Wert		Ergebnis	Formel
02.06.2010	→	40331	=DATWERT(A7)
25.05.2010	→	40323	=DATWERT(A8)
1 Januar 2010	→	40179	=DATWERT(A9)
5 Feb 2011	→	40579	=DATWERT(A10)
01.10.2010	→	#WERT!	=DATWERT(A11)

Bild 4.14: Ein Text wird zum Datum umgewandelt

Die ersten vier Beispiele in C7 bis C10 verweisen auf Zellen, in denen ein Datum jeweils als Text steht. Das Ergebnis ist eine Zahl, mit der weiter gerechnet werden kann. Im nächsten Schritt werden diese vier Zahlen als Datum formatiert.

Im Beispiel wurde in die Zelle A11 ein korrektes Datum eingegeben. Die Funktion DATWERT liefert einen Fehler.

Wenn Sie jetzt alle Ergebniszellen markieren und das Datumsformat zuweisen, dann haben Sie aus Texten gültige Daten gemacht – bis auf die Zelle C11, da der Ausgangswert bereits ein gültiges Datum war.

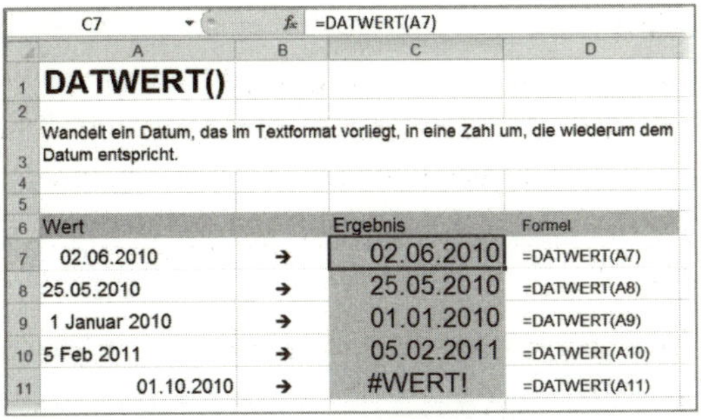

Bild 4.15: Das Ergebnis wird jetzt noch im Datumsformat gestaltet.

Angenommen, Sie möchten in der Spalte C immer ein Datum sehen. Dann müssen Sie die Formel in C7 etwas erweitern und nach unten kopieren.

```
=WENN(ISTFEHLER(DATWERT(A7));A7;DATWERT(A7))
```

Die Funktion ISTFEHLER prüft nur, ob ein Fehler vorliegt oder nicht. Sie gibt nur das Ergebnis WAHR oder FALSCH aus. Der Teil der Formel

```
ISTFEHLER(DATWERT(A7))
```

prüft, ob die Funktion DATWERT einen Fehler findet. Dann steht in der geprüften Zelle ein Datum, welches dann genommen wird. Sonst wird die Funktion DATWERT ausgeführt.

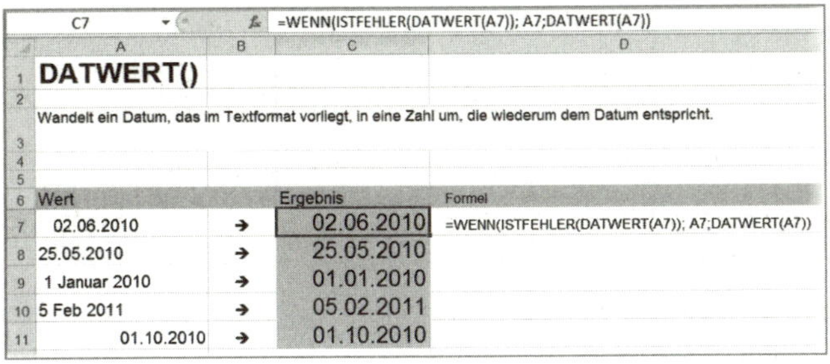

Bild 4.16: Alle Werte als Datum

Ein Datum wiederherstellen

In einer Auswertung steht der Monat als einzelne Zahl. So steht in einer Zelle eine 7. Sie wissen, dass dies der Monat Juli ist, aber Excel erkennt dies nicht auf Anhieb.

In der folgenden Abbildung steht in der Spalte A jeweils nur eine Zahl zwischen 1 und 12. Wenn Sie nur diese Angabe haben und aus dieser Zahl ein Datum machen möchten, müssen Sie entscheiden, welcher Tag und welches Jahr mit angezeigt werden.

In diesem Beispiel wollen wir immer den Ersten des Monats und das Jahr 2010 sehen. So lautet die Formel:

```
=DATWERT("01."&A2&".2010")
```

Der erste Teil

```
=DATWERT("01."& A2
```

schreibt immer 01. und verknüpft dann den Inhalt der Zelle A2.

Der zweite Teil

```
&".2010")
```

verknüpft den ersten Teil mit dem festen Wert 2010. Formatieren Sie das Ergebnis jetzt nur noch mit einem Datumsformat.

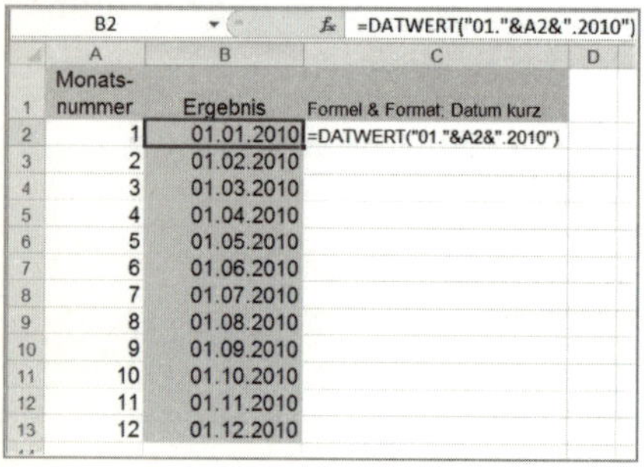
B2 =DATWERT("01."&A2&".2010")

	A	B	C	D
1	Monats-nummer	Ergebnis	Formel & Format: Datum kurz	
2	1	01.01.2010	=DATWERT("01."&A2&".2010")	
3	2	01.02.2010		
4	3	01.03.2010		
5	4	01.04.2010		
6	5	01.05.2010		
7	6	01.06.2010		
8	7	01.07.2010		
9	8	01.08.2010		
10	9	01.09.2010		
11	10	01.10.2010		
12	11	01.11.2010		
13	12	01.12.2010		

Bild 4.17: Ein zusammengesetztes Datum mit festen Werten

4.6 HEUTE

Liefert das aktuelle Tagesdatum. Die Funktion benötigt keine Parameter.

▶ Syntax

```
=HEUTE()
```

▶ Ähnliche Funktionen

JETZT()

Die Anzahl der Tage zwischen heute und einem Datum

Vielleicht interessiert es Sie, wie viele Tage Sie schon gelebt haben oder wie viele Tage es noch bis Weihnachten sind?

Da sich diese Ergebnisse mit jedem Tag verändern, benötigen Sie immer das aktuelle Datum.

1. Öffnen Sie die Datei *HEUTE.XLSX* und aktivieren Sie das Register *Heute_1*.
2. In der Zelle A5 haben wir die Funktion HEUTE eingesetzt.
3. In B5 wurde ein Geburtsdatum eingetragen.
4. In C5 haben wir den Inhalt der Zelle mit dem heutigen Datum das Geburtsdatum abgezogen. Das Ergebnis haben wir als Standard formatiert.

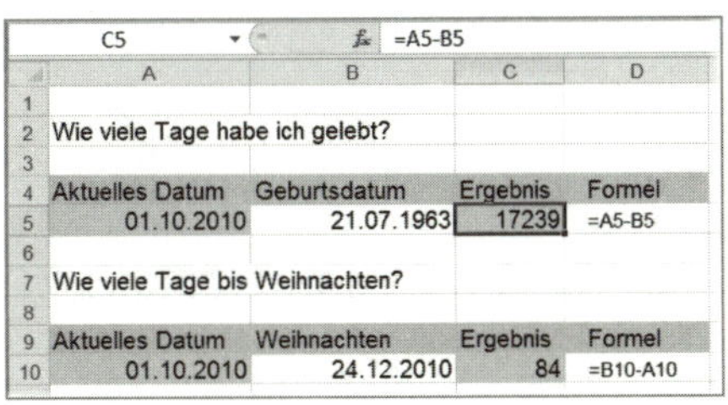

C5 =A5-B5

	A	B	C	D
1				
2	Wie viele Tage habe ich gelebt?			
3				
4	Aktuelles Datum	Geburtsdatum	Ergebnis	Formel
5	01.10.2010	21.07.1963	17239	=A5-B5
6				
7	Wie viele Tage bis Weihnachten?			
8				
9	Aktuelles Datum	Weihnachten	Ergebnis	Formel
10	01.10.2010	24.12.2010	84	=B10-A10

Bild 4.18: Anzahl der Tage zwischen zwei Daten

Am 01.10.2010 hat unsere Person also bereits 17239 Tage gelebt.

4.7 JAHR

Liefert die Jahreszahl aus einem Datum.

▶ Syntax

```
=JAHR(Zahl)
```

▶ Parameter

Zahl Eine Zelladresse mit einem gültigen Datum.

▶ Ähnliche Funktionen

TAG(), MONAT()

4.8 JETZT

Liefert das aktuelle Tagesdatum und die aktuelle Uhrzeit. Die Funktion benötigt, wie HEUTE(), keine Parameter.

▶ Syntax

```
=JETZT()
```

▶ Ähnliche Funktionen

HEUTE()

Die Funktion JETZT mit Formaten

Die Funktion JETZT zeigt Ihnen das aktuelle Datum und die aktuelle Uhrzeit.

1. Öffnen Sie die Datei *JETZT.XLSX* und aktivieren Sie das Register *Jetzt_1*. Setzen Sie den Cursor in die Zelle C6.
2. Rufen Sie den Funktions-Assistenten auf und starten Sie die Funktion JETZT.
3. Bestätigen Sie mit *OK*.

Die Funktion sieht folgendermaßen aus:

```
=JETZT()
```

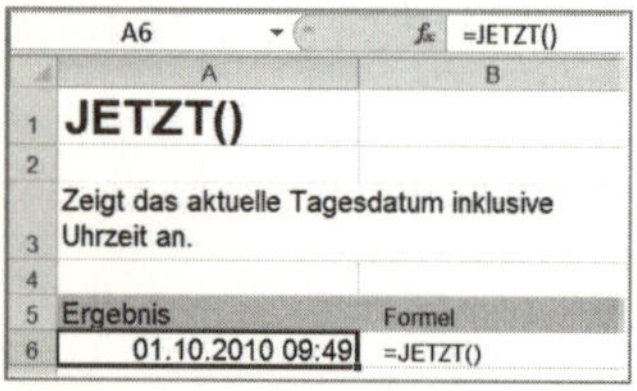

Bild 4.19: Die Funktion JETZT

Die folgende Abbildung zeigt die Funktion JETZT mit verschiedenen Formatierungen.

C6 =JETZT()

	A	B	C	D	E
1	**JETZT()**				
2					
3	Zeigt das aktuelle Tagesdatum inklusive Uhrzeit an.				
4					
5			Ergebnis	Formel	Formate
6	Nur die Funktion, ohne Formate		01.10.2010 09:50	=JETZT()	Standard
7	Nur die Zeit		09:50	=JETZT()	hh:mm
8	Mit Anzeige der Sekunden		09:50:58	=JETZT()	hh:mm:ss
9	Aktuelle Datum als fortlaufende ganze Zahl		40452	=JETZT()	Standard
10	Aktuelle Datum		01.10.2010	=JETZT()	Datum, kurz
11	Der Wochentag zum aktuellen Datum		Freitag	=JETZT()	TTTT
12	Tag und Monat des aktuellen Datum		01 Oktober	=JETZT()	TT MMMM

Bild 4.20: Die Funktion JETZT mit verschiedenen Formaten

Tipp: Mit der Funktion JETZT ermitteln Sie die aktuelle Uhrzeit.

4.9 MINUTE

Liefert die Minute(n) aus einer Uhrzeit.

▶ Syntax

```
=MINUTE(Zahl)
```

▶ Parameter

Zahl Eine Zelladresse mit einer gültigen Uhrzeit.

▶ Ähnliche Funktionen

STUNDE(), SEKUNDE()

4.10 MONAT

Liefert die Monatszahl aus einem Datum.

▶ Syntax

```
=MONAT(Zahl)
```

▶ Parameter

Zahl	Eine Zelladresse mit einem gültigen Datum.

▶ Ähnliche Funktionen

TAG(), JAHR()

Die Funktion MONAT

Vielleicht benötigen Sie von einem Datum nur die Monatsangabe.

1. Öffnen Sie die Datei *MONAT.XLSX* und aktivieren Sie das Register *Monat_1*. Setzen Sie den Cursor in die Zelle B6.
2. Öffnen Sie den Funktions-Assistenten und starten Sie die Funktion MONAT.
3. Ins Feld *Zahl* kommt die Zelladresse der Zelle, aus der Sie den Monat extrahieren möchten. In diesem Beispiel ist es die Zelle A6.
4. Bestätigen Sie mit *OK*.

Die Funktion sieht folgendermaßen aus:

```
=MONAT(A6)
```

5. Kopieren Sie die Funktion mit einem Doppelklick nach unten.

Bild 4.21: Der aus einem Datum extrahierte Monat

4.11 MONATSENDE

Liefert für ein Datum den letzten Tag im angegebenen Monat als Datum.

▶ Syntax

```
=MONATSENDE(Ausgangsdatum; Monate)
```

▶ Parameter

Ausgangsdatum	Die Zelladresse mit einem gültigen Datum.
Monate	Anzahl der Monate vor oder nach dem Ausgangsdatum.

Der letzte Tag im angegebenen Monat

Im folgenden Beispiel liefert die Funktion MONATSENDE den letzten Tag des Monats für die Anzahl der angegebenen Monate. Im Beispiel ist für den Parameter *Monat* der Wert 0 angegeben, sodass der letzte Tag des aktuellen Monats ausgerechnet wird.

1. Öffnen Sie die Datei *MONATSENDE.XLSX* und aktivieren Sie das Register *Monatsende_1*. Setzen Sie den Cursor in die Zelle B6.
2. Öffnen Sie den Funktions-Assistenten und starten Sie die Funktion MONATSENDE.
3. In diesem Beispiel haben wir in die Zelle A6 das *Ausgangsdatum*, den 28.02.2010, geschrieben.
4. Sie wollen den letzten Tag des aktuellen Monats sehen. Deshalb geben Sie eine 0 ins Feld *Monate* ein.
5. Bestätigen Sie mit *OK*.

Die Funktion sieht folgendermaßen aus:

```
=MONATSENDE(A6;0)
```

6. Kopieren Sie die Funktion nach unten.

Das Ergebnis müssen Sie gegebenenfalls im Datumsformat gestalten.

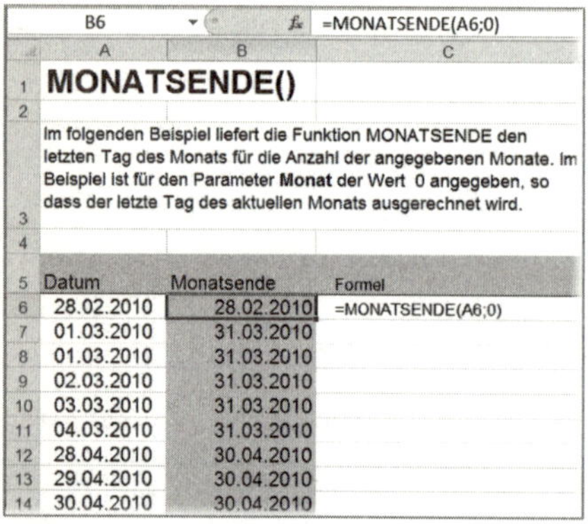

B6 =MONATSENDE(A6;0)

MONATSENDE()

Im folgenden Beispiel liefert die Funktion MONATSENDE den letzten Tag des Monats für die Anzahl der angegebenen Monate. Im Beispiel ist für den Parameter **Monat** der Wert 0 angegeben, so dass der letzte Tag des aktuellen Monats ausgerechnet wird.

Datum	Monatsende	Formel
28.02.2010	28.02.2010	=MONATSENDE(A6;0)
01.03.2010	31.03.2010	
01.03.2010	31.03.2010	
02.03.2010	31.03.2010	
03.03.2010	31.03.2010	
04.03.2010	31.03.2010	
28.04.2010	30.04.2010	
29.04.2010	30.04.2010	
30.04.2010	30.04.2010	

Bild 4.22: Der letzte Tag des aktuellen Monats

Wenn Sie im Parameter *Monate* eine Zahl, beispielsweise eine 5, eintippen, dann werden zum genannten Monat fünf Monate hinzuaddiert und vom Ergebnis der letzte Tag gezeigt. Für den 05.06.2010 und der Zahl 5 wird der 30.11.2010 als Ergebnis geliefert.

Die folgende Abbildung zeigt ein paar Beispiele mit dem Parameter *Monate*.

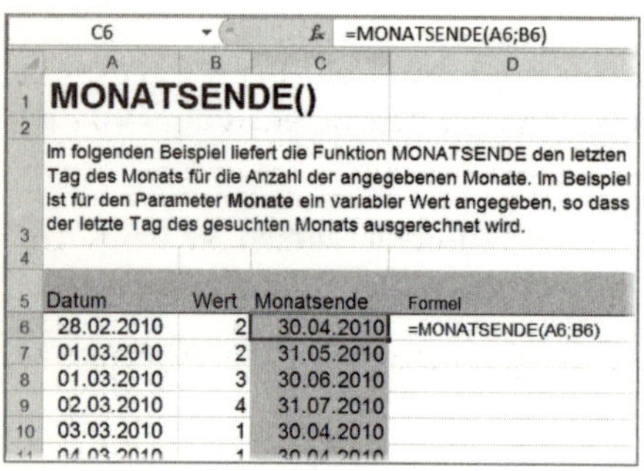

C6 =MONATSENDE(A6;B6)

MONATSENDE()

Im folgenden Beispiel liefert die Funktion MONATSENDE den letzten Tag des Monats für die Anzahl der angegebenen Monate. Im Beispiel ist für den Parameter **Monate** ein variabler Wert angegeben, so dass der letzte Tag des gesuchten Monats ausgerechnet wird.

Datum	Wert	Monatsende	Formel
28.02.2010	2	30.04.2010	=MONATSENDE(A6;B6)
01.03.2010	2	31.05.2010	
01.03.2010	3	30.06.2010	
02.03.2010	4	31.07.2010	
03.03.2010	1	30.04.2010	

Bild 4.23: Der letzte Tag des gesuchten Monats

4.12 NETTOARBEITSTAGE

Wenn Sie nur die Anzahl der Arbeitstage zwischen zwei Daten wünschen, müssen Sie die Funktion NETTOARBEITSTAGE einsetzen. Diese Funktion geht also von einer Fünftagewoche aus.

In dieser Funktion können Sie zusätzlich die Feiertage angeben, sodass diese nicht in die Berechnung einfließen.

▶ Syntax

```
=NETTOARBEITSTAGE(Ausgangsdatum; Enddatum; Freie_Tage)
```

▶ Parameter

Ausgangsdatum	Die Zelladresse mit dem Datum, ab dem gezählt werden soll.
Enddatum	Die Zelladresse mit dem Datum, bis zu dem die Zählung gehen soll.
Freie_Tage	Die Liste der Feiertage bzw. die Tage, die nicht mitgezählt werden sollen.

Die Anzahl der Arbeitstage eines Monats ermitteln

Sie wissen zwar, wie viele Tage der Mai 2010 hat, möchten aber die Anzahl der Tage ohne die Wochenenden wissen. Im zweiten Teil möchten Sie wissen, wie viele Tage der Mai abzüglich Wochenenden und Feiertage hat.

Zu dem Zweck brauchen Sie eine Liste der Feiertage. Auf dem Register *Feiertage* finden Sie eine Liste. Die Zellen von A2 bis A17 haben den Bereichsnamen *Feiertage*.

1. Öffnen Sie die Datei *NETTOARBEITSTAGE.XLSX* und aktivieren Sie das Register *Nettoarbeitstage_1*.
2. Setzen Sie den Cursor in die Zelle, in der Sie das Ergebnis sehen möchten. In diesem Beispiel ist es die Zelle C7.
3. Starten Sie den Funktions-Assistenten und suchen Sie die Funktion NETTOARBEITSTAGE.
4. Ins Feld *Ausgangsdatum* geben Sie die Zelladresse ein, in der das erste Datum, also der Startwert steht. In diesem Beispiel ist es die Zelle A7.
5. Die Zelladresse des Bis-Datums kommt ins Feld *Enddatum*. In diesem Beispiel ist es die Zelle B7.
6. Bestätigen Sie mit *OK*.

In der Zelle C7 steht nun folgende Funktion:

```
=NETTOARBEITSTAGE(A7;B7)
```

7. Setzen Sie den Cursor in die Zelle C12 und starten Sie die Funktion NETTOARBEITSTAGE über den Funktions-Assistenten.
8. Geben Sie ins Feld *Ausgangsdatum* die Zelle A12 ein.
9. Ins Feld *Enddatum* geben Sie B12 ein.
10. Ins Feld *Freie_Tage* geben Sie den Bereichnamen *Feiertage* ein.
11. Bestätigen Sie mit *OK.*

In der Zelle C12 steht nun folgende Funktion:

```
=NETTOARBEITSTAGE(A12;B12;Feiertage)
```

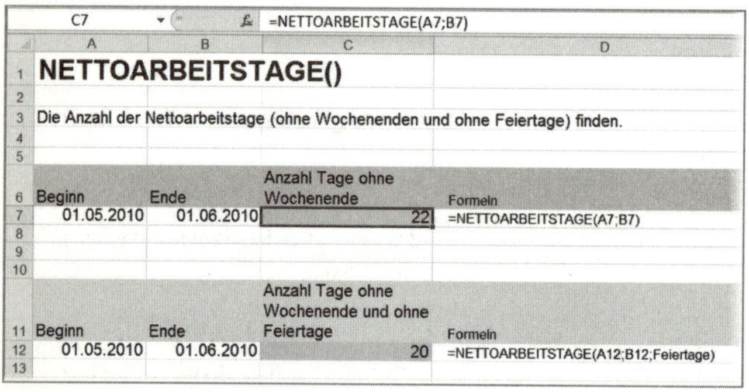

Bild 4.24: Die Anzahl der Tage zwischen zwei Daten

4.13 SEKUNDE

Liefert die Sekunde(n) aus einer Uhrzeit.

▶ Syntax

```
=SEKUNDE(Zahl)
```

▶ Parameter

Zahl	Eine Zelladresse mit einer gültigen Uhrzeit.

▶ Ähnliche Funktionen

STUNDE(), MINUTE()

4.14 STUNDE

Liefert die Stunde(n) aus einer Uhrzeit.

▶ Syntax

```
=STUNDE(Zahl)
```

▶ Parameter

Zahl	Eine Zelladresse mit einer gültigen Uhrzeit.

▶ Ähnliche Funktionen

SEKUNDE(), MINUTE()

Die Filmlänge berechnen

Für ein weiteres Beispiel zum Rechnen mit Uhrzeiten benötigen Sie die drei Funktionen nicht. Stellen Sie sich vor, Sie haben die Anfangs- und Endzeiten eines Films und möchten jetzt wissen, wie viele Minuten der Film läuft.

Die Anfangs- bzw. die Endzeit stehen in den Zellen C3 und C4. Als Erstes berechnen wir die Dauer in Stunden, also wie viele Stunden der Film läuft. Dazu ziehen wir die Anfangszeit von der Endzeit ab und multiplizieren das Ergebnis mit 24.

```
=(C9-C8)*24
```

Um die Laufzeit in Minuten zu ermitteln, müssen Sie den Rechenschritt wie oben noch einmal durchführen und zusätzlich mit 60 multiplizieren.

```
=(C9-C8)*24*60
```

Um die Laufzeit in Sekunden zu ermitteln, müssen Sie den Rechenschritt wie bei den Minuten durchführen und zusätzlich mit 60 multiplizieren.

```
=(C9-C8)*24*60*60
```

Das Beispiel finden Sie auf dem Register *Beispiel_3*.

C6 =(C4-C3)*24

	A	B	C	D
1	Berechnung der Filmdauer			
2				
3		Start	20:15	
4		Ende	22:30	
5				
6		Dauer in Stunden	2,25	=(C9-C8)*24
7		Dauer in Minuten	135	=(C9-C8)*24*60
8		Dauer in Sekunden	8100	=(C9-C8)*24*60*60

Bild 4.25: Die Länge des Films berechnen

Die Filmlänge über Mitternacht hinaus berechnen

Wenn der Film über Mitternacht hinaus läuft, müssen Sie Berechnung um eine WENN-Funktion erweitern.

Wenn das Ende kleiner ist als der Anfang, dann rechne 1 hinzu.

Für die Berechnung der Minuten lautet die Formel:

```
=WENN(C7<C6;((C7-C6)+1)*24*60;(C7-C6)*24*60)
```

Das Beispiel finden Sie auf dem Register *Beispiel_4*.

C9 =WENN(C7<C6;((C7-C6)+1)*24;(C7-C6)*24)

	A	B	C	D	E	F	G	H
1								
2	Film läuft über Mitternacht							
3								
4								
5								
6		Start	22:35					
7		Ende	00:05					
8								
9		Dauer in Stunden	1,5	=WENN(C9<C8;((C9-C8)+1)*24;(C9-C8)*24)				
10		Dauer in Minuten	90	=WENN(C9<C8;((C9-C8)+1)*24*60;(C9-C8)*24*60)				
11		Dauer in Sekunden	5400	=WENN(C9<C8;((C9-C8)+1)*24*60*60;(C9-C8)*24*60*60)				

Bild 4.26: Die Länge des Films berechnen, wenn er über Mitternacht hinaus läuft

4.15 TAG

Liefert die Tageszahl aus einem Datum.

▶ Syntax

```
=TAG(Zahl)
```

▶ Parameter

Zahl	Eine Zelladresse mit einem gültigen Datum.

▶ Ähnliche Funktionen

MONAT(), JAHR()

4.16 WOCHENTAG

Die Funktion WOCHENTAG zeigt anhand eines Datums die Nummer des aktuellen Wochentags, wobei der Sonntag die Nummer 1, der Montag die Nummer 2 usw. annehmen kann.

Über einen Parameter kann die Nummernvergabe angepasst werden.

▶ Syntax

```
=WOCHENTAG(Zahl; Typ)
```

▶ Parameter

Zahl	Die Zelladresse mit dem Datum, dessen Wochentagsnummer ermittelt werden soll.
Typ	Der Typ steht für eine Zahl von 1 bis 3. Die folgende Tabelle gibt Aufschluss über die Zahlen.

Typ	Beschreibung
1	1 für Sonntag bis 7 für Samstag
2	1 für Montag bis 7 für Sonntag
3	0 für Montag bis 6 für Sonntag

Die Nummer des Wochentags ermitteln

Sie haben ein Datum und möchten die Nummer des Wochentags ermitteln.

1. Öffnen Sie die Datei *WOCHENTAG.XLSX* und aktivieren Sie das Register *Wochentag_1*. Öffnen Sie über den Funktions-Assistenten die Funktion WOCHENTAG.

(2) Die *Zahl* steht in der Zelle C5 und ist ein Datum. Es ist der 21.07.2010.

(3) Der *Typ* steht in Zelle C6. In diesem Beispiel ist es die 2.

(4) Bestätigen Sie mit *OK*.

Die Funktion sieht folgendermaßen aus:

```
=WOCHENTAG(C5;C6)
```

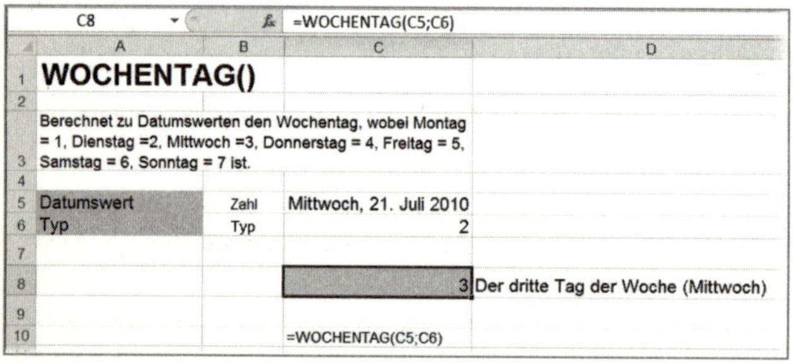

Bild 4.27: Die Funktion WOCHENTAG ermittelt die Nummer des Tages.

In diesem Beispiel ist das Ergebnis 3. Also ist der 21.07.2010 ein Mittwoch.

5 Logische Funktionen

Wenn im Leben alles perfekt wäre, bräuchte man keine logischen Funktionen. Um jedoch Entscheidungen zu treffen, bilden die Funktionen dieser Kategorie eine wichtige Grundlage, Ihre Daten auszuwerten.

▣ Download-Link

www.buch.cd
Hier finden Sie alle Beispieldateien übersichtlich nach Kapiteln geordnet.

5.1 FALSCH

Diese Funktion liefert den Wahrheitswert *Falsch.* Die Funktion benötigt keinen Parameter.

▶ Syntax

```
=FALSCH()
```

▶ Ähnliche Funktionen

WAHR()

5.2 NICHT

Negiert einen logischen Wert.

Tipp: Alleine ist die Funktion NICHT nicht so nützlich. In Verbindung mit der Funktion WENN ist sie allerdings recht produktiv.

▶ Syntax

```
=NICHT(Wahrheitswert)
```

▶ Parameter

Wahrheitswert	Eine Zelladresse, in der ein Wahrheitswert steht, der negiert werden soll.

5.3 ODER

Liefert das Ergebnis WAHR, wenn mindestens eine der angegebenen Bedingungen zutrifft. Eine Bedingung kann beispielsweise A1>20 sein. Das bedeutet, wenn die Bedingung zutrifft, erscheint das Ergebnis *Wahr*, ansonsten das Ergebnis *Falsch*.

Es können maximal 255 unterschiedliche Bedingungen formuliert werden.

Tipp: Alleine bringt die Funktion ODER nicht so viel an Information. In Verbindung mit der WENN-Funktion liefert sie allerdings sehr aussagekräftige Informationen. Lesen Sie deshalb auch den Abschnitt 5.6 zur WENN-Funktion.

▶ Syntax

```
=ODER(Wahrheitswert1; Wahrheitswert2;…)
```

▶ Parameter

Wahrheitswert1	Eine Zelladresse, deren Inhalt geprüft wird, und die zugehörige Bedingung. Also z. B. A1>1000.
Wahrheitswert2	Eine weitere Zelladresse, deren Inhalt geprüft wird, und die zugehörige Bedingung. Also z. B. B1>2000.

usw.

Den Inhalt von zwei Zellen mit der Funktion ODER abfragen

Das folgende Beispiel zeigt den Aufbau der Funktion ODER. Stellen Sie sich vor, Sie möchten den Wert von zwei Zellen abfragen. Sie möchten wissen, ob in den Zellen A6 bzw. B6 Werte größer als 0 stehen.

1. Öffnen Sie die Datei *ODER.XLSX* und aktivieren Sie das Register *Oder_1*. Setzen Sie den Cursor in die Zelle C6.
2. Öffnen Sie den Funktions-Assistenten und starten Sie die Funktion *Oder*.
3. Setzen Sie den Cursor ins Feld *Wahrheitswert1* und geben Sie dort die erste Prüfung ein. In unserem Beispiel:

```
A6>0
```

4. Setzen Sie den Cursor ins Feld *Wahrheitswert2* und geben Sie dort die zweite Prüfung ein. In unserem Beispiel:

```
B6>0
```

5. Bestätigen Sie mit *OK*.

Der Funktionsaufbau ist recht einfach:

```
=ODER(A6>0; B6>0)
```

6. Kopieren Sie die Funktion nach unten.

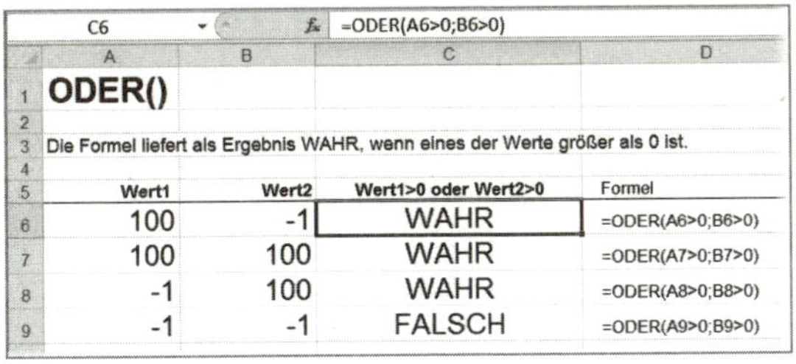

	A	B	C	D
1	ODER()			
2				
3	Die Formel liefert als Ergebnis WAHR, wenn eines der Werte größer als 0 ist.			
4				
5	Wert1	Wert2	Wert1>0 oder Wert2>0	Formel
6	100	-1	WAHR	=ODER(A6>0;B6>0)
7	100	100	WAHR	=ODER(A7>0;B7>0)
8	-1	100	WAHR	=ODER(A8>0;B8>0)
9	-1	-1	FALSCH	=ODER(A9>0;B9>0)

Bild 5.1: Das Ergebnis der Funktion ODER

In diesem Beispiel sehen Sie, dass in den Zeilen 6 bis 8 jeweils Werte stehen, in denen mindestens einer größer 0 ist. Deshalb liefert die Funktion ODER das Ergebnis *Wahr*. In der Zeile 9 sind beide Werte nicht größer als 0, deshalb erscheint hier der Wert *Falsch*.

Tipp: Im oberen Beispiel haben wir zwei Zellen abgefragt. Mit der Funktion ODER können Sie bis zu 255 Zellen abfragen.

5.4 UND

Liefert das Ergebnis *WAHR*, wenn alle der angegebenen Bedingungen zutreffen. Eine Bedingung kann beispielsweise A1>100 sein. Das bedeutet, wenn die Bedingung zutrifft, erscheint das Ergebnis *Wahr*, andernfalls das Ergebnis *Falsch*.

Es können maximal 255 unterschiedliche Bedingungen formuliert werden.

Tipp: Alleine bringt die Funktion UND nicht so viel an Information. In Verbindung mit der WENN-Funktion liefert sie allerdings sehr aussagekräftige Informationen. Lesen Sie deshalb auch den Abschnitt 5.6 zur WENN-Funktion.

▶ Syntax

```
=UND(Wahrheitswert1; Wahrheitswert2;…)
```

▶ Parameter

Wahrheitswert1	Eine Zelladresse, deren Inhalt geprüft wird, und die zugehörige Bedingung. Also z. B. A1>1000.
Wahrheitswert2	Eine weitere Zelladresse, deren Inhalt geprüft wird, und die zugehörige Bedingung. Also z. B. B1>2000.

usw.

Den Inhalt von zwei Zellen mit der Funktion UND abfragen

Das folgende Beispiel zeigt den Aufbau der Funktion UND. Stellen Sie sich vor, Sie möchten den Wert von zwei Zellen abfragen. Sie möchten wissen, ob in den Zellen A6 und B6 Werte größer als 0 stehen.

1. Öffnen Sie die Datei *UND.XLSX* und aktivieren Sie das Register *Und_1*. Setzen Sie den Cursor in die Zelle C6.

2. Öffnen Sie den Funktions-Assistenten und starten Sie die Funktion UND.
3. Setzen Sie den Cursor ins Feld *Wahrheitswert1* und geben Sie dort die erste Prüfung ein. In unserem Beispiel:

```
A6>0
```

4. Setzen Sie den Cursor ins Feld *Wahrheitswert2* und geben Sie dort die zweite Prüfung ein. In unserem Beispiel:

```
B6>0
```

5. Bestätigen Sie mit *OK*.

Der Funktionsaufbau ist recht einfach:

```
=UND(A6>0; B6>0)
```

6. Kopieren Sie die Funktion nach unten.

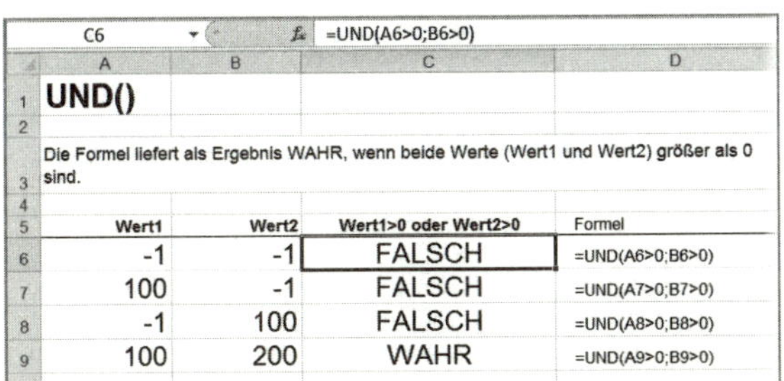

Wert1	Wert2	Wert1>0 oder Wert2>0	Formel
-1	-1	FALSCH	=UND(A6>0;B6>0)
100	-1	FALSCH	=UND(A7>0;B7>0)
-1	100	FALSCH	=UND(A8>0;B8>0)
100	200	WAHR	=UND(A9>0;B9>0)

Bild 5.2: Das Ergebnis der Funktion UND

In diesem Beispiel sehen Sie, dass in den Zeilen 7 und 8 jeweils Werte stehen, in denen mindestens einer größer 0 ist. Deshalb liefert die Funktion UND das Ergebnis *Falsch*.

In der Zeile 9 sind beide Werte größer als 0, deshalb erscheint hier der Wert *Wahr*.

Tipp: Im oberen Beispiel haben wir nur zwei Zellen abgefragt. Mit der Funktion UND können Sie bis zu 255 Zellen abfragen.

5.5 WAHR

Diese Funktion liefert den Wahrheitswert *Wahr*. Die Funktion benötigt keine Parameter.

▶ Syntax

```
=WAHR()
```

▶ Ähnliche Funktionen

FALSCH()

5.6 WENN

Mit der Funktion WENN erstellen Sie eine Art Weiche, indem Sie eine Bedingung formulieren. Wenn die Bedingung zutrifft, dann wird etwas ausgeführt, wenn die Bedingung nicht zutrifft, wird etwas anderes ausgeführt.

▶ Syntax

```
=WENN(Prüfung; Dann_Wert; Sonst_Wert)
```

▶ Parameter

Prüfung	Die Prüfung bezieht sich auf den Inhalt einer Zelle, also beispielsweise, ob der Inhalt der Zelle A1 größer ist als 100.
Dann_Wert	Wenn das Ergebnis der Prüfung positiv ist, also der Zellinhalt vom oberen Beispiel größer als 100, dann wird der *Dann_Wert* ausgeführt.
Sonst_Wert	Wenn die Prüfung nicht zutrifft, dann wird der *Sonst_Wert* ausgeführt.

Tipp: Die Felder *Dann_Wert* und *Sonst_Wert* sind optional. Wenn sie nicht ausgefüllt werden, liefert die Funktion WENN als Ergebnis *Wahr* oder *Falsch*, je nachdem, auf welches Ergebnis die Prüfung gekommen ist.

Umsatzgröße prüfen

Im ersten Beispiel möchten Sie prüfen, ob der Umsatz der Abteilungen über 5.000.000 Euro liegt. Wenn das Umsatzziel erreicht bzw. überschritten ist, dann soll das Wort *Mallorca* in der Zelle stehen. Wenn die Umsatzgrenze nicht erreicht ist, soll das Wort *Schade* erscheinen.

1. Öffnen Sie die Datei *WENN.XSLX* und aktivieren Sie das Register *Wenn_1*. Setzen Sie den Cursor in diesem Beispiel in die Zelle C6.
2. Starten Sie den Funktions-Assistenten und aktivieren Sie die Funktion WENN.
3. Geben Sie ins Feld *Prüfung* die folgende Bedingung ein:

```
B6>5000000
```

4. Ins Feld *Dann_Wert* kommt das Wort *Mallorca*. Wenn Sie mit dem Cursor ins nächste Feld springen, setzt Excel Anführungszeichen um den Text.
5. Das Feld *Sonst_Wert* erhält den Text *Schade*. Auch hier erhalten Sie die Anführungszeichen.
6. Bestätigen Sie mit *OK*.

Die Formel sieht nun folgendermaßen aus:

```
=WENN(B6>=5000000;"Mallorca";"Schade")
```

7. Kopieren Sie die Formel für die anderen Abteilungen nach unten.

Tipp: Wenn Sie die Funktion manuell eintippen, dann müssen Sie die Anführungszeichen mit eintippen, sonst erscheint eine Fehlermeldung.

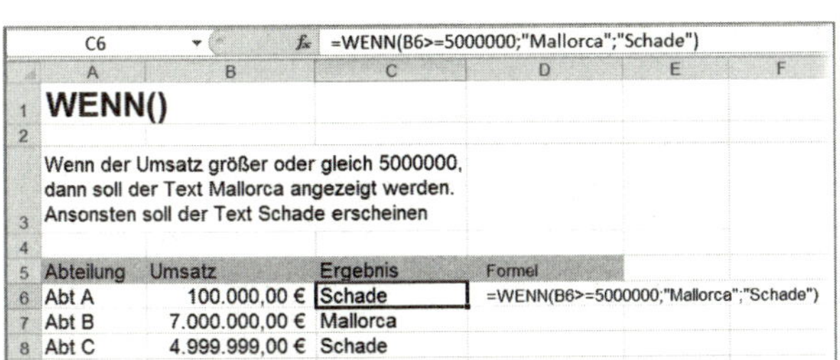

Bild 5.3: Die Funktion WENN ermittelt, welche Abteilung nach Mallorca fährt.

Die Abteilungen B und D erfüllen die Vorgaben. Abteilung B liegt deutlich darüber und Abteilung D erfüllt sie auch, wenn auch knapp. Die Abteilungen A und C erfüllen die Vorgaben nicht.

Tipp: Die Bedingung im Feld *Prüfung* enthält die Konstante 5.000.000. Wenn sich dieser Wert jetzt ändert, müssen Sie in die Formel klicken, die Änderung vornehmen und die Formel wieder nach unten kopieren. Das ist lästig. Im nächsten Beispiel sehen Sie, wie Sie die Konstanten als Zelladressen nutzen.

Eine Mitarbeiterprovision erstellen

Sie möchten für Ihre Mitarbeiter eine Provisionstabelle abhängig vom Umsatz erstellen. Wenn der Umsatz größer oder gleich 50.000 Euro ist, dann sollen 10% vom Umsatz gezahlt werden. Andernfalls, also wenn der Umsatz kleiner als 50.000 Euro ist, soll nichts gezahlt werden.

In der folgenden Abbildung sehen Sie die Tabelle. Dabei sind die variablen Werte in separate Zellen geschrieben. Dass bedeutet, sie können bei Bedarf schnell geändert werden.

1. Aktivieren Sie das Register *Wenn_4*. Setzen Sie den Cursor in die Zelle C10.
2. Starten Sie den Funktions-Assistenten und aktivieren Sie die Funktion WENN.
3. Geben Sie ins Feld *Prüfung* die folgende Bedingung ein:

   ```
   B10>=$C$5
   ```

4. Ins Feld *Dann_Wert* kommt die folgende Formel:

   ```
   B10*$C$7
   ```

5. Setzen Sie den Cursor ins Feld *Sonst_Wert* und geben Sie hier eine 0 ein.
6. Bestätigen Sie mit *OK*.

Die Funktion sieht nun folgendermaßen aus:

```
=WENN(B10>$C$5;B10*$C$7;0)
```

7. Kopieren Sie die Funktion für die anderen Mitarbeiter nach unten.

C10 =WENN(B10>=$C$5;B10*$C$7;0)

	A	B	C	D	E
1	**Wenn()**				
2					
3	Wenn der Umsatz größer oder gleich 50.000 Euro ist, dann sollen 10% vom Umsatz gezahlt werden. Ansonsten soll nichts gezahlt werden				
4					
5	Wenn der Umsatz größer oder gleich		50.000,00 €	ist,	
6					
7	dann soll die folgende Provision		10%	vom Umsatz gezahlt werden	
8					
9	Mitarbeiter	Umsatz	Provision	Formel	
10	Anne Kaffek	75.800,00 €	7.580,00 €	=WENN(B10>=$C$5;B10*$C$7;0)	
11	Max Strammer	45.890,00 €	- €		
12	Wolf Reis	49.800,00 €	- €		
13	Axel Schweiss	51.000,00 €	5.100,00 €		
14	Jo Kurt	40.560,00 €	- €		
15	Rita Schnell	88.900,00 €	8.890,00 €		
16	Rosi Schmitz	50.500,00 €	5.050,00 €		

Bild 5.4: Die Funktion WENN ermittelt, welcher Mitarbeiter welche Provision erhält.

Verschachtelte WENN-Funktion

In einer differenzierten Provisionsanalyse möchten Sie festlegen, dass, wenn der Umsatz kleiner oder gleich 50.000 Euro ist, 2% vom Umsatz gezahlt werden. Wenn der Umsatz kleiner oder gleich 70.000 Euro ist, dann sollen 4% vom Umsatz gezahlt werden. Wenn der Umsatz kleiner 100.000 Euro ist, dann sollen 7% vom Umsatz gezahlt werden. Jeder, der mit seinem Umsatz über 100.000 Euro liegt, erhält 10% von seinem Umsatz. Die folgende Abbildung zeigt die Lösung:

C11 =WENN(B11<=$C$4;B11*$E$4;WENN(B11<=$C$5;B11*$E$5;WENN(B11>=$C$6;B11*$E$6;$B$11*$E$7)))

	A	B	C	D	E	F
1	**Provisionen der Mitarbeiter**					
2						
3						
4	Wenn der Umsatz kleiner oder gleich		50.000,00 €	ist, dann sollen	2%	vom Umsatz gezahlt werden
5	Wenn der Umsatz kleiner oder gleich		70.000,00 €	ist, dann sollen	5%	vom Umsatz gezahlt werden
6	Wenn der Umsatz kleiner oder gleich		100.000,00 €	ist, dann sollen	7%	vom Umsatz gezahlt werden
7	Wenn der Umsatz größer als 100.000 Euro ist, dann sollen				10%	vom Umsatz gezahlt werden
8						
9						
10	Mitarbeiter	Umsatz	Provision			
11	Anne Kaffek	75.800,00 €	7.580,00 €			
12	Max Strammer	45.890,00 €	917,80 €			
13	Wolf Reis	49.800,00 €	996,00 €			
14	Axel Schweiss	51.000,00 €	2.550,00 €			
15	Jo Kurt	40.560,00 €	811,20 €			
16	Rita Schnell	88.900,00 €	7.580,00 €			
17	Rosi Schmitz	150.000,00 €	10.500,00 €			
18						
19	Inhalt der Zelle C11:					
20	=WENN(B11<=$C$4;B11*$E$4;WENN(B11<=$C$5;B11*$E$5;WENN(B11>=$C$6;B11*$E$6;$B$11*$E$7)))					

Bild 5.5: Eine dreifach verschachtelte WENN-Funktion

Die Funktion sieht folgendermaßen aus:

```
=WENN(B11<=$C$4;B11*$E$4;WENN(B11<=$C$5;B11*$E$5;WENN(B11>=$C$6;B11*$E$6
;$B$11*$E$7)))
```

Wenn Sie diese Funktion in die vier Teile zerlegen, lässt sie sich leichter lesen.

```
=WENN(B11<=$C$4;B11*$E$4;
```

Wenn der Umsatz kleiner oder gleich der Zahl in Zelle C4 ist, dann soll der Umsatz mit dem Inhalt der Zelle E4 multipliziert werden.

```
WENN(B11<=$C$5;B11*$E$5
```

Wenn der Umsatz kleiner oder gleich der Zahl in Zelle C5 ist, dann soll der Umsatz mit dem Inhalt der Zelle E5 multipliziert werden.

```
WENN(B11>=$C$6;B11*$E$6;
```

Wenn der Umsatz kleiner oder gleich der Zahl in Zelle C6 ist, dann soll der Umsatz mit dem Inhalt der Zelle E6 multipliziert werden.

```
$B$11*$E$7)))
```

Der *Sonst_Wert* greift in diesem Beispiel, wenn der Umsatz über 100.00 Euro liegt.

Tipp: Sie können in Excel 2010 eine WENN-Funktion bis zu 64 Mal ineinander verschachteln.

5.7 WENN & ODER

Die Funktion ODER findet in Verbindung mit der WENN-Funktion häufig Einsatz in Excel-Funktionen.

Ihre Provisionsverteilung sieht vor, dass der Verkäufer 500 Euro Prämie erhalten soll, wenn er mehr als 11.000 Euro Umsatz gemacht hat oder mehr als 50 Kundenkontakte hatte.

1. Öffnen Sie die Datei *WENN_ODER.XLSX*. Setzen Sie den Cursor in die Zelle E10.
2. Starten Sie den Funktions-Assistenten und aktivieren Sie die Funktion WENN.
3. Wenn der Cursor im Feld *Prüfung* steht, klappen Sie oben links das Funktionen-Feld auf und wählen den Eintrag ODER. Sollte er dort nicht stehen, wählen Sie den Eintrag *Weitere Funktionen* und dann die Funktion ODER aus der Auswahl des Funktions-Assistenten.

4. Jetzt steht der Cursor im Feld *Wahrheitswert1*. Dort geben Sie ein:

```
C10>$B$7
```

Ins Feld *Wahrheitswert2* geben Sie ein:

```
D10>$C$7
```

5. Um jetzt wieder in die WENN-Funktion zu gelangen, klicken Sie in der Bearbeitungsleiste auf das Wort WENN.
6. Setzen Sie nun den Cursor ins Feld *Dann_Wert* und klicken Sie in die Zelle D7.
7. Ins Feld *Sonst_Wert* geben Sie " " ein.
8. Bestätigen Sie mit *OK* und kopieren Sie die Formel nach unten.

Der Aufbau der Funktion lautet folgendermaßen:

```
=WENN(ODER(C10>$B$7;D10>$C$7);$D$7;"")
```

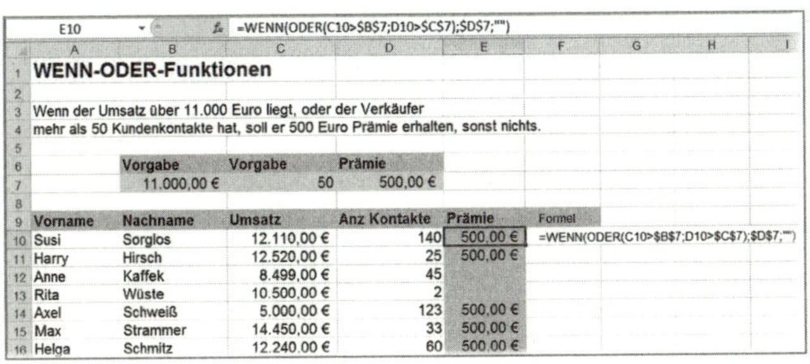

Bild 5.6: Die Funktionen WENN und ODER ermitteln, welcher Verkäufer eine Provision erhält.

5.8 WENN & UND

Die Funktion UND findet in Verbindung mit der WENN-Funktion häufig Einsatz in Excel-Funktionen. Bei Ihrer Provisionsverteilung soll der Verkäufer 500 Euro Prämie erhalten, wenn er mehr als 11.000 Euro Umsatz gemacht hat und mehr als 50 Kundenkontakte hatte.

1. Öffnen Sie die Datei *WENN_UND.XLSX*. Setzen Sie den Cursor in die Zelle E10.
2. Starten Sie den Funktions-Assistenten und aktivieren Sie die Funktion WENN.

3. Wenn der Cursor im Feld *Prüfung* steht, klappen Sie oben links das Funktionen-Feld auf und wählen den Eintrag UND. Sollte er dort nicht stehen, wählen Sie den Eintrag *Weitere Funktionen* und dann die Funktion UND aus der Auswahl des Funktions-Assistenten.
4. Jetzt steht der Cursor im Feld *Wahrheitswert1*. Dort geben Sie ein:

```
C10>$B$7
```

Ins Feld *Wahrheitswert2* geben Sie ein:

```
D10>$C$7
```

5. Um jetzt wieder in die WENN-Funktion zu gelangen, klicken Sie in der Bearbeitungsleiste auf das Wort WENN.
6. Setzen Sie nun den Cursor ins Feld *Dann_Wert* und klicken Sie in die Zelle D7.
7. Ins Feld *Sonst_Wert* geben Sie "" ein.
8. Bestätigen Sie mit *OK* und kopieren Sie die Formel nach unten.

Der Aufbau der Funktion lautet folgendermaßen:

```
=WENN(UND(C10>$B$7;D10>$C$7);$D$7;"")
```

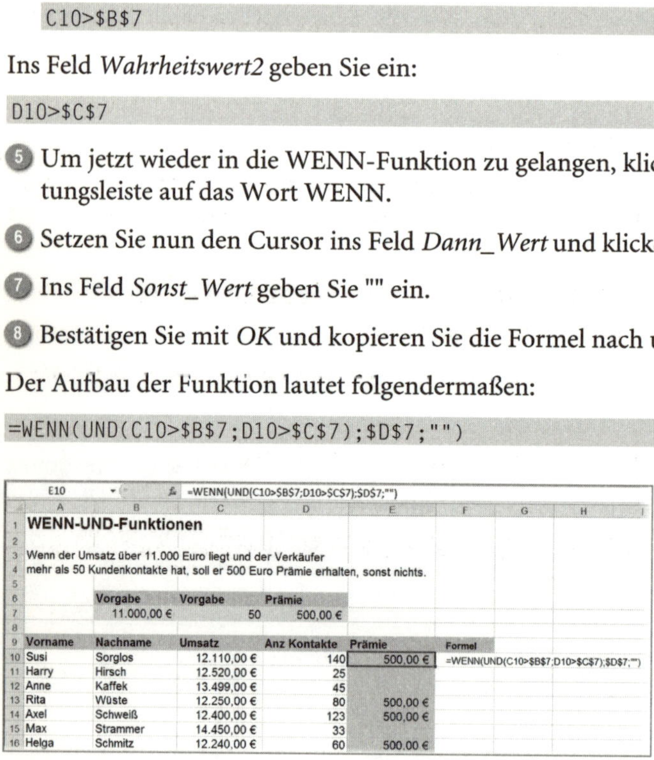

E10 =WENN(UND(C10>$B$7;D10>$C$7);$D$7;"")

WENN-UND-Funktionen

Wenn der Umsatz über 11.000 Euro liegt und der Verkäufer
mehr als 50 Kundenkontakte hat, soll er 500 Euro Prämie erhalten, sonst nichts.

Vorgabe	Vorgabe	Prämie
11.000,00 €	50	500,00 €

Vorname	Nachname	Umsatz	Anz Kontakte	Prämie	Formel
Susi	Sorglos	12.110,00 €	140	500,00 €	=WENN(UND(C10>$B$7;D10>$C$7);$D$7;"")
Harry	Hirsch	12.520,00 €	25		
Anne	Kaffek	13.499,00 €	45		
Rita	Wüste	12.250,00 €	80	500,00 €	
Axel	Schweiß	12.400,00 €	123	500,00 €	
Max	Strammer	14.450,00 €	33		
Helga	Schmitz	12.240,00 €	60	500,00 €	

Bild 5.7: Die Funktionen WENN und UND ermitteln, welcher Verkäufer eine Provision erhält.

5.9 WENNFEHLER

Mit der Funktion WENNFEHLER lassen Sie eine Berechnung nur dann durchführen, wenn kein Fehler auftritt. Ansonsten können Sie einen Hinweis anzeigen lassen.

▶ Syntax

```
=WENNFEHLER(Wert; Wert_falls_Fehler)
```

▶ Parameter

Wert	Ein Rechenschritt, der eventuell einen Fehler bringen kann.
Wert_falls_Fehler	Der Test oder der Wert, der angezeigt werden soll, wenn ein Fehler erscheinen soll.

Eine Fehlermeldung unterdrücken

Sie möchten ermitteln, wie viel Umsatz jeder Kunde im Durchschnitt pro Abteilung gemacht hat. Sie haben bereits die Umsatzzahlen, die Anzahl der Kunden wird später nachgeliefert.

1. Öffnen Sie die Datei *WENNFEHLER.XLSX*, aktivieren Sie das Tabellenregister *Wennfehler_1* und markieren Sie die Zelle D6.
2. Starten Sie den Funktions-Assistenten und aktivieren Sie die Funktion WENNFEHLER.
3. Geben Sie ins Feld *Wert* den folgenden Rechenschritt ein:

```
B6/C6
```

4. Klicken Sie ins Feld *Wert_falls_Fehler* und geben Sie dort zwei Anführungszeichen ein.

```
=WENNFEHLER(B6/C6;"")
```

5. Kopieren Sie die Formel nach unten.

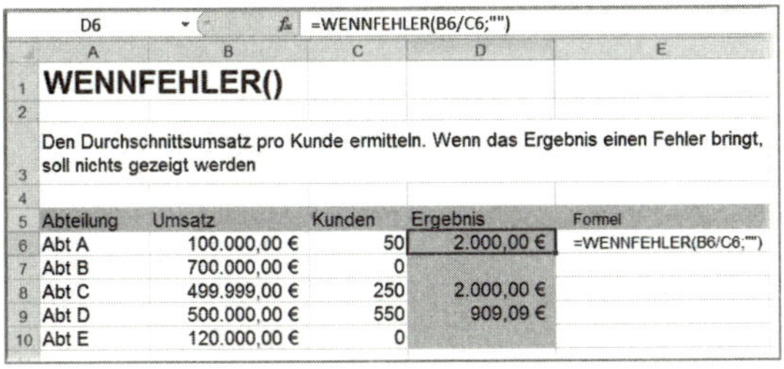
D6 =WENNFEHLER(B6/C6;"")

	A	B	C	D	E
1	WENNFEHLER()				
2					
3	Den Durchschnittsumsatz pro Kunde ermitteln. Wenn das Ergebnis einen Fehler bringt, soll nichts gezeigt werden				
4					
5	Abteilung	Umsatz	Kunden	Ergebnis	Formel
6	Abt A	100.000,00 €	50	2.000,00 €	=WENNFEHLER(B6/C6;"")
7	Abt B	700.000,00 €	0		
8	Abt C	499.999,00 €	250	2.000,00 €	
9	Abt D	500.000,00 €	550	909,09 €	
10	Abt E	120.000,00 €	0		

Bild 5.8: Die Funktion WENNFEHLER unterdrückt die Anzeige eines Fehlers.

In den Zeilen 7 und 10 liegt die Anzahl der Kunden noch nicht vor. Wenn Sie hier nur den Rechenschritt B7/C7 durchführen würden, käme die Fehlermeldung #DIV/0. Die Funktion WENNFEHLER merkt, dass ein Fehler erscheint, und bringt dann das Leerzeichen. Sobald in C7 eine Zahl ungleich 0 eingegeben wird, erscheint das Ergebnis.

Eine Nummer ist nicht vorhanden

Sie müssen mit der Funktion SVERWEIS nach Nummern suchen. Sollte eine Nummer nicht in der Suchmatrix sein, liefert SVERWEIS das Ergebnis #NV. In Verbindung mit der Funktion WENNFEHLER können Sie die Fehlermeldung unterdrücken.

1. Öffnen Sie die Datei *WENNFEHLER.XLSX*, aktivieren Sie das Tabellenregister *Wennfehler_2* und markieren Sie die Zelle F6.
2. Starten Sie den Funktions-Assistenten und aktivieren Sie die Funktion WENNFEHLER.
3. Geben Sie ins Feld *Wert* den folgenden Rechenschritt ein:

```
SVERWEIS(E6;$A$6:$C$21;2;0)
```

4. Klicken Sie ins Feld *Wert_falls_Fehler* und geben Sie dort den Text *"Nummer nicht in der Liste"* ein.

```
=WENNFEHLER(SVERWEIS(E6;$A$6:$C$21;2;0);"Nummer nicht in der Liste")
```

5. Kopieren Sie die Formel nach unten.

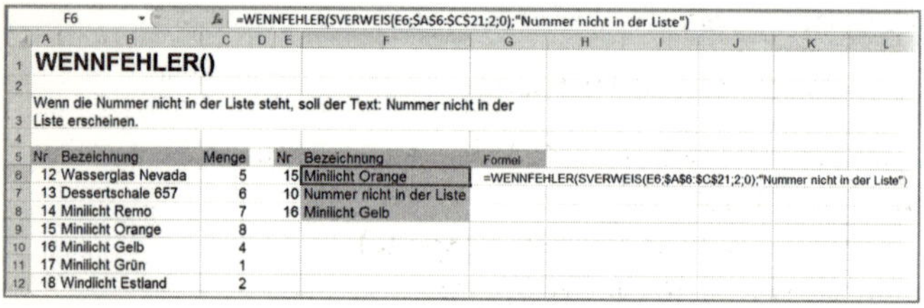

Bild 5.9: Die Funktion WENNFEHLER unterdrückt die Anzeige des #NV-Fehlers.

Die Nummer 10 ist nicht in der Liste der Nummern vorhanden. Normalerweise würde die SVERWEIS-Funktion als Ergebnis #NV liefern. Durch die WENNFEHLER-Funktion wird der Text *"Nummer nicht in der Liste"* angezeigt.

6 Matrixfunktionen

Viele Funktionen dieser Kategorie beschäftigen sich mit der Zelladresse. Sie setzen sie ein, wenn sich die Zelladresse erst während der Berechnung ergibt. Die Suchfunktionen SVERWEIS, WVERVEIS oder INDEX liefern ein Ergebnis, wenn die Suche nach dem Kriterium erfolgreich war.

▣ Download-Link

www.buch.cd
Hier finden Sie alle Beispieldateien übersichtlich nach Kapiteln geordnet.

6.1 ADRESSE

Zeigt nach Angabe einer Zeilen- und einer Spaltennummer die daraus resultierende Zelladresse an.

▶ Syntax

```
=ADRESSE(Zeile;Spalte;Abs;A1;Tabellenname)
```

▶ Parameter

Zeile	Dies ist die Nummer der Zeile.
Spalte	Dies ist die Nummer der Spalte.
Abs	Legen Sie fest, wie die Zelladresse angegeben wird. Dieser Parameter ist optional. 1 = absolute Adresse (Zeile und Spalte) 2 = absolute Zeile / relative Spalte 3 = relative Zeile / absolute Spalte 4 = relative Zeile / relative Spalte Wird nichts angegeben, wird der absolute Bezug genommen, also die $-Symbole verwendet.

A1	Wenn Sie das Feld leer lassen bzw. *Wahr* eingeben, dann wird der Zellbezug in der Schreibweise A1 angenommen. Wenn Sie das Wort *Falsch* eingeben, dann wird der Bezug in der Schreibweise S1Z1 angenommen.
Tabellenname	Wenn hier ein Text eingegeben wird, wird er der Zelladresse mit einem Ausrufezeichen vorangestellt. Wenn Sie die Funktion manuell eintippen, muss der Name in Anführungszeichen gesetzt werden, z. B. `"Tabelle1"` oder `"[ADRESSE.XLSX]Tabelle1"`.

▶ Ähnliche Funktionen

SPALTE(), ZEILE().

Die Funktion ADRESSE

Das erste Beispiel soll die Arbeitsweise der Funktion ADRESSE verdeutlichen. Wir möchten aus zwei Zahlen eine Zelladresse erzeugen.

1. Öffnen Sie die Datei *ADRESSE.XLSX* und aktivieren Sie das Register *Adresse_1*. Markieren Sie die Zelle C7.
2. Starten Sie den Funktions-Assistenten und öffnen Sie die Funktion ADRESSE.
3. Geben Sie ins Feld *Zeile* die Zelladresse A7 ein.
4. Geben Sie ins Feld *Spalte* die Zelladresse B7 ein
5. Bestätigen Sie mit *OK*.

Die Funktion sieht nun so aus:

```
=ADRESSE(A7;B7)
```

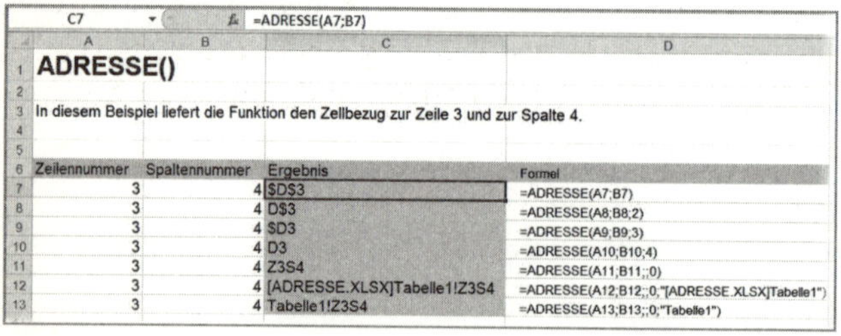
C7 =ADRESSE(A7;B7)

	A	B	C	D
1	ADRESSE()			
2				
3	In diesem Beispiel liefert die Funktion den Zellbezug zur Zeile 3 und zur Spalte 4.			
4				
5				
6	Zeilennummer	Spaltennummer	Ergebnis	Formel
7	3	4	$D$3	=ADRESSE(A7;B7)
8	3	4	D$3	=ADRESSE(A8;B8;2)
9	3	4	$D3	=ADRESSE(A9;B9;3)
10	3	4	D3	=ADRESSE(A10;B10;4)
11	3	4	Z3S4	=ADRESSE(A11;B11;;0)
12	3	4	[ADRESSE.XLSX]Tabelle1!Z3S4	=ADRESSE(A12;B12;;0;"[ADRESSE.XLSX]Tabelle1")
13	3	4	Tabelle1!Z3S4	=ADRESSE(A13;B13;;0;"Tabelle1")

Bild 6.1: Die Funktion ADRESSE macht aus Zeilen- und Spaltennummern Zelladressen.

Als erstes Ergebnis wird die Zelladresse D3 in der absoluten Schreibweise $D$3 gezeigt. D3 liegt in der dritten Zeile und in der vierten Spalte.

Wenn Sie die folgende Syntax eingegeben hätten, dann wäre das Ergebnis D3.

```
=ADRESSE(A7;B7;4)
```

Das dritte Funktionsargument (4) sagt an, dass das Ergebnis in der relativen Schreibweise gezeigt werden soll.

Wenn Sie lieber die Schreibweise Z3S5 haben möchten, dann geben Sie die folgende Syntax ein:

```
=ADRESSE(A7;B7;;0)
```

Das vierte Funktionsargument (0) gibt die Anweisung, dass die Z1S1-Bezugsart als Ergebnis gezeigt werden soll.

Die Zelladresse mit dem größten Umsatz finden

Sie haben eine Umsatzliste und möchten wissen, in welcher Zelle der größte Umsatz steht.

Zuerst müssen Sie mit der Funktion MAX() in der Zelle E6 den größten Umsatz ermitteln. Denn im Anschluss werden mit der Funktion VERGLEICH() die Zellinhalte verglichen.

Geben Sie die folgende Funktion ein:

```
=ADRESSE(5+VERGLEICH(E6;B6:B18;0);2)
```

Der Teil mit der Funktion VERGLEICH() arbeitet folgendermaßen:

```
5+VERGLEICH(E6;B6:B18;0)
```

Das Ergebnis ist im folgenden Beispiel 14. In der Zeile 14 steht der größte Wert. Der Inhalt von E6 wird mit den Zellen B6 bis B18 verglichen. Da im folgenden Beispiel fünf Zeilen mit Überschriften zu berücksichtigen sind, muss zum Ergebnis der Vergleichsfunktion eine 5 addiert werden.

Sie können dies testen, indem Sie die folgende Funktion eingeben.

```
=VERGLEICH(E6;B6:B18;0)
```

Innerhalb der markierten Zellen ist die neunte Zelle die mit dem größten Wert. Wenn wir dies so lassen würden, dann wäre das Ergebnis 9.

Da wir die fünf Überschriftenzeilen addieren, ermittelt Excel nun als Ergebnis die 14. Das ist die Zelle, in der der größte Wert steht.

Jetzt sieht die Funktion so aus:

```
=ADRESSE(14;2)
```

Die 2 steht für die Spalte B, die wir manuell eingegeben haben. Weitere Parameter müssen nicht angegeben werden.

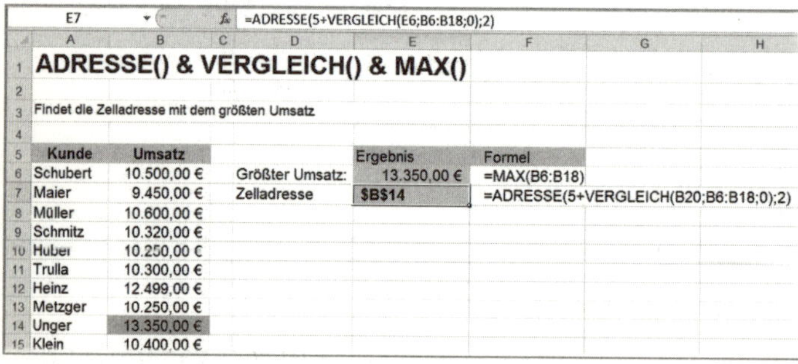

Bild 6.2: Die Zelladresse der Zelle, die den größten Umsatz enthält, wird mit den Funktionen MAX, VERGLEICH und ADRESSE gefunden.

Zurzeit enthält die Zelle B14 den größten Umsatz der Liste.

6.2 BEREICH.VERSCHIEBEN

Mit dieser Funktion können Sie Zellinhalte unter Angabe der Zeilen- und Spaltennummer ausgeben. Zusätzlich können Sie auch Zellbereiche benennen und die Werte in Verbindung mit der Funktion SUMME addieren. Der Funktionsname besteht hier aus den zwei Wörtern BEREICH und VERSCHIEBEN, getrennt durch einen Punkt.

▶ Syntax

```
=BEREICH.VERSCHIEBEN(Bezug; Zeilen; Spalten; Höhe; Breite)
```

▶ Parameter

Bezug	Die erste Zelle der Tabelle, ab der durchsucht werden soll.

Zeilen	Die Anzahl der Zeilen, um die der Bereich, ab dem *Bezug*, nach unten erweitert werden soll. Bei Eingabe einer negativen Zahl wird der Bereich nach oben erweitert.
Spalten	Die Anzahl der Spalten, um die der Bereich, ab dem *Bezug*, nach rechts erweitert werden soll. Bei Eingabe einer negativen Zahl wird der Bereich nach links erweitert.
Höhe	Die ersten drei Parameter haben eine Zelle gefunden. Ab dieser Zelle geben Sie jetzt die Anzahl der folgenden Zeilen nach unten an. Dieser Parameter ist optional.
Breite (Optional)	Die ersten drei Parameter haben eine Zelle gefunden. Ab dieser Zelle geben Sie jetzt die Anzahl der folgenden Spalten nach rechts an. Dieser Parameter ist optional.

▶ Ähnliche Funktionen

SVERWEIS(), WVERWEIS(), INDEX()

Die Funktion BEREICH.VERSCHIEBEN

Das erste Beispiel soll die Arbeitsweise der Funktion BEREICH.VERSCHIEBEN verdeutlichen.

Sie haben eine Tabelle mit Informationen und möchten den Inhalt einer bestimmten Zelle sehen. Zu Beginn geben Sie die erste Zelle der Tabelle an, die durchsucht werden soll. Danach müssen Sie die Anzahl der Zeilen und die Anzahl der Spalten vor der gewünschten Zelle angeben.

Tipp: Über die Funktion INDEX geben Sie direkt die Nummern der Zeile und der Spalte ein.

In diesem Beispiel wollen wir den Inhalt der Zelle sehen, die nach zwei Zeilen und drei Spalten kommt.

1. Öffnen Sie die Datei *BEREICH.VERSCHIEBEN.XLSX* und aktivieren Sie das Register *Bereich.Verschieben_1*. Setzen Sie den Cursor in die Zelle H6.

2. Starten Sie den Funktions-Assistenten und öffnen Sie die Funktion BEREICH. VERSCHIEBEN.
3. Der *Bezug* ist die Zelle, ab der die Werte durchsucht werden sollen. In diesem Beispiel ist es die Zelle B6.
4. Ins Feld *Zeilen* geben Sie eine 2 ein.
5. Ins Feld *Spalten* geben Sie eine 3 ein.
6. Bestätigen Sie mit *OK*.

Die Funktion sieht folgendermaßen aus:

```
=BEREICH.VERSCHIEBEN(B6;2;3)
```

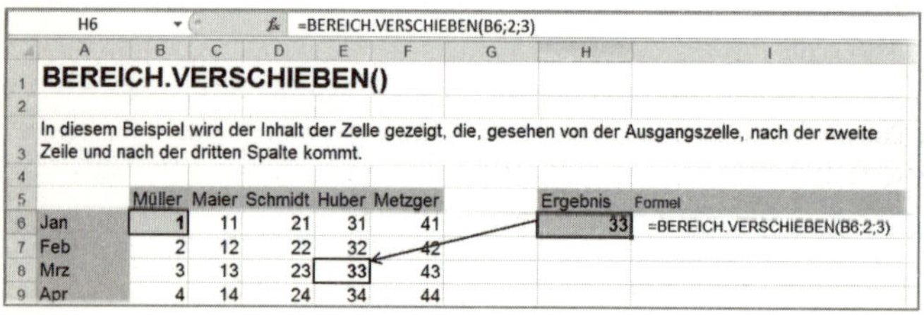

Bild 6.3: Die Funktion BEREICH. VERSCHIEBEN liefert den Inhalt einer Zelle.

Als Ergebnis sehen Sie jetzt die Zahl 33. Sie befindet sich in der Zelle, die zwei Zeilen und drei Spalten nach der Ausgangszelle B6 steht.

6.3 BEREICHE

Die Funktion liefert die Anzahl der Zellbereiche, die Sie markiert haben. Ein Zellbereich kann eine oder mehrere Zellen beinhalten.

▶ Syntax

```
=BEREICHE(Bezug)
```

▶ Parameter

Bezug	Die markierten Zellbereiche.

Die Funktion BEREICHE

Dieses Beispiel soll die Arbeitsweise der Funktion BEREICHE verdeutlichen.

Im folgenden Beispiel haben wir die Zellbereiche markiert, die wir gleich in der Funktion angeben.

1. Öffnen Sie die Datei *BEREICHE.XLSX* und aktivieren Sie das Register *Bereiche_1*. Markieren Sie eine Zelle auf dem Tabellenblatt.
2. Starten Sie den Funktions-Assistenten und öffnen Sie die Funktion BEREICHE.
3. Geben Sie ins Feld *Bezug* nun die gewünschten Zellbereiche durch ein Semikolon getrennt ein, beispielsweise die farbig gekennzeichneten Zellen.
4. Bevor Sie auf *OK* klicken, fügen Sie um alle Zelladressen noch Klammern ein.
5. Bestätigen Sie mit *OK*.

Die Funktion sieht nun folgendermaßen aus:

```
=BEREICHE((B5:B9;C1:C2;E4;Test))
```

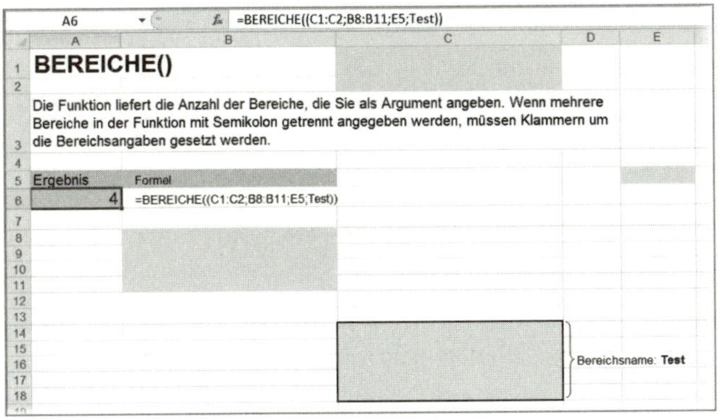

Bild 6.4: Ein Beispiel für die Funktion BEREICHE

Im aktuellen Beispiel sind vier Bereiche gekennzeichnet.

6.4 INDEX

INDEX liefert den Inhalt einer bestimmten Zelle. Die Funktion INDEX wird dann genutzt, wenn die Funktion SVERWEIS nicht einsetzbar ist.

▶ Syntax1

```
=INDEX(Matrix; Zeile; Spalte)
```

▶ Parameter

Matrix	Die Zellen, die durchsucht werden sollen.
Zeile	Die Nummer der Zeile, deren Inhalt gezeigt werden soll.
Spalte	Die Nummer der Spalte, deren Inhalt gezeigt werden soll.

▶ Syntax2

```
=INDEX(Bezug; Zeile; Spalte; Bereich)
```

▶ Parameter

Bezug	Der Zellbereich, der durchsucht werden soll.
Zeile	Die Nummer der Zeile, deren Inhalt gezeigt werden soll.
Spalte	Die Nummer der Spalte, deren Inhalt gezeigt werden soll.
Bereich	Gibt den anderen Bereich an, in dem gesucht wird.

▶ Ähnliche Funktionen

SVERWEIS(), WVERWEIS().

Die Funktion INDEX

Das erste Beispiel soll die Arbeitsweise der Funktion INDEX verdeutlichen. Sie haben eine Tabelle mit Informationen und möchten den Inhalt einer bestimmten Zelle sehen. Diese Zelle müssen Sie über ihre Zeilen- und Spaltennummer angeben.

In diesem Beispiel wollen wir den Inhalt der zweiten Zeile und der vierten Spalte der zuvor definierten Matrix sehen.

1. Öffnen Sie die Datei *INDEX.XLSX* und aktivieren Sie das Register *Index_1*. Setzen Sie den Cursor in die Zelle H6.
2. Starten Sie den Funktions-Assistenten und öffnen Sie die Funktion INDEX.

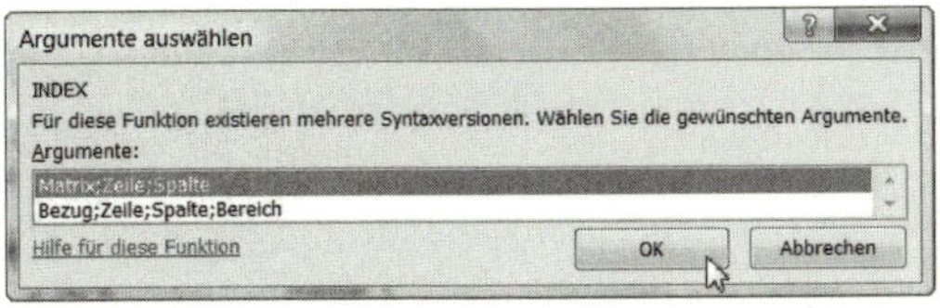

Bild 6.5: Die Index-Funktion wählen

3. Die *Matrix* sind Zellen, die durchsucht werden und aus denen gleich der Inhalt einer Zelle gezeigt wird, A6 bis D16.
4. Ins Feld *Zeile* geben Sie F6 ein, denn dort steht die Zeilennummer.
5. Ins Feld *Spalte* geben Sie G6 ein, denn dort steht die Spaltennummer.
6. Bestätigen Sie mit *OK.*

In der Zelle H6 steht nun die folgende Funktion

```
=INDEX(A6:D16; F6:G6)
```

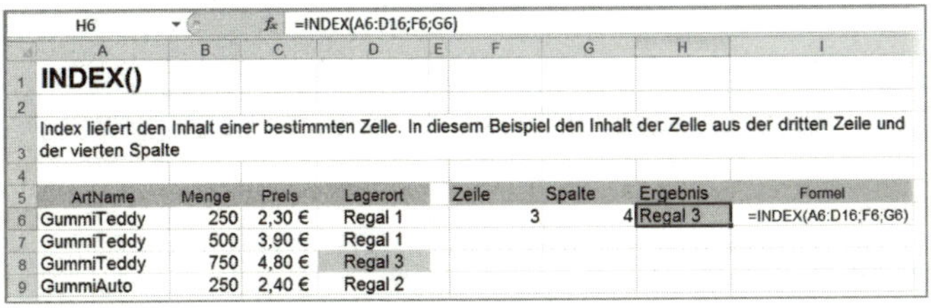

Bild 6.6: Die Funktion INDEX liefert den Inhalt einer Zelle.

Als Ergebnis sehen Sie jetzt den Text *Regal 3.* Er steht in der dritten Zeile und vierten Spalte der Matrix (A6 bis D16). Es ist die Zelle D8.

Ein Land nach seiner Nummer suchen

In einer Liste mit Ländern hat jedes Land eine eindeutige Nummer. Sie möchten jetzt eine Nummer eingeben und Excel zeigt Ihnen das dazugehörige Land an.

1. Aktivieren Sie das Register *Index_2* und setzen Sie den Cursor in die Zelle E6.
2. Starten Sie den Funktions-Assistenten und öffnen Sie die Funktion INDEX.
3. Die *Matrix* sind Zellen, die durchsucht werden und aus denen gleich der Inhalt einer Zelle gezeigt wird, A6 bis A14.

4. Ins Feld *Zeile* geben Sie die Zelle D6 ein. Dort steht die Nummer des Landes, das Sie sehen möchten.

5. Das Feld *Spalte* lassen Sie leer.

6. Bestätigen Sie mit *OK*.

Die folgende Funktion zeigt das gesuchte Land:

```
=INDEX(A6:A14;D6)
```

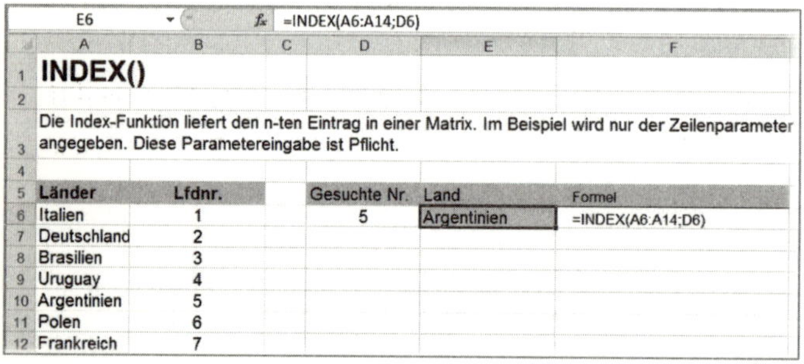

Bild 6.7: Die Funktion INDEX liefert den Zeilenindex.

6.5 INDIREKT

Die Funktion INDIREKT liefert über einen Text einen Zellbezug.

▶ Syntax

```
=INDIREKT(Bezug; A1)
```

▶ Parameter

Bezug	Die Zelladresse bzw. der Bereichsname, der gezeigt werden soll.
A1	Wenn Sie das Feld leer lassen bzw. *Wahr* eingeben, dann wird der Zellbezug in der Schreibweise A1 angenommen, wenn Sie das Wort *Falsch* eingeben, dann wird der Bezug in der Schreibweise S1Z1 angenommen.

▶ Ähnliche Funktionen

SVERWEIS(), WVERWEIS(), INDEX(), BEREICH.VERSCHIEBEN()

Die Funktion INDIREKT

Das erste Beispiel soll die Arbeitsweise der Funktion INDIREKT verdeutlichen. Sie haben mehrere Tabellen mit unterschiedlichen Informationen. Nun möchten Sie an einer anderen Stelle auswählen, welche der Tabellen gezeigt werden soll. In diesem Beispiel haben Sie vier unterschiedliche Tabellen. Der Übersichtlichkeit wegen haben wir sie auf einem Tabellenblatt angezeigt.

In die Zelle B21 soll das gesuchte Jahr eingegeben werden. Ab der Zeile 23 soll dann eine der vier Tabellen gezeigt werden.

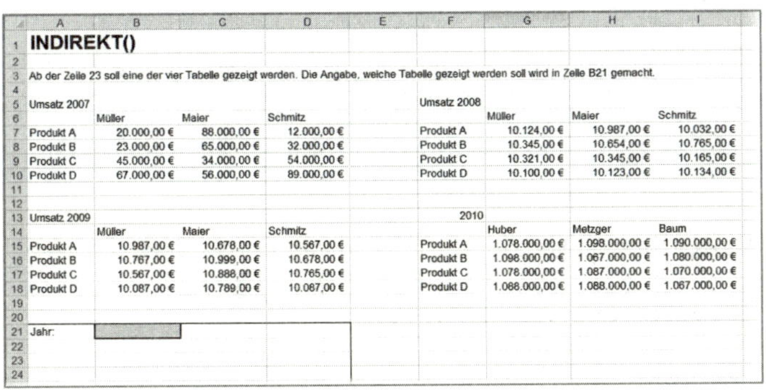

	A	B	C	D	E	F	G	H	I
1	**INDIREKT()**								
2									
3	Ab der Zeile 23 soll eine der vier Tabelle gezeigt werden. Die Angabe, welche Tabelle gezeigt werden soll wird in Zelle B21 gemacht.								
4									
5	Umsatz 2007					Umsatz 2008			
6		Müller	Maier	Schmitz			Müller	Maier	Schmitz
7	Produkt A	20.000,00 €	88.000,00 €	12.000,00 €		Produkt A	10.124,00 €	10.987,00 €	10.032,00 €
8	Produkt B	23.000,00 €	65.000,00 €	32.000,00 €		Produkt B	10.345,00 €	10.654,00 €	10.765,00 €
9	Produkt C	45.000,00 €	34.000,00 €	54.000,00 €		Produkt C	10.321,00 €	10.345,00 €	10.165,00 €
10	Produkt D	67.000,00 €	56.000,00 €	89.000,00 €		Produkt D	10.100,00 €	10.123,00 €	10.134,00 €
11									
12									
13	Umsatz 2009					2010			
14		Müller	Maier	Schmitz			Huber	Metzger	Baum
15	Produkt A	10.987,00 €	10.678,00 €	10.567,00 €		Produkt A	1.078.000,00 €	1.098.000,00 €	1.090.000,00 €
16	Produkt B	10.767,00 €	10.999,00 €	10.678,00 €		Produkt B	1.098.000,00 €	1.067.000,00 €	1.080.000,00 €
17	Produkt C	10.567,00 €	10.888,00 €	10.765,00 €		Produkt C	1.078.000,00 €	1.087.000,00 €	1.070.000,00 €
18	Produkt D	10.087,00 €	10.789,00 €	10.087,00 €		Produkt D	1.088.000,00 €	1.088.000,00 €	1.067.000,00 €
19									
20									
21	Jahr:								
22									
23									
24									

Bild 6.8: Die Grundlagen für die Funktion INDIREKT

Zuerst müssen Sie den Tabellen Bereichsnamen geben.

- Der Bereichsname der Zellen A6 bis D10 heißt *Umsatz2007.*
- Der Bereichsname der Zellen F6 bis I10 heißt *Umsatz2008.*
- Der Bereichsname der Zellen A14 bis D18 heißt *Umsatz2009.*
- Der Bereichsname der Zellen F14 bis I18 heißt *Umsatz2010.*

1. Dazu markieren Sie die gewünschten Zellen, klicken ins Namenfeld und tippen den gewünschten Namen ein.
2. Drücken Sie zur Bestätigung [Eingabe].

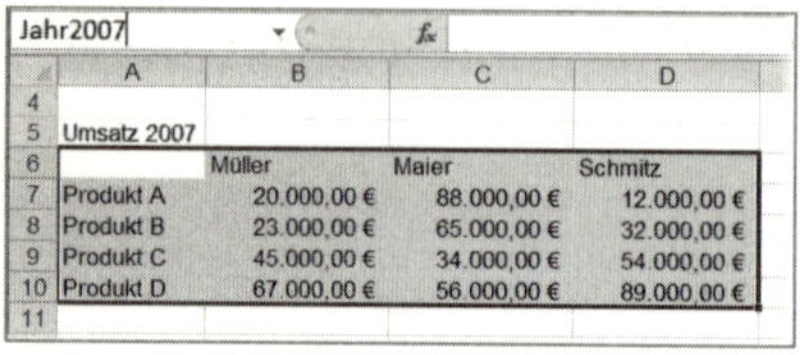

Bild 6.9: Den markierten Zellen einen Bereichsnamen geben

Tipp: Die Tabellen können sich natürlich auch auf anderen Blättern befinden.

Nun kommt die Funktion INDIREKT zum Einsatz:

1. Geben Sie zuerst in die Zelle B21 einen der vier Bereichsnamen ein.
2. Markieren Sie die Zellen, in denen Sie jetzt eine der vier Tabellen sehen möchten. In diesem Beispiel sind es die Zellen A23 bis D27.
3. Starten Sie den Funktions-Assistenten und öffnen Sie die Funktion INDIREKT.
4. Der *Bezug* ist die Zelle, in der der Bereichsname der Tabelle steht, die Sie sehen möchten. In diesem Beispiel ist es die Zelle B21.
5. Da die Zelladresse in der Form A1 und nicht Z1S1 eingegeben wurde, lassen Sie das Feld *A1* leer.
6. Bestätigen Sie mit `Strg` + `Umschalt` + `Eingabe`.

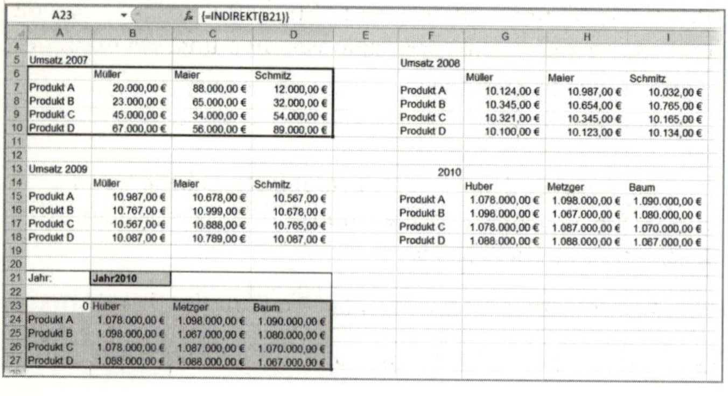

Bild 6.10: Die Funktion INDIREKT liefert den Inhalt benannter Zellen.

Je nachdem, welches Jahr Sie in die Zelle B21 eingeben, werden die entsprechenden Zellen angezeigt.

6.6 MTRANS

Transponiert den angegebenen Zellbereich. Unter Transponieren versteht man das Vertauschen von Zeilen und Spalten.

Tipp: Diese Funktion macht das Gleiche wie *Start / Einfügen / Inhalte einfügen / Transponieren.*

Syntax

```
{=MTRANS(Matrix )}
```

Parameter

Matrix	Die Zellen, die transponiert werden sollen.

Transponieren mit MTRANS

Das erste Beispiel soll die Arbeitsweise der Funktion MTRANS verdeutlichen. Nehmen wir an, Sie haben eine Tabelle erstellt. Als Spaltentitel dienen die Monatsnamen. Die Zeilentitel sind die Regionsnamen. Nachdem Sie die Tabelle mit Daten gefüllt haben, gefällt Ihnen der Aufbau nicht mehr. Sie hätten jetzt lieber die Monatsnamen und -daten in den Zeilen und die Regionsnamen und -daten in den Spalten.

1. Öffnen Sie die Datei *MTRANS.XLSX.*
2. Markieren Sie exakt die Zellen, in denen die transponierte Tabelle erscheinen soll. Da die Ursprungstabelle aus sieben Spalten und fünf Zeilen besteht, markieren Sie jetzt fünf Spalten und sieben Zeilen.
3. Starten Sie den Funktions-Assistenten und öffnen Sie die Funktion MTRANS.
4. Die Matrix sind Zellen, die transponiert werden sollen. In diesem Beispiel B8 bis H12.
5. Bestätigen Sie mit `Strg` + `Umschalt` + `Eingabe`.

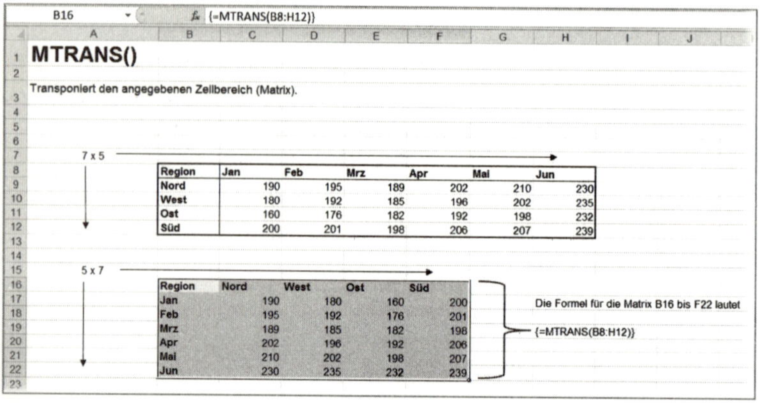

Bild 6.11: Die Funktion MTRANS vertauscht Zeilen und Spalten.

Als Ergebnis sehen Sie jetzt die vertauschten Spalten und Zeilen.

Tipp: Häufig gibt es leere Zellen in einer Tabelle, die transponiert wird. In der Ergebnistabelle würde anstelle einer leeren Zelle dort eine 0 erscheinen. Über die bedingte Formatierung können Sie die Nullen zeitweise ausblenden.

Wenn Sie im ersten Schritt zu viele Zellen markiert haben, die durch das Transponieren nicht gefüllt werden, erscheint dort die Meldung #NV. Wenn Sie dies stört, blenden Sie sie zeitweise über die *bedingte Formatierung* aus.

6.7 SPALTE

Die Funktion gibt die Spaltennummer aus, für die der Bezug angegeben wird. Wird kein Bezug angegeben, wird die Spaltennummer angegeben, in der sich die Formel befindet.

▶ Syntax

```
=SPALTE(Bezug)
```

▶ Parameter

Bezug	Die Zelladresse, aus der Sie die Spaltennummer ermitteln möchten. Wenn das Feld leer bleibt, wird die Nummer der Spalte angezeigt, in der sich die Funktion befindet.

▶ Ähnliche Funktionen

ZEILE(), SPALTEN(), ZEILEN()

Die aktuelle Spaltennummer ermitteln

Wenn Sie die Spaltennummern sehen möchten, in denen der Cursor zurzeit steht, dann geben Sie die folgende Syntax ein:

```
=SPALTE()
```

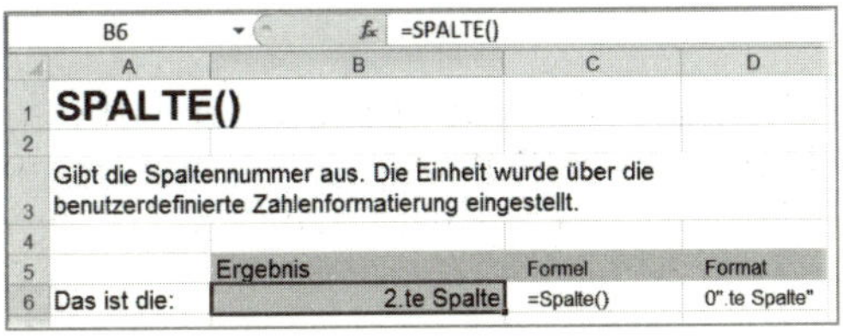

Bild 6.12: Die Funktion SPALTE gibt die Nummer der Spalte aus.

Wenn Sie jetzt noch eine sprechende Formatierung wünschen, dann markieren Sie die Zelle.

1. Öffnen Sie mit [Strg] + [1] das Fenster *Zellen formatieren* und aktivieren Sie das Register *Zahlen*.
2. Markieren Sie die Kategorie *Benutzerdefiniert*.
3. Geben Sie ins Feld *Typ* den folgenden Code ein:

```
0".te Spalte"
```

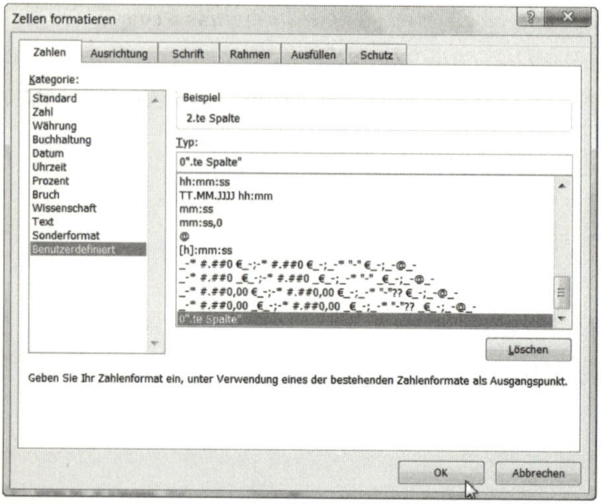

Bild 6.13: Die *benutzerdefinierte Formatierung* für die Spalte

❹ Bestätigen Sie mit *OK.*

Jetzt wird die Zelle mit dem gewünschten Format angezeigt.

6.8 SPALTEN

Die Funktion gibt die Anzahl der markierten Spalten aus.

▶ Syntax

```
=SPALTEN(Matrix)
```

▶ Parameter

Matrix	Die Zellen, aus denen Sie die Anzahl der Spalten ermitteln möchten.

▶ Ähnliche Funktionen

BEREICHE(), ZEILEN()

Die Anzahl der Spalten in einem Bereich ermitteln

Das erste Beispiel soll die Arbeitsweise der Funktion SPALTEN verdeutlichen.

1. Öffnen Sie die Datei *SPALTEN.XLSX* und aktivieren Sie das Register *Spalten_1*. Markieren Sie die Zelle C6 auf dem Tabellenblatt.
2. Starten Sie den Funktions-Assistenten und öffnen Sie die Funktion SPALTEN.
3. Geben Sie ins Feld *Matrix* beispielsweise C16:D24 ein.
4. Bestätigen Sie mit *OK*.

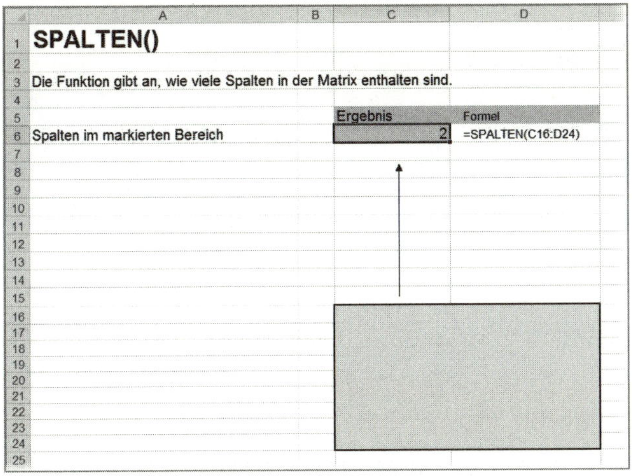

Bild 6.14: Die Funktion SPALTEN gibt die Anzahl der markierten Spalten zurück.

Als Ergebnis wird die Zahl 2 für die Anzahl der markierten Spalten angezeigt.

6.9 SVERWEIS

Mithilfe der SVERWEIS-Funktion können Sie Daten aus einer Tabelle auslesen und an einer anderen Stelle wieder einfügen. Diese Funktion vergleicht einen Parameter und zeigt dann den entsprechenden Wert an.

▶ Syntax

```
=SVERWEIS(Suchkriterium; Matrix; Spaltenindex; Bereich_Verweis)
```

▶ Parameter

Suchkriterium	Der Wert, den Sie in der ersten Spalte der Matrix von oben nach unten suchen.
Matrix	Die Zellen, die durchsucht werden. In der ersten Spalte muss der Wert stehen, der mit dem Suchkriterium verglichen wird.
Spaltenindex	Die Nummer der Spalte aus der Matrix, deren Inhalt Sie sehen möchten.
Bereich_Verweis	*Falsch* = findet nur exakte Übereinstimmungen. Sollte der Wert nicht gefunden werden, erscheint die Meldung #NV. Die erste Spalte der Matrix muss dabei nicht sortiert sein. *Wahr* oder Leer = sollte das Suchkriterium nicht gefunden werden, wird der nächstkleinere Wert gezeigt. Außerdem muss die erste Spalte der Matrix sortiert sein.

▶ Ähnliche Funktionen

INDEX(), WVERWEIS()

Suche nach Personalnummern

In einer Personalliste stehen in der ersten Spalte die Personalnummern. In einer anderen Liste haben Sie nur die Personalnummern in unsortierter Reihenfolge. Sie möchten jetzt die Nachnamen der Mitarbeiter erhalten.

1. Öffnen Sie die Datei *SVERWEIS.XLSX*. Um in G6 den Namen des Mitarbeiters zu sehen, markieren Sie die Zelle.
2. Öffnen Sie den Funktions-Assistenten und starten Sie die Funktion *Sverweis*.
3. Im ersten Feld markieren Sie die Zelle, die den zu suchenden Wert erhält. In diesem Beispiel ist es die Zelle A2.
4. Die Matrix ist die Tabelle, die alle Daten enthält. Nachdem Sie die Zellen markiert haben, drücken Sie [F4], da Sie die Formel kopieren möchten.
5. Der Spaltenindex ist die Nummer der Spalte, deren Inhalt Sie sehen möchten. In unserem Beispiel steht in der Spalte C der Nachname. Geben Sie hier die Nummer der Spalte ein.

6. Geben Sie im letzten Feld das Wort *Falsch* ein. Dann werden nur Übereinstimmungen gezeigt.
7. Bestätigen Sie mit *OK*.
8. Kopieren Sie die Formel nach unten.

Die Funktion ist nun folgendermaßen aufgebaut:

```
=SVERWEIS(F6;$A$6:$D$12;3;FALSCH)
```

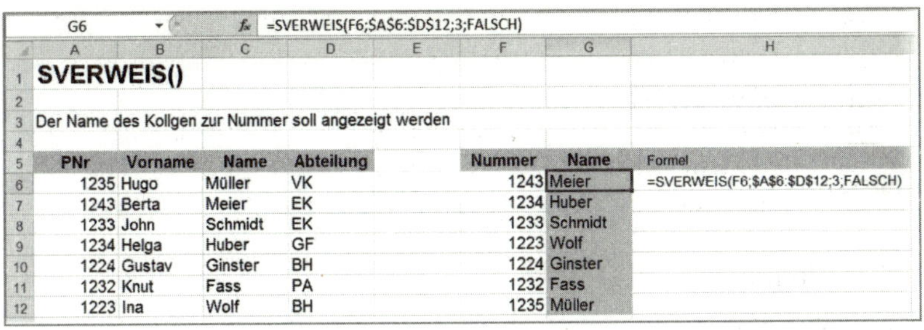
G6 =SVERWEIS(F6;$A$6:$D$12;3;FALSCH)

	A	B	C	D	E	F	G	H
1	SVERWEIS()							
2								
3	Der Name des Kollgen zur Nummer soll angezeigt werden							
4								
5	PNr	Vorname	Name	Abteilung		Nummer	Name	Formel
6	1235	Hugo	Müller	VK		1243	Meier	=SVERWEIS(F6;$A$6:$D$12;3;FALSCH)
7	1243	Berta	Meier	EK		1234	Huber	
8	1233	John	Schmidt	EK		1233	Schmidt	
9	1234	Helga	Huber	GF		1223	Wolf	
10	1224	Gustav	Ginster	BH		1224	Ginster	
11	1232	Knut	Fass	PA		1232	Fass	
12	1223	Ina	Wolf	BH		1235	Müller	

Bild 6.15: Die Namen der Mitarbeiter, die die Funktion SVERWEIS gefunden hat.

Tipp: In diesem Beispiel haben Sie nach exakten Übereinstimmungen gesucht, deshalb haben Sie im letzten Feld der SVERWEIS-Funktion den Wert *Falsch* eingegeben.

Fehler der SVERWEIS mit WENNFEHLER abfangen

Wenn Sie eine Nummer eingeben, die nicht in der Liste steht, und den Wert *Falsch* im Feld *Bereich_Verweis* haben, dann erscheint der Hinweis: *#NV*, nicht vorhanden.

Tipp: Wenn Sie den Wert *Wahr* ins Feld *Bereich_Verweis* eingeben, dann wird in der Zelle G8 der nächstkleinere Wert, also Meier angezeigt.

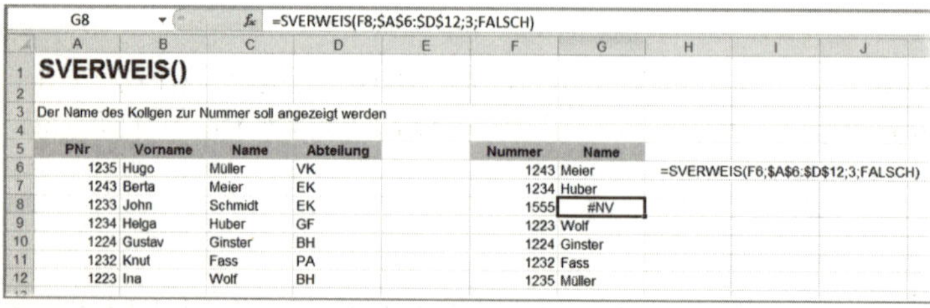

G8 =SVERWEIS(F8;$A$6:$D$12;3;FALSCH)

SVERWEIS()

Der Name des Kollgen zur Nummer soll angezeigt werden

PNr	Vorname	Name	Abteilung
1235	Hugo	Müller	VK
1243	Berta	Meier	EK
1233	John	Schmidt	EK
1234	Helga	Huber	GF
1224	Gustav	Ginster	BH
1232	Knut	Fass	PA
1223	Ina	Wolf	BH

Nummer	Name	
1243	Meier	=SVERWEIS(F6;$A$6:$D$12;3;FALSCH)
1234	Huber	
1555	#NV	
1223	Wolf	
1224	Ginster	
1232	Fass	
1235	Müller	

Bild 6.16: Die Funktion SVERWEIS meldet, dass die Personalnummer 1555 in der Matrix nicht vorhanden ist.

Um nun diese Meldung zu unterdrücken, können Sie die WENNFEHLER-Funktion um die SVERWEIS-Funktion herum bilden.

Geben Sie die folgende Funktion ein:

```
=WENNFEHLER(SVERWEIS(F6;$A$6:$D$12;3;FALSCH);"Name nicht vorhanden")
```

Der erste Teil der Funktion ist die Prüfung der WENNFEHLER-Funktion:

```
=WENNFEHLER(SVERWEIS(F6;$A$6:$D$12;3;FALSCH)
```

Wenn dieser Teil einen Fehler liefert, dann wird der zweite Teil ausgeführt.

```
"Name nicht vorhanden")
```

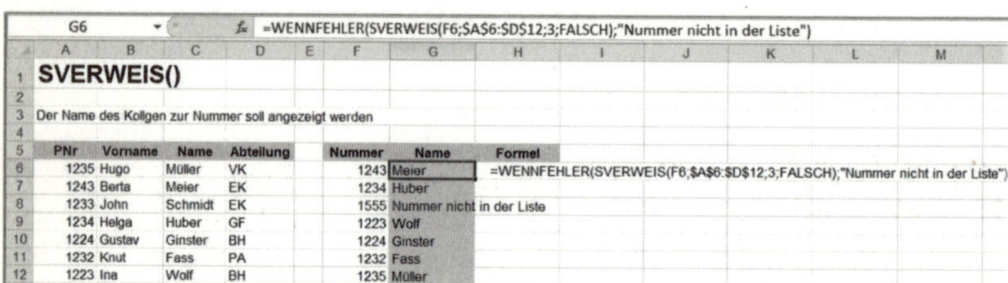

G6 =WENNFEHLER(SVERWEIS(F6;$A$6:$D$12;3;FALSCH);"Nummer nicht in der Liste")

SVERWEIS()

Der Name des Kollgen zur Nummer soll angezeigt werden

PNr	Vorname	Name	Abteilung
1235	Hugo	Müller	VK
1243	Berta	Meier	EK
1233	John	Schmidt	EK
1234	Helga	Huber	GF
1224	Gustav	Ginster	BH
1232	Knut	Fass	PA
1223	Ina	Wolf	BH

Nummer	Name	Formel
1243	Meier	=WENNFEHLER(SVERWEIS(F6;$A$6:$D$12;3;FALSCH);"Nummer nicht in der Liste")
1234	Huber	
1555	Nummer nicht in der Liste	
1223	Wolf	
1224	Ginster	
1232	Fass	
1235	Müller	

Bild 6.17: Mit der WENNFEHLER-Funktion wird ein Fehler unterdrückt.

Der Aufbau der SVERWEIS-Funktion

Das folgende Beispiel zeigt die Arbeitsweise der SVERWEIS-Funktion.

▶ Suchkriterium

Das *Suchkriterium* ist der Wert, nach dem in der Matrix gesucht wird. In der folgenden Abbildung steht es in der Zelle G20. Es wird eingegeben, um sich die Kontobezeichnung anzeigen zu lassen.

▶ Matrix

Die *Matrix* ist die Tabelle, in der alle Informationen stehen. In der Matrix müssen die Werte, die im Feld *Suchkriterium* eingegeben werden, in der ersten Spalte stehen. In diesem Beispiel sind es die Zellen B6 bis E13.

▶ Spaltenindex

Sie müssen die Nummer der Spalte angeben, deren Inhalt Sie sehen möchten. Die Nummer ist immer in Abhängigkeit von der Matrix zu zählen. Sie möchten die entsprechende Kontobezeichnung zum eingegebenen Suchkriterium sehen. Innerhalb der Matrix steht diese Information in der zweiten Spalte, deshalb die 2.

▶ Bereich_Verweis

Da Sie hier nur exakte Übereinstimmungen suchen, geben Sie den Wert *Falsch* ein. Sollten Sie jetzt ins Feld *Suchkriterium* eine Nummer eingeben, die es in der Matrix nicht gibt, erscheint die Meldung #NV.

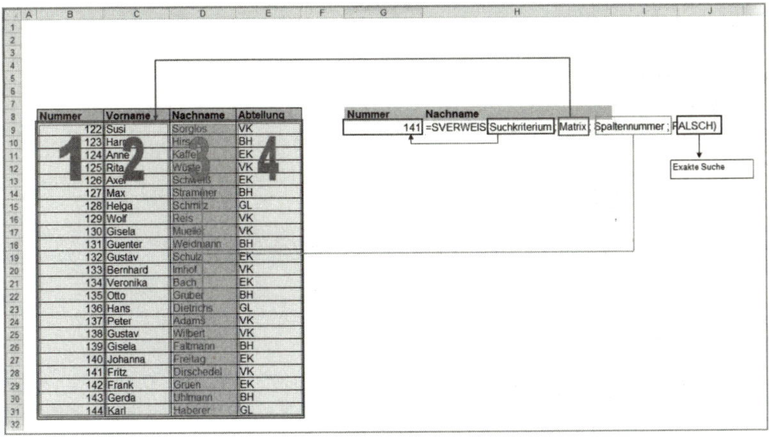

Bild 6.18: Ein Schaubild zur Arbeitsweise der SVERWEIS-Funktion

Staffelpreise mit der Funktion SVERWEIS ermitteln

Im nächsten Beispiel haben Sie eine Prämienabrechnung für Autoren. Je nach geschriebener Seitenzahl soll der Autor einen Betrag bekommen. Da Sie nicht für jede Zahl einen Betrag hinterlegen möchten, geben Sie eine Staffelliste in den Zellen C6 bis D13 ein.

Der Aufbau der Funktion sieht folgendermaßen aus:

```
=SVERWEIS(C17;$C$6:$D$13;2;WAHR)
```

Damit die SVERWEIS-Funktion, wenn sie keine exakte Übereinstimmung findet, den nächstkleineren Wert nimmt, geben Sie ins Feld *Bereich_Verweis* den Wert *Wahr* ein.

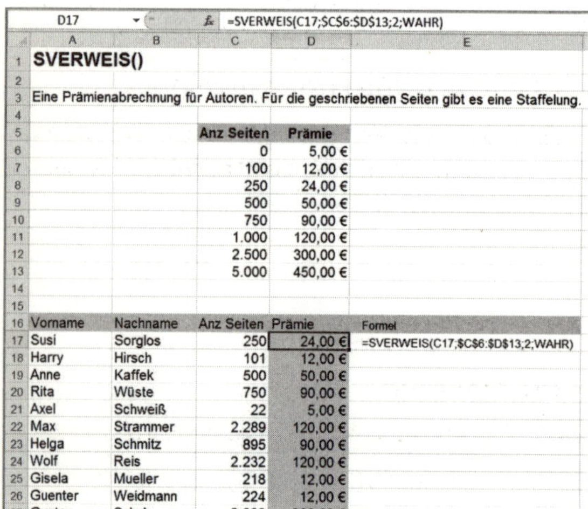

D17 =SVERWEIS(C17;$C$6:$D$13;2;WAHR)

	A	B	C	D	E
1	SVERWEIS()				
2					
3	Eine Prämienabrechnung für Autoren. Für die geschriebenen Seiten gibt es eine Staffelung.				
4					
5			Anz Seiten	Prämie	
6			0	5,00 €	
7			100	12,00 €	
8			250	24,00 €	
9			500	50,00 €	
10			750	90,00 €	
11			1.000	120,00 €	
12			2.500	300,00 €	
13			5.000	450,00 €	
14					
15					
16	Vorname	Nachname	Anz Seiten	Prämie	Formel
17	Susi	Sorglos	250	24,00 €	=SVERWEIS(C17;$C$6:$D$13;2;WAHR)
18	Harry	Hirsch	101	12,00 €	
19	Anne	Kaffek	500	50,00 €	
20	Rita	Wüste	750	90,00 €	
21	Axel	Schweiß	22	5,00 €	
22	Max	Strammer	2.289	120,00 €	
23	Helga	Schmitz	895	90,00 €	
24	Wolf	Reis	2.232	120,00 €	
25	Gisela	Mueller	218	12,00 €	
26	Guenter	Weidmann	224	12,00 €	
27	Gustav	Schulz	2.600	300,00 €	

Bild 6.19: Staffelpreise mit der Funktion SVERWEIS ermitteln

Wenn die Anzahl der Seiten nicht in der Liste steht, wird der nächstkleinere Wert genommen.

6.10 VERGLEICH

Die Funktion VERGLEICH liefert die Positionsnummer eines zu vergleichenden Wertes.

▶ Syntax

```
=VERGLEICH(Suchkriterium; Suchmatrix; Vergleichstyp)
```

▶ Parameter

Suchkriterium	Die Zelle, in der der zu vergleichende Wert steht.
Suchmatrix	Die Zellen, die durchsucht werden.
Vergleichstyp	Die folgende Tabelle gibt Aufschluss über die drei Vergleichstypen.

Vergleichstyp	Bedeutung
1 oder leer	Gibt den nächstgrößeren Wert nach dem Suchkriterium an. Die Werte der Suchmatrix müssen aufsteigend sortiert sein.
0	Das erste gefundene Suchkriterium wird angezeigt.
-1	Gibt den nächstgrößeren Wert nach dem Suchkriterium an. Die Werte der Suchmatrix müssen absteigend sortiert sein.

▶ Ähnliche Funktionen

SVERWEIS(), WVERWEIS()

Eine Position in einer Suchmatrix ermitteln

Das erste Beispiel soll die Arbeitsweise der Funktion VERGLEICH verdeutlichen.

1. Öffnen Sie die Datei *VERGLEICH.XLSX* und aktivieren Sie das Register *Vergleich_1*. Markieren Sie eine Zelle auf dem Tabellenblatt, in diesem Beispiel ist es die Zelle C7.
2. Starten Sie den Funktions-Assistenten und öffnen Sie die Funktion VERGLEICH.
3. Geben Sie ins Feld *Suchkriterium* die Zelle ein, in der der zu vergleichende Wert steht. In diesem Beispiel ist es die Zelle B7.
4. Ins Feld *Suchmatrix* geben Sie die Zellen ein, die durchsucht werden sollen.

5. Geben Sie ins Feld *Vergleichstyp* eine 0 ein. Dann wird die Positionsnummer des ersten gefundenen Wertes angezeigt.
6. Bestätigen Sie mit *OK*.

Die Funktion sieht so aus:

```
=VERGLEICH(B7;B13:B31;0)
```

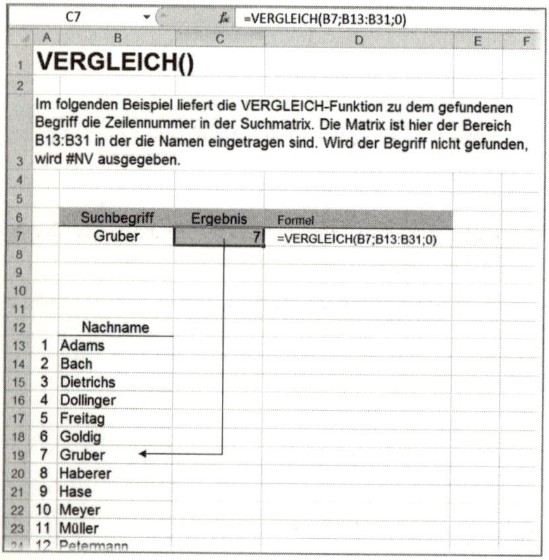

Bild 6.20: Die Funktion VERGLEICH zeigt die Positionsnummern eines Wertes.

Für den Namen *Gruber* in Zelle B7 wird die Zahl 7 ausgegeben. Innerhalb der markierten Suchmatrix steht der Name *Gruber* an der siebten Position.

Fehler mit WENNFEHLER abfangen

Wenn Sie einen Namen eingeben, der nicht in der Liste steht, dann erscheint der Hinweis: *#NV*, nicht vorhanden.

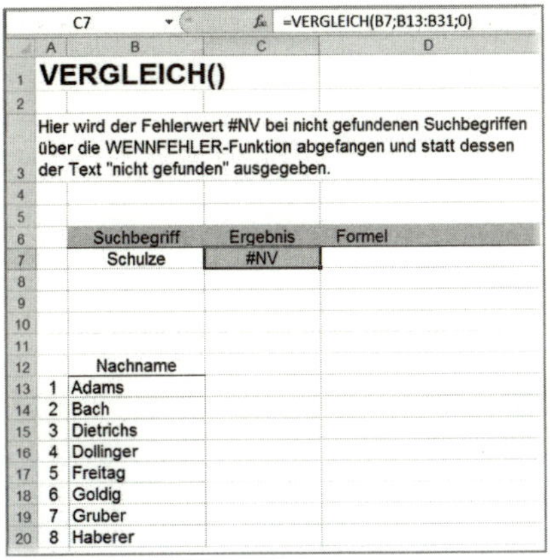

Bild 6.21: Die Funktion VERGLEICH liefert das Ergebnis #NV, wenn es den Namen nicht in der Liste gibt.

Geben Sie in die Zelle C7 die folgende Funktion ein, wenn Sie die lesbare Meldung wünschen, dass der Name nicht in der Liste steht.

```
=WENNFEHLER(VERGLEICH(B7;B13:B31;0); "Nicht vorhanden")
```

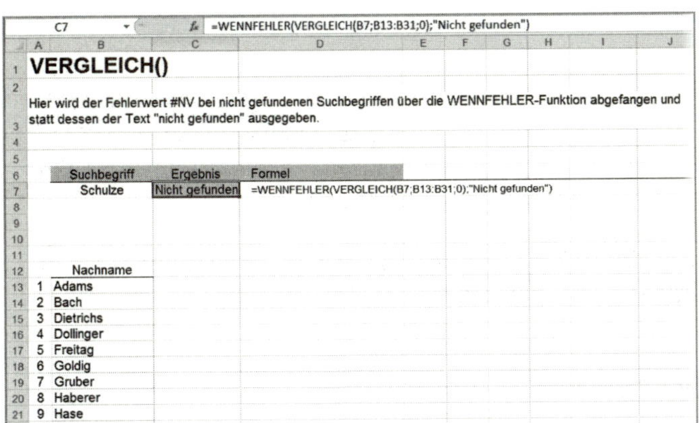

Bild 6.22: Mit der WENNFEHLER-Funktion wird die Meldung *#NV* unterdrückt.

6.11 WAHL

Wählt aus einer Liste (maximal 254 Einträge) den x-ten Eintrag aus.

▶ Syntax

```
=WAHL(Index; Wert1; Wert2;...)
```

▶ Parameter

Index	Die Zelle, in der die Nummer der entsprechenden Wahl steht.
Wert1; Wert2;..	Die Auswahlmöglichkeiten.

WAHL statt der WENN-Funktion einsetzen

Das erste Beispiel soll die Arbeitsweise der Funktion WAHL verdeutlichen.

Sie möchten eine Zahl zwischen 1 und 12 eingeben und Excel soll Ihnen in einer anderen Zelle den entsprechenden Monatsnamen anzeigen.

1. Öffnen Sie die Datei *WAHL.XLSX*. Markieren Sie eine Zelle auf dem Tabellenblatt, in diesem Beispiel ist es die Zelle B7.
2. Starten Sie den Funktions-Assistenten und öffnen Sie die Funktion WAHL.
3. Geben Sie ins Feld *Index* die Zelle ein, in der der zu vergleichende Wert eingegeben wird.
4. Geben Sie nun der Reihenfolge nach die einzelnen Monate in die Felder *Wert1*, *Wert2* usw.
5. Bestätigen Sie mit *OK*.

Die Funktion ist folgendermaßen aufgebaut:

```
=WAHL(A7;"Januar";"Februar";"März";"April";"Mai";"Juni";"Juli";"August";
"September";"Oktober";"November";"Dezember")
```

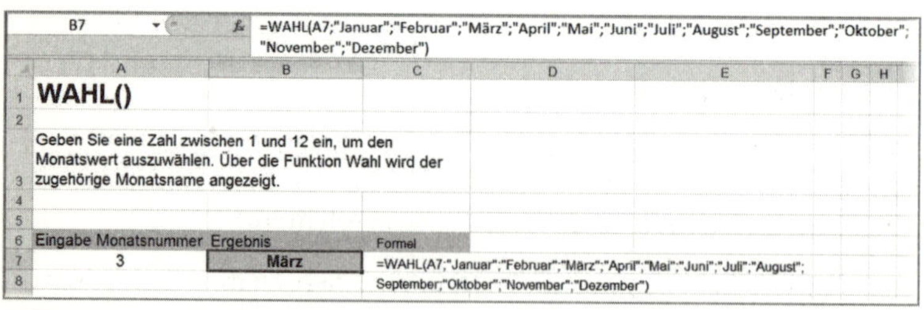

Bild 6.23: Die Funktion WAHL zeigt Werte nach der Reihe ihres Vorkommens.

Als Ergebnis wird die Zahl 3, der Monat März angezeigt.

6.12 WVERWEIS

Mithilfe der WVERWEIS-Funktion können Sie Daten aus einer Tabelle auslesen und an einer anderen Stelle wieder einfügen. Diese Funktion vergleicht einen Parameter und zeigt dann den entsprechenden Wert an.

▶ Syntax

```
=WVERWEIS(Suchkriterium; Matrix; Zeilenindex; Bereich_Verweis)
```

▶ Parameter

Suchkriterium	Der Wert, den Sie in der ersten Spalte der Matrix von oben nach unten suchen.
Matrix	Die Zellen, die durchsucht werden.
Zeilenindex	Die Nummer der Spalte aus der Matrix, deren Inhalt Sie sehen möchten.
Bereich_Verweis	*Falsch* = findet nur exakte Übereinstimmungen. Sollte der Wert nicht gefunden werden, erscheint die Meldung #NV. Die erste Spalte der Matrix muss dabei nicht sortiert sein. *Wahr* oder Leer = sollte das Suchkriterium nicht gefunden werden, wird der nächstkleinere Wert gezeigt. Außerdem muss die erste Spalte der Matrix sortiert sein.

▶ Ähnliche Funktionen

INDEX(), SVERWEIS(), INDIREKT()

Suche nach Werten in Spalten

In einer Personalliste stehen in der ersten Zeile die Personalnummern. In eine Zelle, in diesem Beispiel A13, geben Sie die Personalnummer ein und rechts daneben möchten Sie den Nachnamen des Mitarbeiters erhalten.

1. Öffnen Sie die Datei *WVERWEIS.XLSX*. Um in B13 den Namen des Mitarbeiters zu sehen, markieren Sie die Zelle.

2. Öffnen Sie den Funktions-Assistenten und starten Sie die Funktion WVERWEIS.
3. Im ersten Feld markieren Sie die Zelle, die den zu suchenden Wert erhält. In diesem Beispiel ist es die Zelle A13.
4. Die *Matrix* ist die Tabelle, die alle Daten enthält. In diesem Beispiel sind es die Zellen A5 bis H8.
5. Der *Zeilenindex* ist die Nummer der Zeile, deren Inhalt Sie sehen möchten. Im Beispiel steht der Nachname in der dritten Zeile. Geben Sie daher die Zahl 3 ein.
6. Geben Sie im letzten Feld das Wort *Falsch* ein. Dann werden nur Übereinstimmungen gezeigt.
7. Bestätigen Sie mit *OK*.
8. Kopieren Sie die Formel nach unten.

Die Funktion ist nun folgendermaßen aufgebaut:

```
=WVERWEIS(A13;A5:H8;3;FALSCH)
```

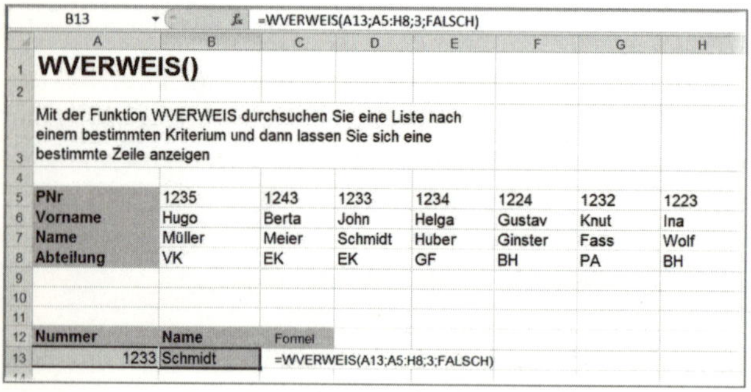
B13 =WVERWEIS(A13;A5:H8;3;FALSCH)

	A	B	C	D	E	F	G	H
1	WVERWEIS()							
2								
3	Mit der Funktion WVERWEIS durchsuchen Sie eine Liste nach einem bestimmten Kriterium und dann lassen Sie sich eine bestimmte Zeile anzeigen							
4								
5	PNr	1235	1243	1233	1234	1224	1232	1223
6	Vorname	Hugo	Berta	John	Helga	Gustav	Knut	Ina
7	Name	Müller	Meier	Schmidt	Huber	Ginster	Fass	Wolf
8	Abteilung	VK	EK	EK	GF	BH	PA	BH
9								
10								
11								
12	Nummer	Name	Formel					
13	1233	Schmidt	=WVERWEIS(A13;A5:H8;3;FALSCH)					

Bild 6.24: Der Name des Mitarbeiters, den die Funktion *Wverweis* gefunden hat

6.13 ZEILE

Die Funktion gibt die Zeilennummer aus, für die der Bezug angegeben wird. Wird kein Bezug angegeben, wird die Zeilennummer angegeben, in der sich die Formel befindet.

▶ Syntax

```
=ZEILE(Bezug)
```

▶ Parameter

Bezug	Die Zelladresse, aus der Sie die Zeilennummer ermitteln möchten. Wenn das Feld leer bleibt, wird die Nummer der Zeile angezeigt, in der sich die Funktion befindet.

Die Zeilennummer ausgeben

Das erste Beispiel soll die Arbeitsweise der Funktion ZEILE verdeutlichen.

1. Öffnen Sie die Datei *ZEILE.XLSX*. Markieren Sie eine Zelle auf dem Tabellenblatt.
2. Starten Sie den Funktions-Assistenten und öffnen Sie die Funktion ZEILE.
3. Geben Sie ins Feld *Bezug* die Zelladresse, z. B. A6 ein.
4. Bestätigen Sie mit *OK*.

Der Aufbau sieht folgendermaßen aus:

```
=ZEILE(A6)
```

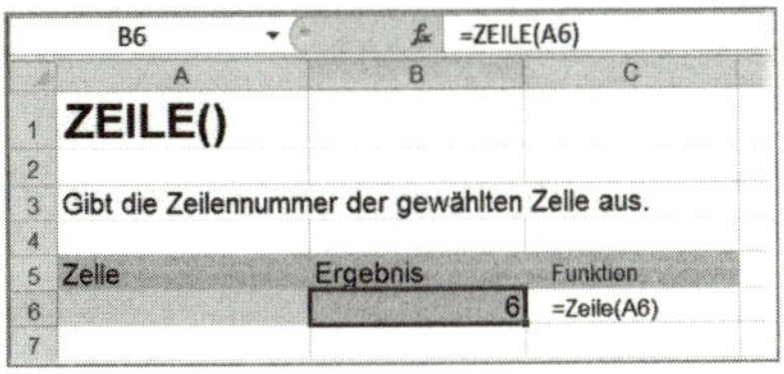

Bild 6.25: Die Funktion ZEILE gibt die Nummer der Zeile aus.

Als Ergebnis wird die Zeilennummer 6 für die Zelle A6 ausgegeben.

Zeilen mit geraden Nummern einfärben

Der Hintergrund aller Zeilen mit geraden Nummern soll eingefärbt werden.

1. Markieren Sie die Zellen, über die das Einfärben laufen soll.

2. Aktivieren Sie das Register *Start* und wählen Sie über die Schaltfläche *Bedingte Formatierung* den Eintrag *Neue Regel.*
3. Markieren Sie den Eintrag *Formel* zur Ermittlung der zu formatierenden Zellen.
4. Geben Sie ins Feld darunter folgende Funktion ein:

```
=REST(ZEILE();2)=0
```

5. Klicken Sie auf die Schaltfläche *Format* und wählen Sie über das Register *Ausfüllen* eine Füllfarbe aus.

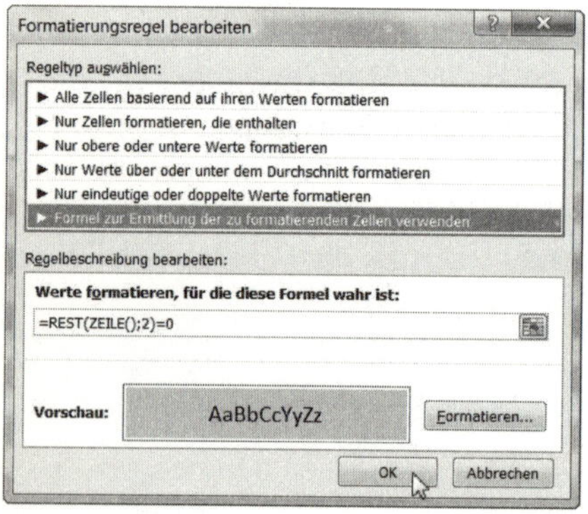

Bild 6.26: Die Funktionen REST & ZEILE färben alle geraden Zeilen ein.

6. Bestätigen Sie mit *OK.*

Jetzt werden alle Zellen mit geraden Zellnummern eingefärbt.

Tipp: Zum weiteren Umgang mit der bedingten Formatierung lesen Sie das Kapitel 1, »Excel 2010-Grundlagen«.

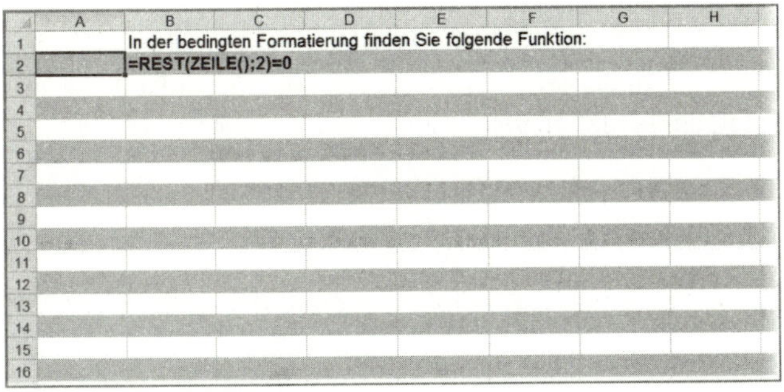

Bild 6.27: Jede gerade Zeile ist nun eingefärbt.

Tipp: In der Beispieldatei werden noch andere Funktionen vorgestellt, um Zeilen automatisch einzufärben.

6.14 ZEILEN

Die Funktion gibt die Anzahl der markierten Zeilen aus.

▶ Syntax

```
=ZEILEN(Matrix)
```

▶ Parameter

Matrix	Die Zellen, aus denen Sie die Anzahl der Zeilen ermitteln möchten.

▶ Ähnliche Funktionen

SPALTEN(), BEREICH()

Die Anzahl der Zeilen in einem Bereich

Das erste Beispiel soll die Arbeitsweise der Funktion ZEILEN verdeutlichen.

1. Öffnen Sie die Datei *ZEILEN.XLSX*. Markieren Sie eine Zelle auf dem Tabellenblatt.

2 Starten Sie den Funktions-Assistenten und öffnen Sie die Funktion ZEILEN.

3 Geben Sie ins Feld *Matrix* beispielsweise C16:D24 ein und bestätigen Sie mit *OK*. Die Funktion sieht folgendermaßen aus:

```
=ZEILEN(C16:D24)
```

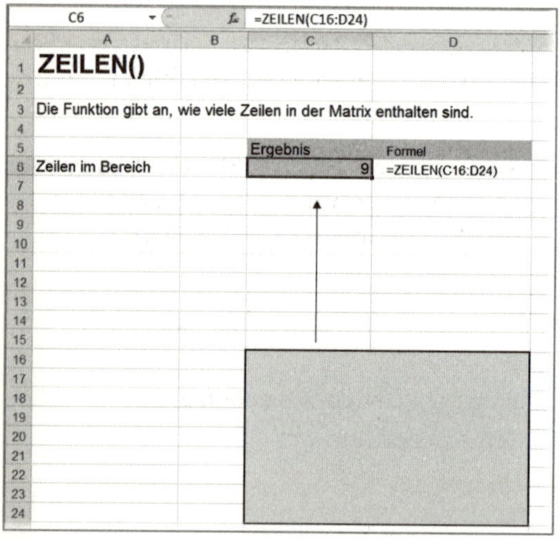

Bild 6.28: Die Funktion ZEILEN gibt die Anzahl der markierten Zeilen zurück.

Als Ergebnis wird die Zahl 9 für die Anzahl der markierten Zeilen angezeigt.

7 Statistische Funktionen

Die Vielzahl statistischer Funktionen lässt keine Wünsche zur Auswertung Ihrer Daten offen. Einige Funktionen sind eng miteinander verwandt und bilden die entsprechende Umkehrfunktion.

Die Funktionen MIN, MAX, MITTELWERT oder auch ZÄHLENWENN sind vielleicht Ihnen bereits bekannte Funktionsnamen. Dann werden Sie sich auch für die Funktionen KGRÖSSTE, KKLEINSTE oder MINA und MAXA interessieren.

▣ Download-Link

www.buch.cd
Hier finden Sie alle Beispieldateien übersichtlich nach Kapiteln geordnet.

7.1 ANZAHL

Die Funktion ANZAHL zählt in einer Liste die Zellen, in denen Zahlen, Formeln oder Datums- bzw. Zeitwerte stehen. Leere Zellen und Zellen mit Text werden ignoriert.

▶ Syntax

```
=ANZAHL(Wert1; Wert2;…)
```

▶ Parameter

Wert1; Wert2,…	Die Zelle bzw. der Zellbereich, der durchsucht werden soll. Sie können bis zu 255 Zellen bzw. Zellbereiche untereinander angeben.

▶ Ähnliche Funktionen

ANZAHL2(), ANZAHLLEEREZELLEN(), ZÄHLENWENN(), ZÄHLENWENNS(), DBANZAHL(), DBANZAHL2(), TEILERGEBNIS()

Die Mitglieder zählen, die bezahlt haben

Sie sind Kassenwart in einem Verein und führen Buch über die Mitgliedsbeiträge. Wenn ein Mitglied bezahlt hat, tragen Sie den Betrag in die Tabelle ein. Wenn das Mitglied noch nicht bezahlt hat, dann ist die Zelle leer oder es steht ein Text darin, wann gezahlt wird. Die folgende Abbildung zeigt das Beispiel.

1. Öffnen Sie die Datei *ANZAHL.XLSX*.

2. Setzen Sie den Cursor in die Zelle, in der Sie die Anzahl der Mitglieder sehen möchten. Im ersten Beispiel ist es die Zelle B15.

3. Wählen Sie im Funktions-Assistenten in der Kategorie *Statistik* die Funktion ANZAHL aus.

4. Stellen Sie sicher, dass der Cursor im Feld *Wert1* steht, und markieren Sie die gewünschten Zellen – in diesem Beispiel die Zellen B6 bis B13.

> **Tipp:** Wenn Sie weitere Zellen zählen lassen möchten, dann setzen Sie den Cursor in das Feld *Wert2* und markieren die nächsten Zellen.

5. Bestätigen Sie Ihre Eingaben mit *OK*.

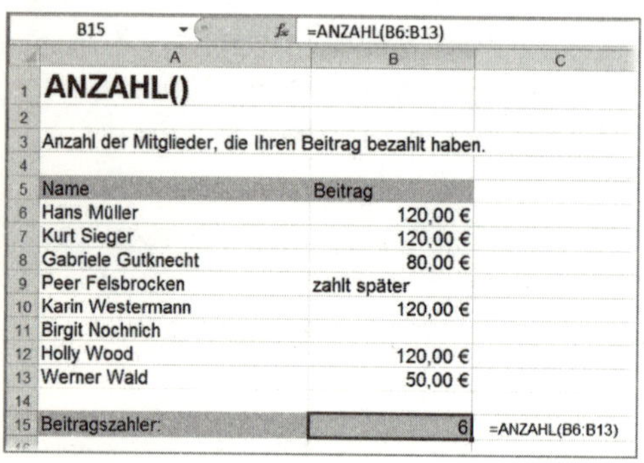
B15 =ANZAHL(B6:B13)

	A	B	C
1	ANZAHL()		
2			
3	Anzahl der Mitglieder, die Ihren Beitrag bezahlt haben.		
4			
5	Name	Beitrag	
6	Hans Müller	120,00 €	
7	Kurt Sieger	120,00 €	
8	Gabriele Gutknecht	80,00 €	
9	Peer Felsbrocken	zahlt später	
10	Karin Westermann	120,00 €	
11	Birgit Nochnich		
12	Holly Wood	120,00 €	
13	Werner Wald	50,00 €	
14			
15	Beitragszahler:	6	=ANZAHL(B6:B13)

Bild 7.1: Die Funktion ANZAHL zählt die Mitglieder, die bezahlt haben.

Sobald Sie jetzt den nächsten Zahlungseingang eintragen, ändert sich der Wert in der Zelle B15.

7.2 ANZAHL2

Die Funktion ANZAHL2 zählt in einer Liste alle Zellen, in denen ein Wert steht. Dabei ist es egal, ob Zahlen, Formeln, Texte oder ein Datum bzw. eine Uhrzeit in den Zellen stehen.

▶ Syntax

```
=ANZAHL2(Wert1; Wert2;…)
```

▶ Parameter

Wert1; Wert2,…	Die Zelle bzw. der Zellbereich, der durchsucht werden soll. Sie können bis zu 255 Zellen bzw. Zellbereiche untereinander angeben.

▶ Ähnliche Funktionen

ANZAHL(), ANZAHLLEEREZELLEN(), ZÄHLENWENN(), ZÄHLENWENNS(). DBANZAHL(), DBANZAHL2(), TEILERGEBNIS()

Alle Mitglieder zählen

Sie sind Kassenwart in einem Verein und führen Buch über die Mitgliedsbeiträge. Wenn ein Mitglied bezahlt hat, tragen Sie den Betrag in die Tabelle ein. Wenn das Mitglied noch nicht bezahlt hat, dann steht ein Text in der Zelle. Das Beispiel der Funktion ANZAHL wird hier weiter fortgeführt.

1. Öffnen Sie die Datei *ANZAHL2.XLSX*.
2. Setzen Sie den Cursor in die Zelle, in der Sie die Anzahl der Mitglieder sehen möchten. Im ersten Beispiel ist es die Zelle B15.
3. Wählen Sie im Funktions-Assistenten in der Kategorie *Statistik* die Funktion ANZAHL2 aus.
4. Stellen Sie sicher, dass der Cursor im Feld *Wert1* steht, und markieren Sie die gewünschten Zellen – in diesem Beispiel die Zellen B6 bis B132.

> **Tipp:** Wenn Sie weitere Zellen zählen lassen möchten, dann setzen Sie den Cursor in das Feld *Wert2* und markieren die nächsten Zellen.

5 Bestätigen Sie Ihre Eingaben mit *OK*.

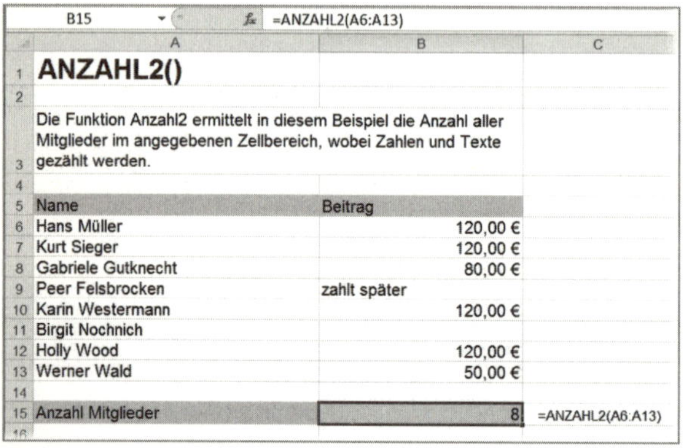

Bild 7.2: Die Funktion ANZAHL2 zählt die Mitglieder.

7.3 ANZAHLLEEREZELLEN

Die Funktion ANZAHLLEEREZELLEN zählt in einer Liste die Zellen, die leer sind. Sollten in einer Zelle ein oder mehrere Leerzeichen stehen, so gilt sie nicht als leer und wird somit auch nicht gezählt.

Wenn Sie Zellen mit Leerzeichen haben und Sie möchten diese entfernen, setzen Sie die Funktion GLÄTTEN ein.

▶ Syntax

```
=ANZAHLLEEREZELLEN(Bereich)
```

▶ Parameter

Bereich	Der Zellbereich, der auf leere Zellen hin durchsucht werden soll.

▶ Ähnliche Funktionen

ANZAHL(), ANZAHL2(), ZÄHLENWENN(), ZÄHLENWENNS(), DBANZAHL(), DBANZAHL2(), TEILERGEBNIS()

Anzahl der Aushilfen, die im aktuellen Monat nicht gearbeitet haben

Sie arbeiten in der Personalabteilung und möchten wissen, wie viele Aushilfen im aktuellen Monat nicht gearbeitet haben.

1. Öffnen Sie die Datei *ANZAHLLEEREZELLEN.XLSX* und aktivieren Sie das Register *Anzahlleerezelle_1*.
2. Setzen Sie den Cursor in die Zelle, in der Sie die Anzahl der Zellen sehen möchten, die leer sind.
3. Wählen Sie im Funktions-Assistenten in der Kategorie *Statistik* die Funktion ANZAHLLEEREZELLEN aus.
4. Stellen Sie sicher, dass der Cursor im Feld *Wert1* steht, und markieren Sie die gewünschten Zellen. In diesem Beispiel sind es die Zellen C65 bis C15.
5. Bestätigen Sie Ihre Eingaben mit *OK*.

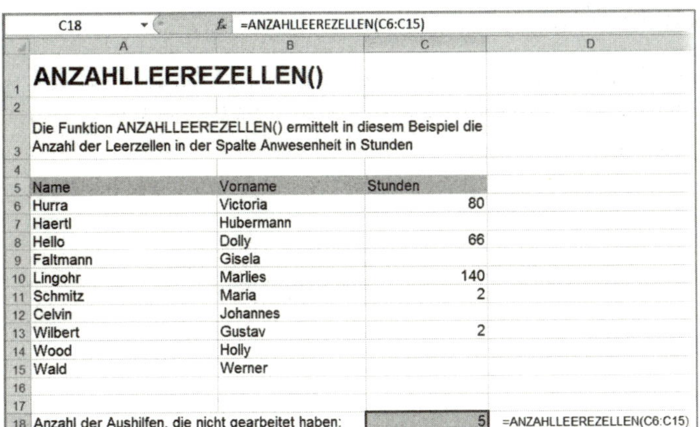

Bild 7.3: Die Anzahl der Aushilfen, die nicht gearbeitet haben

Die leeren Zellen einfärben

In einer Liste mit Daten sollen alle leeren Zellen automatisch mit einer Füllfarbe eingefärbt werden.

▶ Mit der bedingten Formatierung leere Zellen einfärben

1. Aktivieren Sie das Register *Leere Zellen bearbeiten_2* und markieren Sie die Zelle A8.
2. Aktivieren Sie das Register *Start*, klicken Sie auf die Schaltfläche *Bedingte Formatierung* und wählen Sie den Befehl *Neue Regel.*
3. Markieren Sie den Eintrag *Formel zur Ermittlung der zu formatierenden Zellen verwenden* und tippen Sie die folgende Formel ein:

```
=A10=""
```

4. Klicken Sie auf die Schaltfläche *Formatieren* und wählen Sie auf dem Register *Ausfüllen* eine Farbe aus. Bestätigen Sie mit *OK.*

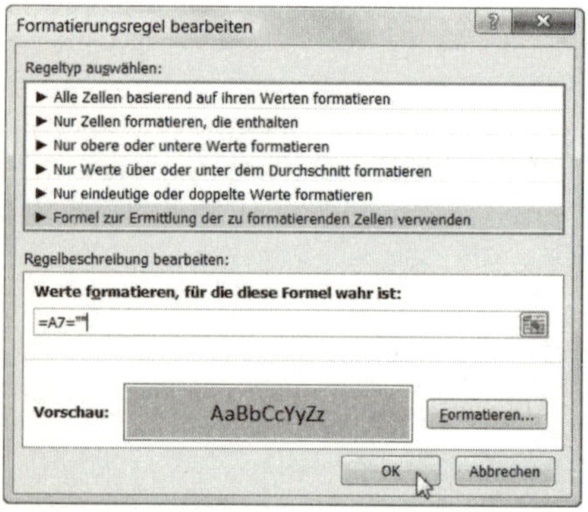

Bild 7.4: Die bedingte Formatierung

5. Bestätigen Sie noch einmal mit *OK.*
6. Übertragen Sie diese Formatierung mit dem Pinsel auf die restlichen Zellen der Liste.

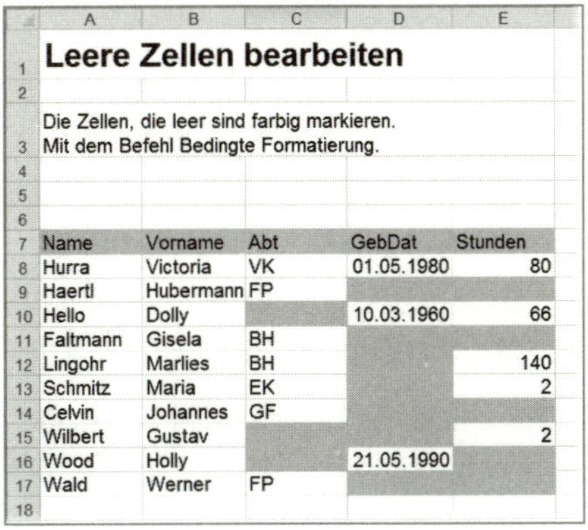
Leere Zellen bearbeiten

Die Zellen, die leer sind farbig markieren.
Mit dem Befehl Bedingte Formatierung.

Name	Vorname	Abt	GebDat	Stunden
Hurra	Victoria	VK	01.05.1980	80
Haertl	Hubermann	FP		
Hello	Dolly		10.03.1960	66
Faltmann	Gisela	BH		
Lingohr	Marlies	BH		140
Schmitz	Maria	EK		2
Celvin	Johannes	GF		
Wilbert	Gustav			2
Wood	Holly		21.05.1990	
Wald	Werner	FP		

Bild 7.5: Das Ergebnis: Alle leeren Zellen sind automatisch eingefärbt.

Wenn Sie jetzt in eine leere Zelle einen Wert eintippen, dann verschwindet die Farbe.

7.4 HÄUFIGKEIT

Mit der Funktion HÄUFIGKEIT werden Informationen gezählt. Zuerst werden die Informationen, die gezählt werden, in sogenannten Klassen zusammengefasst.

Ein klassisches Beispiel für die Funktion HÄUFIGKEIT ist das Zählen der Noten von Schülern in einem Schritt, also beispielsweise zu ermitteln, wie viele Schüler die Note 1, die Note 2 usw. haben.

▶ Syntax

```
=HÄUFIGKEIT(Daten; Klassen)
```

▶ Parameter

Daten	Die Informationen, die in Gruppen zusammengefasst und anschließend gezählt werden sollen.
Klassen	Die Zellen, die durchsucht werden sollen.

▶ Ähnliche Funktionen

ZÄHLENWENN(), ZÄHLENWENNS()

Notenbeispiel

Sie haben eine Menge Schüler und möchten nun wissen, wie viele Schüler die Note 1, wie viele die Note 2 usw. haben.

1. Öffnen Sie die Datei *HÄUFIGKEIT.XLSX*. In der Spalte D stehen schon die *Klassen*, die Sie in der Funktion HÄUFIGKEIT benötigen.
2. Markieren Sie nun die Zellen, in denen gleich das Ergebnis stehen soll. In diesem Beispiel sind es die Zellen E2 bis E7. Starten Sie die Funktion HÄUFIGKEIT.
3. Die Werte für den Parameter *Daten* stehen in den Zellen B2 bis B46 und die Werte für *Klassen* in den Zellen D2 bis D7.
4. Bestätigen Sie mit `Strg` + `Umschalt` + `Eingabe`. Damit kopieren Sie die Formel in alle zuvor markierten Zellen.

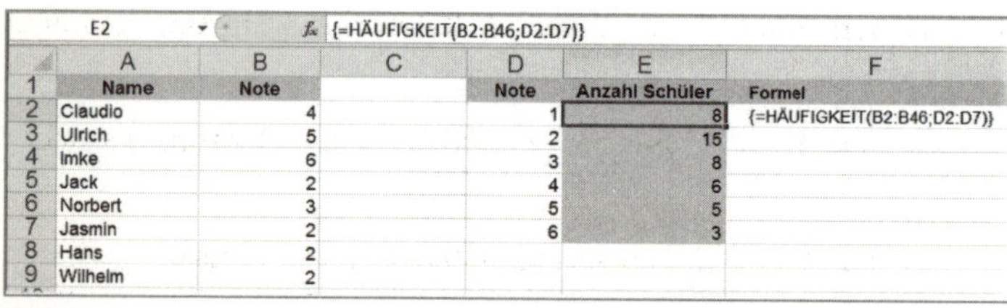

	A	B	C	D	E	F
1	Name	Note		Note	Anzahl Schüler	Formel
2	Claudio	4		1	8	{=HÄUFIGKEIT(B2:B46;D2:D7)}
3	Ulrich	5		2	15	
4	Imke	6		3	8	
5	Jack	2		4	6	
6	Norbert	3		5	5	
7	Jasmin	2		6	3	
8	Hans	2				
9	Wilhelm	2				

Bild 7.6: Die Auflistung, wie viele Schüler welche Noten haben

Jetzt erkennen Sie, wie viele Schüler welche Noten haben. Der Funktion lautet:

```
{=HÄUFIGKEIT (B2:B46;D2:D7)}
```

Die geschweifte Klammer um die Formel zeigt Ihnen, dass es sich um eine Matrixfunktion handelt.

Tipp: Vor jeder Änderung an der Formel müssen zuerst alle Zellen mit der Funktion HÄUFIGKEIT markiert werden. Dann muss die Änderung in der obersten Formel durchgeführt werden. Anschließend wird die Änderung durch Drücken von `Strg` + `Umschalt` + `Eingabe` in alle markierten Zellen übernommen.

Das obere Beispiel hätten Sie auch mit der Funktion ZÄHLENWENN erledigen können. Deshalb zeigen wir Ihnen jetzt noch ein Beispiel, das die Stärke der Funktion HÄUFIGKEIT zeigt.

Kundengruppen bilden

Wenn Sie Ihre Kunden nach deren Umsätzen in Gruppen unterteilen möchten, erstellen Sie folgende Bedingungen für die Gruppen:

- Alle Kunden, die bis zu 200.000 Euro Umsatz gemacht haben, fassen Sie in eine Gruppe zusammen.
- Alle Kunden, die zwischen 200.001 Euro und 300.000 Euro Umsatz gemacht haben, fassen Sie in eine zweite Gruppe zusammen.

Weitere Gruppen sind:

- Alle Kunden, die zwischen 300.001 Euro und 400.000 Euro Umsatz gemacht haben.
- Alle Kunden, die zwischen 400.001 Euro und 500.000 Euro Umsatz gemacht haben.
- Alle Kunden, die zwischen 500.001 Euro und 600.000 Euro Umsatz gemacht haben.

Zu Beginn erstellen Sie die Tabelle in Excel. Anschließend müssen Sie die Größen der einzelnen Gruppen eintragen. In Excel heißen sie *Klassen.*

Die folgende Abbildung zeigt in der Spalte D die Klassen. Rechts daneben finden Sie eine Beschreibung zu den Klassen, wie sie die Funktion HÄUFIGKEIT sieht.

	A	B	C	D	E	F
1	**Kunde**	**Umsatz**		**Klassen**		
2	Schubert	410.500,00 €		200000		← bis einschließlich 200.000
3	Maier	109.450,00 €		300000		← zwischen 201.000 und 300.000
4	Müller	510.600,00 €		400000		← zwischen 301.000 und 400.000
5	Schmitz	110.320,00 €		500000		← zwischen 401.000 und 500.000
6	Huber	410.250,00 €		600000		← zwischen 501.000 und 600.000
7	Trulla	410.300,00 €		10000000		← zwischen 601.000 und 10.000.000
8	Heinz	212.499,00 €				
9	Metzger	610.250,00 €				
10	Unger	413.350,00 €				

Bild 7.7: Klassen in der Spalte D mit den Beschreibungen in Spalte F

1. Markieren Sie nun die Zellen, in denen Sie gleich das Ergebnis sehen möchten, in diesem Beispiel die Zellen F2 bis F7.
2. Öffnen Sie den Funktions-Assistenten und starten Sie die Funktion HÄUFIGKEIT.
3. Im Feld *Daten* sollen die Zelladressen der Umsätze stehen, also B2 bis B25.
4. Im Feld *Klassen* stehen die Zelladressen der Klassen. In diesem Beispiel handelt es sich um den Zellbereich D2 bis D7.
5. Bestätigen Sie mit den Tasten `Strg` + `Umschalt` + `Eingabe`.

F2 {=HÄUFIGKEIT(B2:B25;D2:D7)}

	A	B	C	D	E	F	G
1	Kunde	Umsatz		Klassen		Anzahl	Formeln
2	Schubert	410.500,00 €		200.000,00 €		7	{=HÄUFIGKEIT(B2:B25;D2:D7)
3	Maier	109.450,00 €		300.000,00 €		2	
4	Müller	510.600,00 €		400.000,00 €		2	
5	Schmitz	110.320,00 €		500.000,00 €		6	
6	Huber	410.250,00 €		600.000,00 €		6	
7	Trulla	410.300,00 €		1.000.000,00 €		1	
8	Heinz	212.499,00 €					

Bild 7.8: Das Ergebnis zeigt in Spalte F die Anzahl der Kunden, verteilt auf die Umsatzklassen

Nun können Sie erkennen, wie viele Kunden Sie in welcher Gruppe haben.

7.5 KGRÖSSTE

KGRÖSSTE findet, je nach Wunsch, beispielsweise den zweit- oder den drittgrößten Wert in einer Liste von Zahlen.

▶ Syntax

```
=KGRÖSSTE(Matrix; k)
```

▶ Parameter

Matrix	Die Zellen mit den Zahlen, die durchsucht werden sollen.
k	Den wievielten Wert will man sehen?

▶ Ähnliche Funktionen

KKLEINSTE(), MIN(),MINA(), MAX(), MAXA()

Den zweitgrößten Wert finden

Zunächst möchten Sie den zweitgrößten Wert in einer Liste finden.

1. Öffnen Sie die Datei *KGRÖSSTE.XLSX*.
2. Setzen Sie den Cursor in die gewünschte Zelle, in der Sie den zweitgrößten Wert ermitteln möchten. In diesem Beispiel ist es die Zelle B20.
3. Öffnen Sie den Funktions-Assistenten und wählen Sie die Funktion KGRÖSSTE.
4. Setzen Sie den Cursor ins Feld *Matrix* und markieren Sie die Zellen, aus denen Sie den zweitgrößten Wert finden möchten.
5. Im Feld *Rang* geben Sie die Zahl ein, deren Wert zurückgegeben werden soll, in diesem Beispiel eine 2.
6. Bestätigen Sie mit *OK*.

Der Funktionsaufbau sieht folgendermaßen aus:

```
=KGRÖSSTE(B6:B18;2)
```

B20 =KGRÖSSTE(B6:B18;2)

	A	B	C
1	KGRÖSSTE()		
2			
3	Der zweitgrößte Wert soll angezeigt werden		
4			
5	Kunde	Umsatz	
6	Schubert	10.500,00 €	
7	Maier	9.450,00 €	
8	Müller	10.600,00 €	
9	Schmitz	10.320,00 €	
10	Huber	10.250,00 €	
11	Trulla	10.300,00 €	
12	Heinz	12.499,00 €	
13	Metzger	10.260,00 €	
14	Unger	13.350,00 €	
15	Klein	10.400,00 €	
16	Groß	10.500,00 €	
17	Bauer	10.510,00 €	
18	Schmidt	11.400,00 €	
19			
20	Zweitgrößter Wert	12.499,00 €	=KGRÖSSTE(B6:B18;2)

Bild 7.9: Die Funktion KGRÖSSTE findet den zweitgrößten Umsatz in einer Liste.

Sie sehen, dass der zweitgrößte Wert 12.499 Euro ist.

7.6 KKLEINSTE

KKLEINSTE findet analog zu KGRÖSSTE beispielsweise den zweitkleinsten Wert in einer Liste.

▶ Syntax

```
=KKLEINSTE(Matrix, k)
```

▶ Parameter

Matrix	Die Zellen mit den Zahlen, die durchsucht werden sollen.
k	Den wievielten Wert will man sehen?

▶ Ähnliche Funktionen

KGRÖSSTE(), MIN(),MINA(), MAX(), MAXA()

Den drittkleinsten Wert finden

Nun möchten Sie den drittkleinsten Wert in einer Liste finden. Der Aufbau der Funktion KKLEINSTE ist genauso wie der der Funktion KGRÖSSTE. Der Aufbau für dieses Beispiel:

```
=KKLEINSTE(B6:B18;3)
```

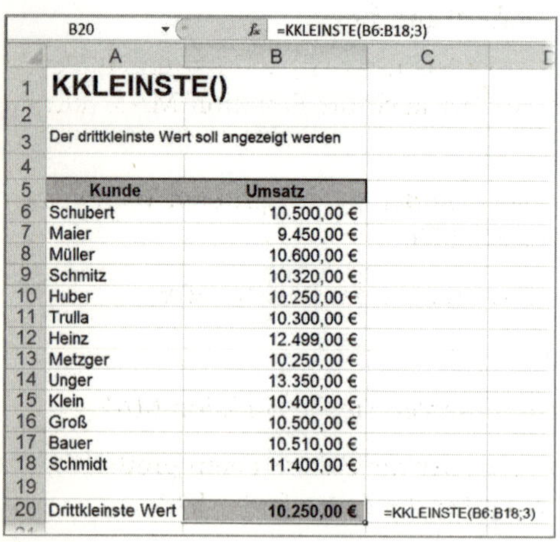

Bild 7.10: Die Funktion KKLEINSTE findet den drittkleinsten Umsatz in einer Liste.

Der drittkleinste Umsatz in der Liste beträgt 10.250 Euro.

7.7 MAX

Die Funktion MAX findet den größten Wert in einer Liste von Zahlen.

In den folgenden Beispielen wird zum einen der größte Wert in der Liste gefunden, zum anderen lassen wir uns den Namen des Kunden anzeigen, der den größten Umsatz machte.

▶ Syntax

```
=MAX(Zahl1; Zahl2; ….)
```

▶ Parameter

Zahl1; Zahl2;..	Die Zelle bzw. der Zellbereich, der durchsucht werden soll. Sie können bis zu 255 Zellen bzw. Zellbereiche untereinander angeben.

▶ Ähnliche Funktionen

MAXA(), KGRÖSSTE(), KKLEINSTE()

Den größten Wert innerhalb einer Zahlenliste finden

Wenn Sie wissen möchten, wie hoch der größte Umsatz ist, dann könnten Sie die Umsätze manuell durchsuchen. Sie können aber auch die Funktion MAX nutzen, die im Folgenden vorgestellt wird.

Setzen Sie den Cursor in die gewünschte Zelle, in der Sie den größten Wert ermitteln möchten. In diesem Beispiel ist es die Zelle B20.

1. Öffnen Sie die Datei *MAX.XLSX* und aktivieren Sie das Register *Max_1*.
2. Setzen Sie den Cursor in die Zelle B20.
3. Öffnen Sie den Funktions-Assistenten und wählen Sie die Funktion MAX.
4. Ziehen Sie nun mit gedrückter Maustaste über die Zellen, deren größten Wert Sie ermitteln wollen. In diesem Beispiel sind es die Zellen B6 bis B18.

5 Drücken Sie [Eingabe].

Die Funktion sieht nun folgendermaßen aus:

```
=MAX(B6:B18)
```

Kunde	Umsatz
Schubert	10.500,00 €
Maier	9.450,00 €
Müller	10.600,00 €
Schmitz	10.320,00 €
Huber	10.250,00 €
Trulla	10.300,00 €
Heinz	12.499,00 €
Metzger	10.250,00 €
Unger	13.350,00 €
Klein	10.400,00 €
Groß	10.500,00 €
Bauer	10.510,00 €
Schmidt	11.400,00 €
Größter Wert	13.350,00 €

Bild 7.11: Die Funktion MAX findet den größten Umsatz.

Das Ergebnis lautet in diesem Beispiel 13.350,00 Euro.

Sobald Sie die Werte in der Umsatzliste ändern, ändert sich auch der Wert in der Ergebniszelle.

Den Text zum größten Wert finden

Sie haben den größten Wert mit der Funktion MAX gefunden. Excel zeigt Ihnen immer die Zahlenwerte an. Sie würden allerdings lieber die Namen der Personen sehen, die den größten bzw. kleinsten Umsatz gemacht haben.

1 Setzen Sie den Cursor in die Zelle B20 und schreiben Sie die folgende Formel:

```
=INDEX(A6:A18;VERGLEICH(MAX(B6:B18);B6:B18;0);1)
```

2 Drücken Sie zur Bestätigung [Strg] + [Umschalt] + [Eingabe].

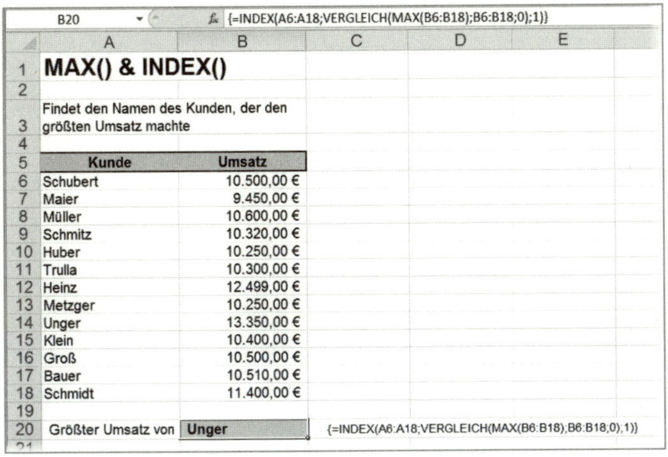

B20 {=INDEX(A6:A18;VERGLEICH(MAX(B6:B18);B6:B18;0);1)}

MAX() & INDEX()

Findet den Namen des Kunden, der den größten Umsatz machte

Kunde	Umsatz
Schubert	10.500,00 €
Maier	9.450,00 €
Müller	10.600,00 €
Schmitz	10.320,00 €
Huber	10.250,00 €
Trulla	10.300,00 €
Heinz	12.499,00 €
Metzger	10.250,00 €
Unger	13.350,00 €
Klein	10.400,00 €
Groß	10.500,00 €
Bauer	10.510,00 €
Schmidt	11.400,00 €

Größter Umsatz von Unger {=INDEX(A6:A18;VERGLEICH(MAX(B6:B18);B6:B18;0);1)}

Bild 7.12: Die Funktionen MAX & INDEX finden den Namen des Kunden, der den höchsten Umsatz machte.

Das Ergebnis zeigt den Namen *Unger*, weil der Kunde Unger zurzeit den höchsten Umsatz gemacht hat. Damit die einzelnen Bestandteile dieser Funktion verständlich werden, wird sie im Folgenden beschrieben:

```
MAX(B2:B14)
```

Der Teil MAX(B2:B14) berechnet hier das Maximum der Zahlen im angegebenen Zellbereich. Das Ergebnis ist der Zahlenwert 13.350.

```
VERGLEICH (MAX(B2:B14);B2:B14;0)
```

Der Teil VERGLEICH(13.350; B2:B14;0) sucht im Bereich B2:B14 nach dem zuvor berechneten Maximum-Wert (13.350) und gibt die Zeilennummer an. Für den gesuchten Wert ist es die Zeile 9 aus dem Wertebereich. Die 0 gibt an, dass der erste Treffer gezeigt werden soll.

```
=INDEX(A2:A14;VERGLEICH(MAX(B2:B14);B2:B14;0);1)
```

Die INDEX-Funktion liefert für das Ergebnis der Vergleichsfunktion aus dem Zellbereich A2:A14 den neunten Eintrag, also den gewünschten Namen des Kunden, *Unger*.

Tipp: Wenn Sie aus dem Wort MAX das Wort MIN machen, findet Excel den Namen des Kunden, der den geringsten Umsatz machte.

7.8 MIN

Die Funktion MIN findet den kleinsten Wert in einer Liste von Zahlen.

▶ Syntax

```
=MIN(Zahl1; Zahl2;…)
```

▶ Parameter

Zahl1; Zahl2;..	Die Zelle bzw. der Zellbereich, der durchsucht werden soll. Sie können bis zu 255 Zellen bzw. Zellbereiche untereinander angeben.

▶ Ähnliche Funktionen

MINA(), KKLEINSTE()

Den kleinsten Wert finden

Wenn Sie wissen möchten, wie gering der niedrigste Umsatz ist, dann könnten Sie die Umsätze manuell durchsuchen. Oder Sie nutzen die Funktion MIN, die im Folgenden vorgestellt wird.

1. Öffnen Sie die die Datei *MIN.XLSX* und aktivieren Sie das Register *Min_1*.
2. Setzen Sie den Cursor in die gewünschte Zelle, in der Sie den kleinsten Wert ermitteln möchten. In diesem Beispiel ist es die Zelle B20.
3. Starten Sie den Funktions-Assistenten und wählen Sie die Funktion MIN aus.
4. Ziehen Sie mit der Maus über die gewünschten Zellen. Sie können die Zelladressen aber auch eingeben.
5. Drücken Sie zur Bestätigung [Eingabe].

Die Funktion sieht jetzt so aus:

```
=MIN(B6:B18)
```

Das Ergebnis lautet 9.450,00, also ist dies der kleinste Wert in der Liste.

B20 | =MIN(B6:B18)

	A	B	C
1	**MIN()**		
2			
3	Findet den kleinsten Wert in der Liste von Umsätzen		
4			
5	**Kunde**	**Umsatz**	
6	Schubert	10.500,00 €	
7	Maier	9.450,00 €	
8	Müller	10.600,00 €	
9	Schmitz	10.320,00 €	
10	Huber	10.250,00 €	
11	Trulla	10.300,00 €	
12	Heinz	12.499,00 €	
13	Metzger	10.250,00 €	
14	Unger	13.350,00 €	
15	Klein	10.400,00 €	
16	Groß	10.500,00 €	
17	Bauer	10.510,00 €	
18	Schmidt	11.400,00 €	
19			
20	Kleinster Wert	**9.450,00 €**	=MIN(B6:B18)

Bild 7.13: Die Funktion MIN findet den kleinsten Umsatz.

Die Kategorie zum Minimum finden

In einer Umsatzliste haben Sie neben den Zahlen und Beschriftungen auch Kategorien gespeichert. Diese Kategorien können beispielsweise Wochentage, Regionen oder auch Namen sein. Wenn Sie nun eine der Kategorien eingeben, soll Excel Ihnen den kleinsten Wert innerhalb dieser Kategorie anzeigen. Die folgende Abbildung zeigt die Arbeitstabelle.

B20 | {=MIN(WENN(C6:C18=A20;B6:B18;""))}

	A	B	C	D
1	**MIN() & WENN()**			
2				
3	Findet den kleinsten Wert in der Liste von gleichen Texten			
4				
5	**Kunde**	**Umsatz**	**Region**	
6	Schubert	10.500,00 €	Nord	
7	Maier	9.450,00 €	Süd	
8	Müller	10.600,00 €	Ost	
9	Schmitz	10.320,00 €	Ost	
10	Huber	10.250,00 €	Nord	
11	Trulla	10.300,00 €	Nord	
12	Heinz	12.499,00 €	Süd	
13	Metzger	10.250,00 €	Süd	
14	Unger	13.350,00 €	Süd	
15	Klein	10.400,00 €	Nord	
16	Groß	10.500,00 €	Nord	
17	Bauer	10.510,00 €	Ost	
18	Schmidt	11.400,00 €	Ost	
19				
20	Ost	**10.320,00 €**	{=MIN(WENN(C6:C18=A20;B6:B18;""))}	

Bild 7.14: Den kleinsten Umsatz nach Regionen mit der Funktion MIN finden

1. Schreiben Sie in die Zelle A20 die Region, deren kleinsten Umsatz Sie finden wollen. In diesem Beispiel ist es *Ost*.
2. Klicken Sie in die Zelle B20 und geben Sie die Formel ein:

```
=MIN(WENN(C6:C18=A20;B6:B18;""))
```

3. Drücken Sie zur Bestätigung [Strg] + [Umschalt] + [Eingabe].
4. Über diese Tastenkombination wird aus dieser Formel eine Matrixfunktion.

Als Ergebnis wird jetzt 10.320 angezeigt. Also ist der niedrigste Umsatz, den die Region *Ost* zurzeit hat, 10.320, 00 Euro.

Wenn Sie jetzt in die Zelle A20 eine andere Region eingeben, wird in der Nachbarzelle sofort deren größter Wert angezeigt. Diese Formel setzt sich aus zwei Teilen zusammen, dem WENN- und dem MIN-Teil:

```
{=MIN(WENN(C6:C18=A20;B6:B18;""))}
```

Der WENN-Teil findet alle Zellen, in denen das Wort *Ost* steht. Wenn das Wort *Ost* gefunden wurde, wird aus dem Bereich B6 bis B18 der kleinste Wert angezeigt.

Tipp: Wenn Sie aus dem Wort MIN das Wort MAX machen, findet Excel den größten Wert zur angegebenen Kategorie.

Den kleinsten Wert finden – ohne die Null

Nehmen wir an, Sie haben mit einigen Kunden keine Umsätze gemacht. Die Funktion MIN findet also zurzeit als kleinsten Wert die 0. Sie möchten aber den Kunden mit dem kleinsten Umsatz finden, der tatsächlich etwas bei Ihnen gekauft hat.

Geben Sie die folgende Funktion in die Zelle ein und schließen Sie diese mit [Strg] + [Umschalt] + [Eingabe] ab, um daraus eine Matrixfunktion zu erstellen.

```
{=MIN(WENN(B6:B18<>0;B6:B18))}
```

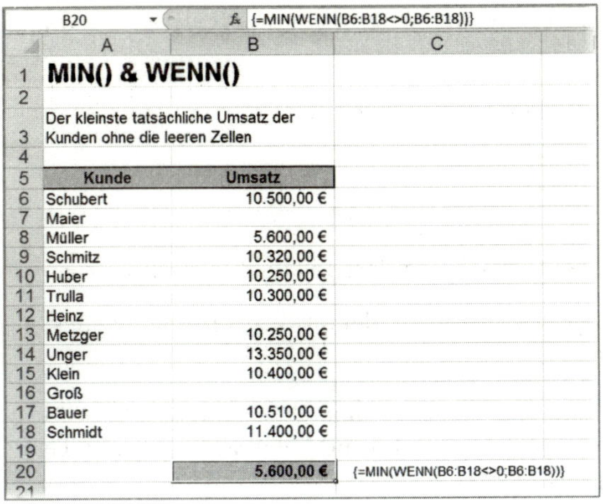

B20 {=MIN(WENN(B6:B18<>0;B6:B18))}

	A	B	C
1	**MIN() & WENN()**		
2			
3	Der kleinste tatsächliche Umsatz der Kunden ohne die leeren Zellen		
4			
5	Kunde	Umsatz	
6	Schubert	10.500,00 €	
7	Maier		
8	Müller	5.600,00 €	
9	Schmitz	10.320,00 €	
10	Huber	10.250,00 €	
11	Trulla	10.300,00 €	
12	Heinz		
13	Metzger	10.250,00 €	
14	Unger	13.350,00 €	
15	Klein	10.400,00 €	
16	Groß		
17	Bauer	10.510,00 €	
18	Schmidt	11.400,00 €	
19			
20		**5.600,00 €**	{=MIN(WENN(B6:B18<>0;B6:B18))}

Bild 7.15: Der kleinste Umsatz ohne die leeren Zellen wird mit den Funktionen MIN und WENN gefunden.

7.9 MITTELWERT

Der Durchschnitt einer Menge von Zahlen wird auch *arithmetisches Mittel* oder Mittelwert genannt. Der Durchschnitt wird sehr oft eingesetzt. Beispielsweise dient der durchschnittliche Benzinverbrauch eines Autos häufig als Verkaufsargument, und durch Angabe der Durchschnittsnote kann die eigene Leistung besser eingeordnet werden.

Der Durchschnitt für mehrere Werte berechnet sich folgendermaßen: Die einzelnen Werte werden addiert und dieses Ergebnis wird durch die Anzahl der Werte geteilt.

▶ Syntax

```
=MITTELWERT(Zahl1; Zahl2;…)
```

▶ Parameter

Zahl1, Zahl2;..	Die Zelle bzw. der Zellbereich, der durchsucht werden soll. Sie können bis zu 255 Zellen bzw. Zellbereiche untereinander angeben.

▶ Ähnliche Funktionen

MITTELABW(), HARMITTEL(), GEOMITTEL(), GESTUTZTMITTEL()

Den Durchschnitt berechnen

Sie kommen aus dem Urlaub zurück und möchten wissen, wie hoch die Kosten an einem einzelnen Tag waren. Sie haben 450 Euro in einer Woche ausgegeben. Also lautet der Rechenschritt:

```
450 / 7 = 64,29
```

Also haben Sie durchschnittlich pro Tag 64,29 Euro ausgegeben.

Im folgenden Beispiel errechnet die Funktion MITTELWERT den durchschnittlichen Umsatz pro Kunde.

1. Öffnen Sie die Datei *MITTELWERT.XLSX*.
2. Setzen Sie den Cursor in die Zelle, in der Sie gleich das Ergebnis sehen wollen. In diesem Beispiel ist es die Zelle B20.
3. Öffnen Sie den Funktions-Assistenten und wählen Sie die Funktion MITTELWERT.
4. Setzen Sie den Cursor ins Feld *Wert1* und markieren Sie die Zellgruppe, aus der Sie den Durchschnitt ermitteln möchten.
5. Bestätigen Sie mit *OK*.

Die Funktion MITTELWERT ist so aufgebaut:

```
=MITTELWERT(B6:B18)
```

Die folgende Abbildung zeigt das Ergebnis für unser Beispiel:

B20 =MITTELWERT(B6:B18)

	A	B	C	D
1	MITTELWERT()			
2				
3	Der durchschnittliche Umsatz der Kunden.			
4				
5	Kunde	Umsatz		
6	Schubert	10.500,00 €		
7	Maier	9.450,00 €		
8	Müller	10.600,00 €		
9	Schmitz	10.320,00 €		
10	Huber	10.250,00 €		
11	Trulla	10.300,00 €		
12	Heinz	12.499,00 €		
13	Metzger	10.250,00 €		
14	Unger	13.350,00 €		
15	Klein	10.400,00 €		
16	Groß	10.500,00 €		
17	Bauer	10.510,00 €		
18	Schmidt	11.400,00 €		
19				
20	Durchschnitt	10.794,54 €	=MITTELWERT(B6:B18)	

Bild 7.16: Die Funktion MITTELWERT errechnet den durchschnittlichen Umsatz pro Kunde.

Der durchschnittliche Umsatz pro Kunde beträgt also in diesem Beispiel 10.794,54 Euro.

7.10 MITTELWERTWENN

Sucht den Mittelwert der Zahlen, wenn eine bestimmte Bedingung zutrifft.

▶ Syntax

```
=MITTELWERTWENN(Bereich; Kriterien; Mittelwert_Bereich)
```

▶ Parameter

Bereich	Die Zellen bzw. der Zellbereich, aus dem der Mittelwert gebildet werden soll.
Kriterien	Die Bedingung.
Mittelwert_Bereich	Die Zellen, in denen der Mittelwert gebildet werden soll.

▶ Ähnliche Funktionen

MITTELWERT()

Nur dann den Mittelwert bilden, wenn der Umsatz über einem bestimmten Wert liegt

Nun möchten Sie den Mittelwert der Umsätze über 20.000 Euro ermitteln.

1. Öffnen Sie die Datei *MITTELWERTWENN.XLSX*.
2. Setzen Sie den Cursor in die Zelle, in der Sie gleich das Ergebnis sehen wollen. In diesem Beispiel ist es die Zelle B20.
3. Öffnen Sie den Funktions-Assistenten und wählen Sie die Funktion MITTELWERTWENN.
4. Setzen Sie den Cursor ins Feld *Bereich* und markieren Sie die Zellgruppe, aus der Sie den Durchschnitt ermitteln möchten. In diesem Beispiel sind es die Zellen B6 bis B18.
5. Geben Sie ins Feld *Kriterien* die Bedingung ein. In diesem Beispiel >20000.
6. Bestätigen Sie mit *OK*.

Die Funktion sieht so aus:

```
=MITTELWERTWENN(B6:B18;">20000")
```

Die folgende Abbildung zeigt das Ergebnis für unser Beispiel:

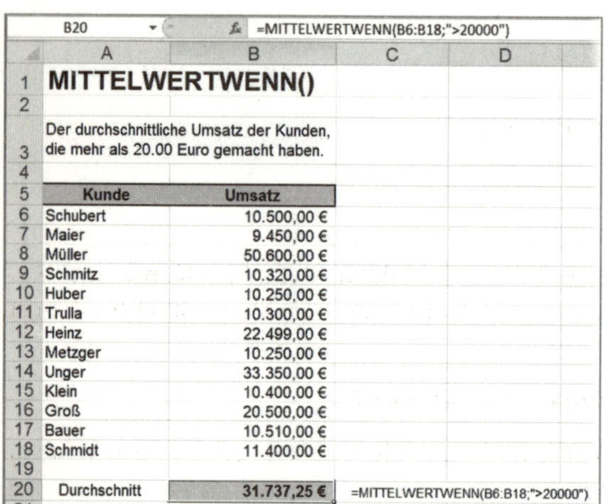

B20 =MITTELWERTWENN(B6:B18;">20000")

	A	B	C	D
1	MITTELWERTWENN()			
2				
3	Der durchschnittliche Umsatz der Kunden, die mehr als 20.00 Euro gemacht haben.			
4				
5	Kunde	Umsatz		
6	Schubert	10.500,00 €		
7	Maier	9.450,00 €		
8	Müller	50.600,00 €		
9	Schmitz	10.320,00 €		
10	Huber	10.250,00 €		
11	Trulla	10.300,00 €		
12	Heinz	22.499,00 €		
13	Metzger	10.250,00 €		
14	Unger	33.350,00 €		
15	Klein	10.400,00 €		
16	Groß	20.500,00 €		
17	Bauer	10.510,00 €		
18	Schmidt	11.400,00 €		
19				
20	Durchschnitt	31.737,25 €	=MITTELWERTWENN(B6:B18;">20000")	

Bild 7.17: Die Funktion MITTELWERTWENN bildet nur dann den Mittelwert, wenn die Bedingung zutrifft.

In diesem Beispiel wurde aus den vier Umsätzen, die über 20.000 Euro liegen, der Mittelwert gebildet.

7.11 MITTELWERTWENNS

Sucht den Mittelwert der Werte, wenn mehrere Bedingungen zutreffen. Sie können bis zu 127 Parameterpaare für *Kriterien_Bereich* und *Kriterien* angeben.

▶ Syntax

```
=MITTELWERTWENNS(Mittelwert_Bereich; Kriterien_Bereich1; Kriterien1;
Kriterien_Bereich2; Kriterien2; …)
```

▶ Parameter

Mittelwert_Bereich	Die Zellen, in denen der Mittelwert gebildet werden soll.
Kriterien_Bereich1	Der erste Zellbereich für die Bedingung.
Kriterien1	Die erste Bedingung.
Kriterien_Bereich2	Der zweite Zellbereich für die Bedingung.
Kriterien2	Die zweite Bedingung.

usw.

▶ Ähnliche Funktionen

MITTELWERT(), MITTELWERTWENN()

Beispiel

Um den Mittelwert des Umsatzes nur dann zu bilden, wenn der Kunde im PLZ-Bereich über 50000 wohnt und wenn sein Umsatz bei mehr als 20000 Euro liegt, gehen Sie so vor:

1. Öffnen Sie die Datei *MITTELWERTWENNS.XLSX*.
2. Setzen Sie den Cursor in die Zelle, in der Sie gleich das Ergebnis sehen wollen. In diesem Beispiel ist es die Zelle B20.

3. Öffnen Sie den Funktions-Assistenten und wählen Sie die Funktion MITTELWERTWENNS.
4. Setzen Sie den Cursor ins Feld *Mittelwert_Bereich* und markieren Sie die Zellgruppe, von der der Mittelwert gebildet werden soll. In diesem Beispiel sind es die Zellen C6 bis C18.
5. Geben Sie im Feld *Kriterien_Bereich1* den Zellbereich ein, der gleich vom ersten Kriterium durchsucht werden soll.
6. Geben Sie im Feld *Kriterien1* die Bedingung ein. In diesem Beispiel >=50000.
7. Geben Sie im Feld *Kriterien_Bereich2* den nächsten Zellbereich ein, der gleich vom zweiten Kriterium durchsucht werden soll. In diesem Beispiel C6 bis C18.
8. Geben Sie im Feld *Kriterien2* die zweite Bedingung ein. In diesem Beispiel >=20000.
9. Bestätigen Sie mit *OK*.

Die Funktion sieht so aus:

```
=MITTELWERTWENNS(C6:C18;A6:A18;">50000";C6:C18;">=20000")
```

Die folgende Abbildung zeigt das Ergebnis für unser Beispiel:

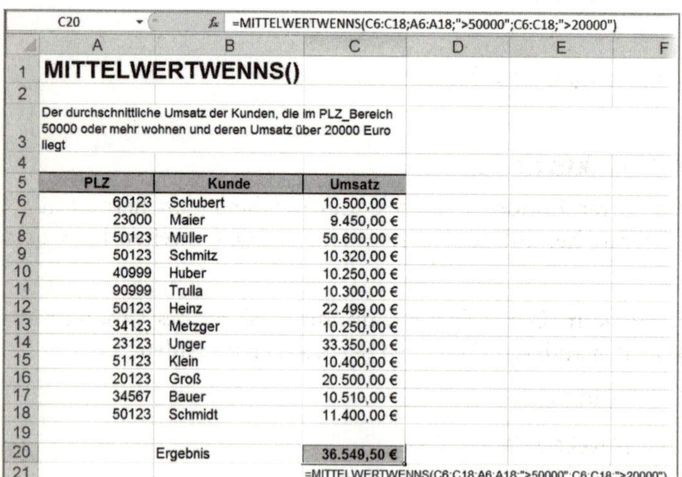

C20 =MITTELWERTWENNS(C6:C18;A6:A18;">50000";C6:C18;">20000")

	A	B	C
1	MITTELWERTWENNS()		
2			
3	Der durchschnittliche Umsatz der Kunden, die im PLZ_Bereich 50000 oder mehr wohnen und deren Umsatz über 20000 Euro liegt		
4			
5	PLZ	Kunde	Umsatz
6	60123	Schubert	10.500,00 €
7	23000	Maier	9.450,00 €
8	50123	Müller	50.600,00 €
9	50123	Schmitz	10.320,00 €
10	40999	Huber	10.250,00 €
11	90999	Trulla	10.300,00 €
12	50123	Heinz	22.499,00 €
13	34123	Metzger	10.250,00 €
14	23123	Unger	33.350,00 €
15	51123	Klein	10.400,00 €
16	20123	Groß	20.500,00 €
17	34567	Bauer	10.510,00 €
18	50123	Schmidt	11.400,00 €
19			
20		Ergebnis	36.549,50 €
21			=MITTELWERTWENNS(C6:C18;A6:A18;">50000";C6:C18;">20000")

Bild 7.18: Die Zellen gehen nur in die Berechnung ein, wenn beide Bedingungen erfüllt sind.

7.12 RANG.GLEICH

Zeigt die Position einer Zahl innerhalb einer Gruppe von Zahlen an. Welcher Artikel steht vom Umsatz her auf der Platz 1?

Die Funktion RANG.GLEICH kann man dann einsetzen, wenn die Zahlenliste nicht sortiert werden darf. Bei gleichen Werten wird die oberste Rangnummer genommen.

> **Tipp:** Der alte Name der Funktion lautet: RANG. Über die Kategorie *Kompatibilität* können Sie ihn weiterhin nutzen.

▶ Syntax

```
=RANG.GLEICH(Zahl; Bezug; Reihenfolge)
```

▶ Parameter

Zahl	Für diese Zahl soll der Rang (die Position) in der Gruppe der Zahlen gefunden werden.
Bezug	Die Gruppe der Zahlen, für die der Rang (die Position) gefunden werden soll.
Reihenfolge	Soll der größte Wert den Rang 1 oder soll der kleinste Wert den Rang 1 haben?

Die Position eines Produkts finden

Sie haben die Umsätze Ihrer Kunden ermittelt und möchten nun herausfinden, welcher Kunde vom Umsatz her auf dem ersten Platz, auf dem zweiten Platz usw. liegt.

Die Funktion wird folgendermaßen aufgebaut, um die Position des Umsatzes der Kunden im Vergleich zu den anderen Umsätzen der Kunden zu finden.

```
RANG.GLEICH(10.500;Alle Umsätze)
```

1. Öffnen Sie die Datei *RANG.GLEICH.XLSX.*

2. Setzen Sie den Cursor in die Zelle, in der Sie gleich das Ergebnis sehen wollen. In diesem Beispiel ist es die Zelle C6.
3. Öffnen Sie den Funktions-Assistenten und wählen Sie die Funktion RANG.GLEICH.
4. Setzen Sie den Cursor ins Feld *Zahl* und markieren Sie die Zelle, die den ersten Wert enthält, deren Rang Sie ermitteln möchten.
5. Ins Feld *Bezug* kommen alle Zellen, die die Werte enthalten, die verglichen werden sollen. Da Sie die Funktion gleich nach unten kopieren wollen, machen Sie diese Zellen mit der Taste [F4] fest.
6. Bestätigen Sie mit *OK*.

Die Formel für die Zelle C6 lautet:

```
=RANG.GLEICH(B6;$B$6:$B$18)
```

Nachdem Sie die Berechnung erstellt haben, kopieren Sie die Formel nach unten.

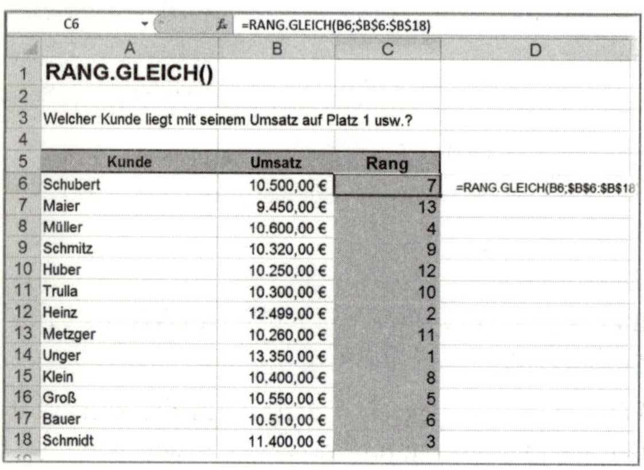
C6 | =RANG.GLEICH(B6;$B$6:$B$18)

	A	B	C	D
1	**RANG.GLEICH()**			
2				
3	Welcher Kunde liegt mit seinem Umsatz auf Platz 1 usw.?			
4				
5	Kunde	Umsatz	Rang	
6	Schubert	10.500,00 €	7	=RANG.GLEICH(B6;$B$6:$B$18
7	Maier	9.450,00 €	13	
8	Müller	10.600,00 €	4	
9	Schmitz	10.320,00 €	9	
10	Huber	10.250,00 €	12	
11	Trulla	10.300,00 €	10	
12	Heinz	12.499,00 €	2	
13	Metzger	10.260,00 €	11	
14	Unger	13.350,00 €	1	
15	Klein	10.400,00 €	8	
16	Groß	10.550,00 €	5	
17	Bauer	10.510,00 €	6	
18	Schmidt	11.400,00 €	3	

Bild 7.19: In dieser Beispieltabelle sollen die Positionen der Umsätze gefunden werden, ohne die Reihenfolge zu verändern.

Nun erkennen Sie auf Anhieb, mit welchem Kunden Sie den höchsten und den geringsten Umsatz gemacht haben.

Tipp: Wenn Sie eine umgekehrte Rangfolge wünschen, also der kleinste Umsatz den Rang 1 erhält, dann geben Sie ins Feld *Reihenfolge* eine 1 ein.

Dieselben Zahlen

Nun stellt sich die Frage: Was macht Excel, wenn dieselben Umsatzzahlen in der Liste sind?

Die folgende Abbildung zeigt die Lösung:

C6 =RANG.GLEICH(B6;$B$6:$B$18)

RANG.GLEICH()

Bei gleichen Zahlen zeigt die Funktion mit Lücken in den Rängen.

Kunde	Umsatz	Rang	
Schubert	10.500,00 €	8	=RANG.GLEICH(B6;$B$6:$B$18)
Maier	9.450,00 €	13	
Müller	10.600,00 €	4	
Schmitz	10.320,00 €	10	
Huber	10.250,00 €	12	
Trulla	10.600,00 €	4	
Heinz	12.499,00 €	2	
Metzger	10.260,00 €	11	
Unger	13.350,00 €	1	
Klein	10.400,00 €	9	
Groß	10.600,00 €	4	
Bauer	10.510,00 €	7	
Schmidt	11.400,00 €	3	

Die Positionsnummern 5 und 6 fehlen

Bild 7.20: Die Positionsfolge mit Lücken, wenn der Umsatz gleich ist

Da es drei Kunden mit dem Rang 4 gibt, entfallen Rang 5 und 6.

7.13 RANG.MITTELW

Zeigt die Position einer Zahl innerhalb einer Gruppe von Zahlen an. Welcher Artikel steht vom Umsatz her auf der Position 1?

Die Funktion RANG.MITTELW kann man dann einsetzen, wenn die Zahlenliste nicht sortiert werden darf. Bei gleichen Rangnummern wird der Mittelwert genommen.

Tipp: Diese Funktion ist neu in der aktuellen Excel-Version.

▶ Syntax

```
=RANG.MITTELW(Zahl; Bezug; Reihenfolge)
```

▶ Parameter

Zahl	Für diese Zahl soll der Rang (die Position) in der Gruppe der Zahlen gefunden werden.
Bezug	Die Gruppe der Zahlen, für die der Rang (die Position) gefunden werden soll.
Reihenfolge	Soll der größte Wert den Rang 1 oder soll der kleinste Wert den Rang 1 haben?

Dieselben Zahlen

Nun stellt sich die Frage: Was macht Excel, wenn dieselben Umsatzzahlen in der Liste sind?

Die folgende Abbildung zeigt die Lösung:

C6 =RANG.MITTELW(B6;$B$6:$B$18)

	A	B	C	D	E
1	**RANG.MITTELW()**				
2					
3	Bei gleichen Zahlen zeigt die Funktion mit Lücken in den Rängen.				
4					
5	Kunde	Umsatz	Rang		
6	Schubert	10.500,00 €	8	=RANG.MITTELW(B6;$B$6:$B$18)	
7	Maier	9.450,00 €	13		
8	Müller	10.600,00 €	5		
9	Schmitz	10.320,00 €	10		
10	Huber	10.250,00 €	12		
11	Trulla	10.600,00 €	5		
12	Heinz	12.499,00 €	2		
13	Metzger	10.260,00 €	11		
14	Unger	13.350,00 €	1		
15	Klein	10.400,00 €	9		
16	Groß	10.600,00 €	5		
17	Bauer	10.510,00 €	7		
18	Schmidt	11.400,00 €	3		
19			Die Positionsnummern 4 und 6 fehlen		

Bild 7.21: Die Positionsfolge mit Lücken, wenn der Umsatz gleich ist

Da es drei Kunden mit dem Rang 4 gibt, entfallen Rang 4 und 6 und es wird der mittlere Wert 5 genommen.

7.14 ZÄHLENWENN

Zählt die Anzahl der ausgefüllten Zellen, die dem Suchkriterium entsprechen.

Syntax

```
=ZÄHLENWENN(Bereich, Suchkriterien)
```

Parameter

Bereich	Der zu prüfende Bereich.
Suchkriterien	Das Suchkriterium.

Ähnliche Funktionen

SUMMEWENN(), ANZAHL(), ANZAHL2()

Beispiel

Wenn Sie wissen möchten, wie viele Ihrer Kunden einen Umsatz über 11.000 Euro gemacht haben, gehen Sie folgendermaßen vor:

1. Öffnen Sie die Datei *ZÄHLENWENN.XLSX*.
2. Aktivieren Sie das Register *Zählenwenn_1* und markieren Sie die Zelle B20.
3. Öffnen Sie den Funktions-Assistenten und starten Sie die Funktion ZÄHLENWENN.
4. Im Feld *Bereich* markieren Sie die Zellen mit den Umsatzzahlen, die gleich gezählt werden sollen.
5. Ins Feld *Suchkriterien* geben Sie die Bedingung ein, in diesem Beispiel ">11000", und bestätigen Sie mit *OK*.

Die Funktion sieht nun folgendermaßen aus:

```
=ZÄHLENWENN(B6:B18;">11000")
```

Tipp: In der Beispieldatei zum Buch finden Sie weitere Beispiele zum Einsatz der Funktion ZÄHLENWENN.

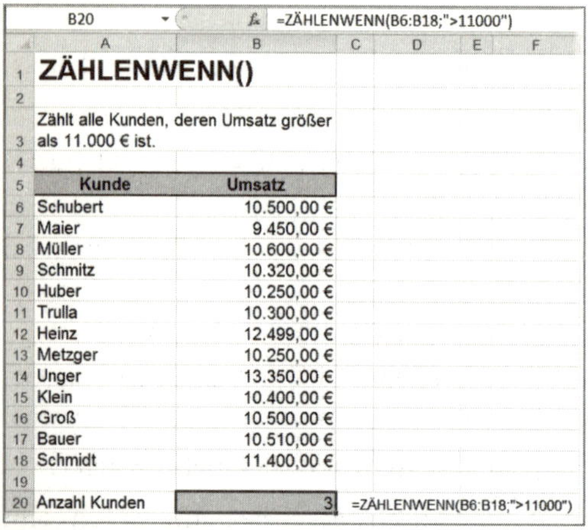

B20 =ZÄHLENWENN(B6:B18;">11000")

	A	B	C
1	ZÄHLENWENN()		
2			
3	Zählt alle Kunden, deren Umsatz größer als 11.000 € ist.		
4			
5	Kunde	Umsatz	
6	Schubert	10.500,00 €	
7	Maier	9.450,00 €	
8	Müller	10.600,00 €	
9	Schmitz	10.320,00 €	
10	Huber	10.250,00 €	
11	Trulla	10.300,00 €	
12	Heinz	12.499,00 €	
13	Metzger	10.250,00 €	
14	Unger	13.350,00 €	
15	Klein	10.400,00 €	
16	Groß	10.500,00 €	
17	Bauer	10.510,00 €	
18	Schmidt	11.400,00 €	
19			
20	Anzahl Kunden	3	=ZÄHLENWENN(B6:B18;">11000")

Bild 7.22: Zurzeit haben drei Kunden einen Umsatz über 11000 Euro gemacht.

7.15 ZÄHLENWENNS

Zählt die Anzahl der Zellen, die den Suchkriterien entsprechen. Sie können bis zu 127 Kriterienpaare angeben.

▶ Syntax

```
=ZÄHLENWENNS(Kriterienbereich1; Kriterien1; Kriterienbereich2;
Kriterien2;…)
```

▶ Parameter

Kriterienbereich1	Der zu prüfende Bereich.
Kriterien1	Das erste Suchkriterium.
Kriterienbereich2	Der zu prüfende Bereich.
Kriterien2	Das zweite Suchkriterium.

usw…

▶ Ähnliche Funktionen

SUMMEWENN(), ANZAHL(), ANZAHL2()

Nach zwei Kriterien suchen

Sie möchten wissen, wie viele Kunden im PLZ-Bereich ab 50000 wohnen und einen Umsatz von über 20.000 Euro gemacht haben.

1. Öffnen Sie die Beispieldatei *ZÄHLENWENNS.XLSX*. Aktivieren Sie das Register *Zählenwenns_1* und markieren Sie die Zelle B20.
2. Starten Sie den Funktions-Assistenten und wählen Sie die Funktion ZÄHLENWENNS.
3. Im Feld *Kriterienbereich1* markieren Sie die Zellen, die zuerst durchsucht werden sollen. Im aktuellen Beispiel sind es die Zellen A6 bis A18 mit den Postleitzahlen.
4. Ins Feld *Kriterien1* geben Sie die Bedingung ein, in diesem Beispiel ">50000".
5. Im Feld *Kriterienbereich2* markieren Sie die nächsten Zellen, die durchsucht werden sollen, es sind die Zellen C6 bis C18 mit den Umsätzen.
6. Ins Feld *Kriterien2* geben Sie die zweite Bedingung ein, in diesem Beispiel ">20000".
7. Bestätigen Sie mit *OK*.

Die Funktion sieht nun folgendermaßen aus:

```
=ZÄHLENWENNS(A6:A18;">50000";C6:C18;">20000")
```

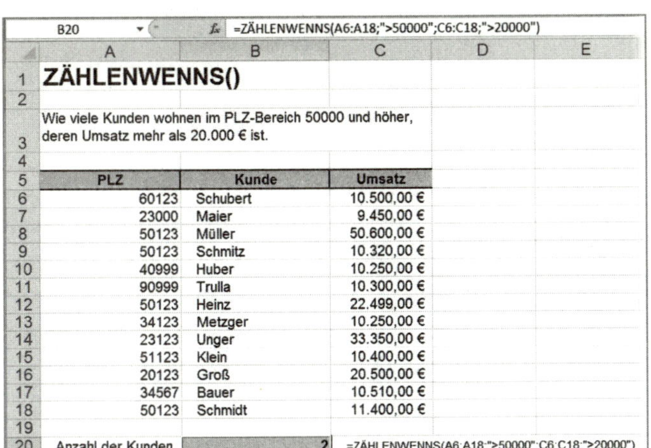

B20 =ZÄHLENWENNS(A6:A18;">50000";C6:C18;">20000")

	A	B	C	D	E
1	ZÄHLENWENNS()				
2					
3	Wie viele Kunden wohnen im PLZ-Bereich 50000 und höher, deren Umsatz mehr als 20.000 € ist.				
4					
5	PLZ	Kunde	Umsatz		
6	60123	Schubert	10.500,00 €		
7	23000	Maier	9.450,00 €		
8	50123	Müller	50.600,00 €		
9	50123	Schmitz	10.320,00 €		
10	40999	Huber	10.250,00 €		
11	90999	Trulla	10.300,00 €		
12	50123	Heinz	22.499,00 €		
13	34123	Metzger	10.250,00 €		
14	23123	Unger	33.350,00 €		
15	51123	Klein	10.400,00 €		
16	20123	Groß	20.500,00 €		
17	34567	Bauer	10.510,00 €		
18	50123	Schmidt	11.400,00 €		
19					
20	Anzahl der Kunden	2	=ZÄHLENWENNS(A6:A18;">50000";C6:C18;">20000")		

Bild 7.23: Zurzeit werden zwei Kunden gefunden, die den beiden Kriterien entsprechen.

Nach drei Kriterien suchen

Sie haben eine Artikelliste und möchten wissen, wie viele Artikel Sie in der Artikelgruppe X011 haben, deren Bestand größer als 2 ist und deren Preis unter 10 Euro liegt. Nur wenn diese drei Kriterien erfüllt sind, soll der Artikel gezählt werden.

1. Öffnen Sie die Datei *ZÄHLENWENNS.XLSX*. Aktivieren Sie das Register *Zählenwenns_2* und markieren Sie die Zelle C9.
2. Öffnen Sie den Funktions-Assistenten und starten Sie die Funktion ZÄHLENWENNS.
3. Im Feld *Kriterienbereich1* markieren Sie die Zellen, die zuerst durchsucht werden sollen. Dies sind die Zellen mit den Artikelgruppen von A12 bis A163.
4. Ins Feld *Kriterien1* geben Sie die Zelladresse C5 ein.
5. Im Feld *Kriterienbereich2* markieren Sie die nächsten Zellen, die durchsucht werden sollen, nämlich den Bestand, der in den Zellen E12 bis E163 steht.
6. Ins Feld *Kriterien2* geben Sie die zweite Bedingung ein. Sie steht in diesem Beispiel in Zelle C6.
7. Den *Kriterienbereich3* finden Sie in den Zelle D12 bis D163, dort steht der Preis.
8. Für das Feld *Kriterien3* markieren Sie die Zelle C7.
9. Bestätigen Sie mit *OK*.

Die Funktion sieht nun folgendermaßen aus:

```
=ZÄHLENWENNS(A12:A163;C5;E12:E163;C6;D12:D163;C7)
```

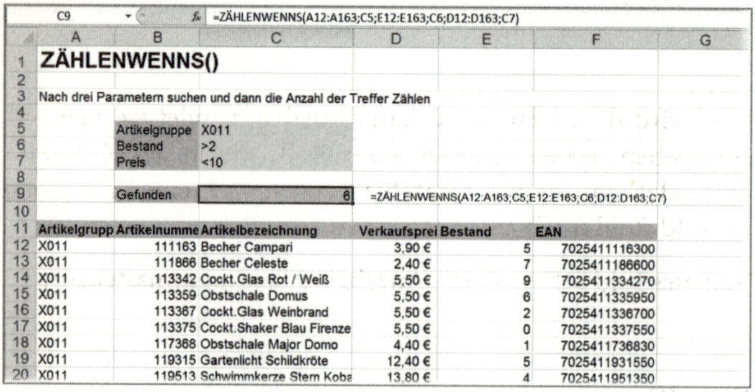

Bild 7.24: Zurzeit werden sechs Artikel gefunden, die den drei Kriterien entsprechen.

8 Mathematische und trigonometrische Funktionen

Dieses Kapitel zeigt die Funktionen der Kategorie *Mathematik & Trigonometrische Funktionen* in Excel 2010. Darunter finden sich einige Funktionsnamen, die aus der Schulzeit bekannt sind, wie beispielsweise die Sinus- oder Kosinus-Funktion.

Einige ausgewählte Funktionen dieser Kategorie werden häufig im Büroalltag eingesetzt. Dazu zählen beispielsweise die RUNDEN-, TEILERGEBNIS- und die SUMMEWENN bzw. SUMMEWENNS-Funktion.

▣ Download-Link

www.buch.cd
Hier finden Sie alle Beispieldateien übersichtlich nach Kapiteln geordnet.

8.1 ABRUNDEN

Rundet einen Zahlenwert auf die nächste ganze Zahl ab.

▶ Syntax

```
=ABRUNDEN(Zahl; Anzahl_Stellen)
```

▶ Parameter

Zahl	Hier wird die Zelladresse, deren Inhalt gerundet werden soll, eingegeben. Dabei spielt es keine Rolle, ob in der Zelle eine Zahl oder eine Formel steht. Sie können auch eine Zahl direkt ins Feld *Zahl* eintippen.
Anzahl_Stellen	In dieses Feld geben Sie die Anzahl der Nachkommastellen ein.

▶ Ähnliche Funktionen

AUFRUNDEN(), RUNDEN()

Cent-Werte abschneiden

Wenn Sie einen Betrag nicht auf den Cent genau angeben wollen und sich entschließen, die Cent-Beträge zu unterdrücken, indem Sie abrunden, gehen Sie so vor:

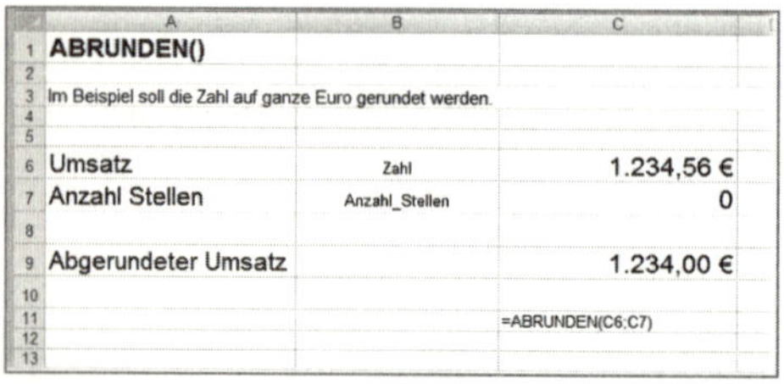

	A	B	C
1	ABRUNDEN()		
2			
3	Im Beispiel soll die Zahl auf ganze Euro gerundet werden.		
4			
5			
6	Umsatz	Zahl	1.234,56 €
7	Anzahl Stellen	Anzahl_Stellen	0
8			
9	Abgerundeter Umsatz		1.234,00 €
10			
11			=ABRUNDEN(C6;C7)
12			
13			

Bild 8.1: Den Betrag auf ganze Euro abrunden

Bestätigen Sie Ihre Eingaben mit *OK.*

Auf 100 Euro abrunden

Bei größeren Beträgen besteht auch einmal die Notwendigkeit, auf Zehner, Hunderter oder Tausender zu runden. Sie möchten jetzt berechnete Hochrechnungen auf 100 Euro abrunden und setzen dafür als zweiten Parameter die Option -2 ein.

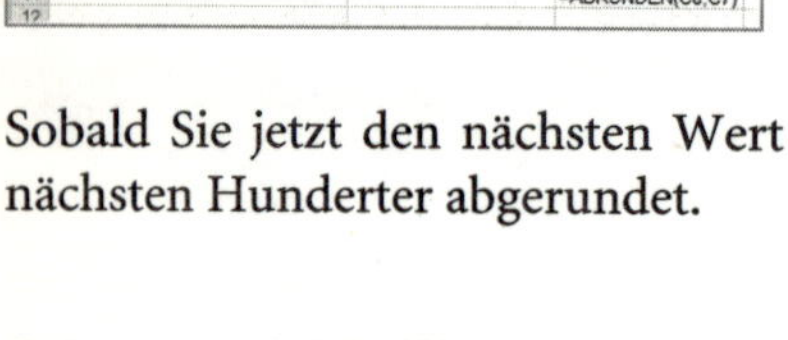

5			
6	Umsatz	Zahl	1.834,56 €
7	Anzahl Stellen	Anzahl_Stellen	-2
8			
9	Abgerundeter Umsatz		1.800,00 €
10			
11			=ABRUNDEN(C6;C7)
12			

Bild 8.2: Abrunden von Zahlenwerten vor dem Komma

Sobald Sie jetzt den nächsten Wert eintragen, wird die Zahl in Zelle C9 auf den nächsten Hunderter abgerundet.

8.2 AUFRUNDEN

Die Funktion AUFRUNDEN rundet einen Zahlenwert auf die nächste ganze Zahl auf.

▶ Syntax

```
=AUFRUNDEN(Zahl; Anzahl_Stellen)
```

▶ Parameter

Zahl	Hier wird die Zelladresse eingegeben, deren Inhalt gerundet werden soll. Dabei spielt es keine Rolle, ob in der Zelle eine Zahl oder eine Formel steht. Sie können auch eine Zahl direkt ins Feld *Zahl* eintippen.
Anzahl_Stellen	In dieses Feld geben Sie die Anzahl der Nachkommastellen ein.

▶ Ähnliche Funktionen

ABRUNDEN(), RUNDEN()

Von vier Stellen hinter dem Komma bis 100.000 aufrunden

Sie benötigen für die Aufstellung der Budgets keine centgenaue Darstellung. Der Wert -2 für den Parameter *Anzahl_Stellen* gibt Ihnen die Möglichkeit, auf zwei Stellen vor dem Komma, also auf 10er, aufzurunden. In der Beispieldatei *AUFRUNDEN.XLSX* wird die Varianz der Funktion AUFRUNDEN von vier Stellen hinter dem Komma bis hin zu 100.000 gezeigt.

8.3 GANZZAHL

Mit der Funktion GANZZAHL werden Dezimalstellen unterdrückt, das heißt, sie werden gar nicht erst angezeigt. Wenn das Ergebnis 260,60 ist, zeigt die Funktion GANZZAHL 260. Diese Funktion rundet jede Zahl auf die nächstkleinere ganze Zahl ab.

▶ Syntax

```
=GANZZAHL(Zahl)
```

▶ Parameter

Zahl	Hier wird die Zelladresse eingegeben, deren Inhalt auf die nächste ganze Zahl abgerundet werden soll. Dabei spielt es keine Rolle, ob in der Zelle eine Zahl oder eine Formel steht. Sie können auch eine Zahl direkt ins Feld *Zahl* eintippen.

▶ Ähnliche Funktionen

ABRUNDEN(), AUFRUNDEN(), RUNDEN()

8.4 GERADE

Diese Funktion liefert die nächste gerade ganze Zahl. Wenn Sie feststellen möchten, ob eine Zelle eine gerade Zahl enthält, verwenden Sie die Funktion ISTGERADE.

Wenn man die Berechnung mithilfe der Funktion OBERGRENZE und der Schrittweite 2 berechnet, kommt man ebenfalls zum Ergebnis. Der Unterschied liegt hier darin, dass Sie bei der Funktion OBERGRENZE für den negativen Zahlenraum die Schrittweite -2 angeben müssen, sonst wird die Fehlermeldung #ZAHL! angezeigt.

▶ Syntax

```
=GERADE(Zahl)
```

▶ Parameter

Zahl	Geben Sie den Zahlenwert, eine Formel oder eine Zelladresse an.

▶ Ähnliche Funktionen

ISTGERADE(), UNGERADE(), RUNDEN(), KÜRZEN(), UNTERGRENZE(), OBERGRENZE()

8.5 KÜRZEN

Die Funktion KÜRZEN schneidet die Anzahl gewünschter Nachkommastellen einer Zahl ab. Die Funktionen KÜRZEN und GANZZAHL arbeiten fast gleich. Der Unterschied liegt in der Berechnung für negative Zahlen. Die Funktion KÜRZEN rundet bei negativen Zahlen nach unten ab, die Funktion GANZZAHL rundet nach oben auf. Auf dem Arbeitsblatt *KÜRZEN_Beispiel_1* in der Beispieldatei *KÜRZEN.XLSX* wird der Unterschied zwischen den Funktionen sichtbar.

▶ Syntax

```
=KÜRZEN(Zahl; Anzahl_Stellen)
```

▶ Parameter

Zahl	Die Zahl, die gekürzt werden soll.
Anzahl_Stellen	Die Anzahl Nachkommastellen, auf die gekürzt werden soll.

▶ Ähnliche Funktionen

GANZZAHL(),RUNDEN(), GERADE(), UNGERADE()

8.6 OBERGRENZE

Mit dieser Funktion können Sie einen Zahlenwert auf ein Vielfaches zur angegebenen Schrittweite gegen die Zahl 0 aufrunden.

▶ Syntax

```
=OBERGRENZE(Zahl; Schritt)
```

▶ Parameter

Zahl	Die Zahl, die gerundet werden soll.
Schritt	Das Vielfache, auf den der Wert aufgerundet werden soll.

▶ Ähnliche Funktionen

OBERGRENZE.GENAU(), UNTERGRENZE(), VRUNDEN()

Preise auf 9 Cent enden lassen

Die Beispieldatei *OBERGRENZE.XLSX* enthält ein Beispiel auf dem Arbeitsblatt *OBERGRENZE_Beispiel_1*. Bei der Kalkulation der Endpreise für Ihre Produkte möchten Sie die Bruttopreise so ermitteln, dass Preise auf 9 Cent enden. Dabei können Sie eine Rundungsfunktion einsetzen. Die Funktion OBERGRENZE bietet diese Möglichkeit.

Sie zeichnet sich dadurch aus, dass sie Zahlen auf ein angegebenes Vielfaches runden kann. Um am Ende des Betrags 9 Cent zu erhalten, können Sie sie auf 10 Cent runden und jeweils 1 Cent abziehen.

	A	B	C	D	E	F
1	OBERGRENZE()					
2						
3	Sie möchten nach einer Preiskalkulation den neuen Verkaufspreis so (aufgerundet) berechnen, dass als Preis ein Wert mit 9 Cent am Ende angegeben werden kann.					
4						
5						
6		Zahlenwert	Zahl	4,26 €		
7		Das Vielfache, auf das aufgerundet werden soll	Schritt	0,10		
8						
9		OBERGRENZE		4,30 €		=OBERGRENZE(D6;D7)
10						
11		Neuer Preis		4,29 €		=D9 - 0,01
12						
13						

Bild 8.3: Preise auf 9 Cent kalkulieren

Das Ergebnis berechnen Sie, indem Sie in der Zelle D9 die folgende Formel eingeben:

```
=OBERGRENZE(D6; D7)
```

Der Zahlenwert ist in D6 eingetragen und in D7 ist der Parameter angegeben, auf den gerundet werden soll. Wenn Sie von diesem Ergebnis jeweils einen Cent abziehen,

```
=D9 - 0,01
```

erhalten Sie den gewünschten Betrag.

8.7 OBERGRENZE.GENAU

Die Funktion rundet die angegebene Zahl auf die nächste ganze Zahl bzw. auf ein Vielfaches des Parameters *Schritt* auf. Bei dieser Funktion wird der Absolutwert des Vielfachen verwendet.

Tipp: Diese Funktion ist neu in Excel 2010.

▶ Syntax

```
=OBERGRENZE.GENAU(Zahl; Schritt)
```

▶ Parameter

Zahl	Die Zahl, die gerundet werden soll.
Schritt	Das kleinste Vielfache, auf das der Wert gerundet werden soll.

▶ Ähnliche Funktionen

OBERGRENZE(), UNTERGRENZE(), VRUNDEN()

8.8 PI

Die Funktion liefert die Konstante PI. Die Funktion hat keine Parameter bzw. darf keine Parameter erhalten.

▶ Syntax

```
=PI()
```

Die Erdmasse mit PI berechnen

In der Formel zur Berechnung des Volumens einer Kugel ist die Funktion PI ebenfalls enthalten. Die Formel lautet:

```
Volumen =4/3 * Radius * PI
```

Um die Erdmasse zu berechnen, werden Angaben zum Umfang oder dem Radius benötigt. Dabei bleiben Unebenheiten (Berge, Täler, Höhlen, usw.) sowie die nicht 100-prozentige Kugelform der Erde unberücksichtigt.

Die Erdmasse, also das Gewicht der Erde, lässt sich daraus berechnen, wenn zusätzlich die Dichte (mittlere Dichte) der Erdmasse pro Volumeneinheit bekannt ist. Beide Angaben finden Sie in Lexika oder im Internet.

```
Erdmasse = Volumen der Erde * Dichte pro Volumeneinheit
```

Auf dem Arbeitsblatt *PI_Beispiel_4* finden Sie die Parameter und die Formeln zur Berechnung der Erdmasse. Das Schaubild verdeutlicht zusätzlich den Sachverhalt.

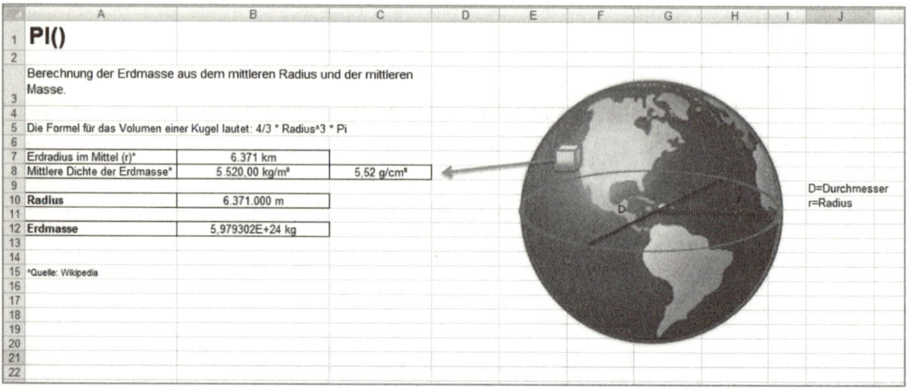

Bild 8.4: Eine grobe Berechnung der Erdmasse

In Zelle B7 ist der mittlere Erdradius in Kilometern angegeben. In den Zellen C8 und B8 ist die mittlere Dichte der Erdmasse eingetragen. Um auf die korrekten Einheiten zu kommen, kann man durch Multiplikation mit 100 bzw. 1000 auf andere Einheiten umrechnen. Beispielsweise ist in B8 die Dichte von Gramm pro Kubikzentimeter in kg pro Kubikmeter angegeben. Die Umrechnungsformel lautet:

```
=C8*100*100*100/1000 (Dichte in kg pro m³)
```

Die grob hochgerechnete Erdmasse wird in der Zelle B12 über die Formel:

```
=B10^3 *4/3* PI() * B8
```

kalkuliert, wobei das Volumen in m³ mit der Dichte in B8 multipliziert wird.

8.9 PRODUKT

Die Funktion PRODUKT multipliziert die angegebenen Zahlen bzw. Zellbezüge.

▶ Syntax

```
=PRODUKT(Zahl1; Zahl2; Zahl3, ...)
```

▶ Parameter

Zahl1; Zahl2;..	Die Zelle bzw. der Zellbereich, der multipliziert werden soll. Sie können bis zu 30 Zellen bzw. Zellbereiche untereinander angeben.

▶ Ähnliche Funktionen

SUMME()

In der Datei *PRODUKT.XLSX* wird der Einsatz dieser Funktion am Beispiel verkaufter Kartons mal Einzelpreis gezeigt. Die Berechnung kann natürlich auch über die einfache Multiplikation erstellt werden. Die entsprechende Lösung finden Sie in der zugehörigen Datei für die Funktion auf dem Arbeitsblatt *PRODUKT_Beispiel_1_Manuell.*

8.10 REST

Ermittelt den Rest einer Division zweier Zahlen.

```
=REST(Zahl; Divisor)
```

Zahl	Die Zahl, die durch den Divisor geteilt werden soll.
Divisor	Der Divisor ist die Zahl, durch die geteilt werden soll.

Diese Pakete passen nicht mehr in die Lieferung

In der Datei *REST.XLS* finden Sie auf dem Arbeitsblatt *REST_Beispiel_1* eine Einsatzmöglichkeit für diese Funktion. REST berechnet dabei den verbleibenden Rest, wenn man Paletten mit 128 Stück belegen kann, aber der Kunde eine runde Anzahl wie beispielsweise 10.000 Stück bestellt hat.

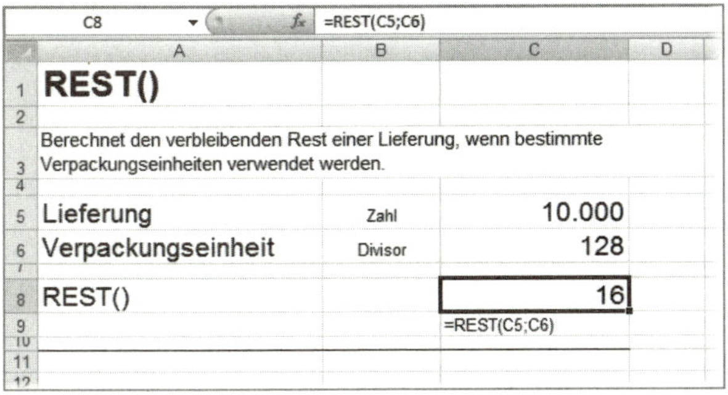

Bild 8.5: Die Anzahl Stücke, die nicht auf die Palette passen

In die Zelle C5 geben Sie die Liefermenge ein. Auf eine Palette passen 128 Pakete. Diese Zahl geben Sie in die Zelle C6 ein. Die Funktion `REST(C5;C6)` berechnet, wie viele Packungen nicht mehr auf die Palette passen.

Die Anzahl der Verpackungseinheiten können Sie über die weiter oben beschriebene Funktion QUOTIENT oder durch einfache Division von 10.000 / 128 = 78 Verpackungseinheiten ermitteln.

8.11 RÖMISCH

Wandelt eine arabische Zahl in eine Zahl des römischen Zahlensystems.

▶ Syntax

```
=RÖMISCH (Zahl; Typ)
```

▶ Parameter

Zahl	Die Zelle, in der die Zahl steht, die umgewandelt werden soll. Sie können auch direkt eine Zahl eintippen.
Typ	Art der Darstellung, 0=Klassische Darstellung.

▶ Ähnliche Funktionen

DEZINHEX(); DEZINOCT(), u.a

Die folgende Tabelle zeigt die Wertigkeiten der Buchstaben im Dezimalsystem.

Tabelle 8.1: Buchstaben und die zugehörigen Werte für römische Zahlen

Buchstabe	Wert
I	1
V	5
X	10
L	50
C	100
D	500
M	1000

In den Dateien zum Buch finden Sie Beispiele für den Einsatz und die Umrechnung römischer Zahlen in Dezimalzahlen.

8.12 RUNDEN

Rundet einen Zahlenwert kaufmännisch auf bzw. ab. Zahlen bis zur 4 an der betrachteten Stelle werden abgerundet, ab 5 wird die Zahl aufgerundet.

▶ Syntax

```
=RUNDEN(Zahl; Anzahl_Stellen)
```

▶ Parameter

Zahl	Hier wird die Zelladresse eingegeben, deren Inhalt gerundet werden soll. Dabei spielt es keine Rolle, ob in der Zelle eine Zahl oder eine Formel steht. Sie können auch eine Zahl direkt ins Feld *Zahl* eintippen.
Anzahl_Stellen	In dieses Feld geben Sie die Anzahl der Nachkommastellen ein.

▶ Ähnliche Funktionen

ABRUNDEN(), AUFRUNDEN(), VRUNDEN()

Rundungsprobleme beseitigen

Die folgenden zwei Abbildungen zeigen ein klassisches Problem in der Berechnung. Zuerst werden einige Zahlen summiert, die Ergebnisse stimmen.

4		Vor dem Runden		
5				
6	2,869	0,793	2,076	=A3-B3
7	2,67	0,654	2,016	=A4-B4
8			4,092	=C3+C4

Bild 8.6: Excel rechnet genau.

Dann wird eine Formatierung auf die Zellen gesetzt, in diesem Beispiel das zweistellige Währungsformat. Excel zeigt zwar das gerundete Ergebnis in C3 und C4 an, rechnet allerdings weiterhin mit den drei Nachkommastellen.

10				
11	**Vor dem Runden nach dem Formatieren**			
12				
13	2,869	0,793	2,08 €	
14	2,67	0,654	2,02 €	
15			4,09 €	
16				

Bild 8.7: Die Berechnung scheint nicht zu stimmen.

Die Lösung bietet jetzt die Funktion RUNDEN. Die Zellinhalte von A3 und B3 werden gerundet und dann subtrahiert. So kommt auch die SUMME-Funktion auf das richtige Ergebnis.

17				
18				
19	2,869	0,793	2,08 €	=RUNDEN(A16;2)-RUNDEN(B16;2)
20	2,67	0,654	2,02 €	=RUNDEN(A17;2)-RUNDEN(B17;2)
21			4,10 €	

Bild 8.8: Abhilfe schafft die Funktion RUNDEN.

8.13 SUMME

Die Funktion addiert Zahlen im angegebenen Werte- oder Zellbereich.

▶ Syntax

```
=SUMME(Zahl1; Zahl2; ...)
```

▶ Parameter

Zahl1; Zahl2; .. Bis zu 255 einzelne Zahlen oder Zellbezüge.

▶ Ähnliche Funktionen

SUMMEWENN(), ANZAHL()

Die Summe für einen Schnittbereich

Die Funktion SUMME wird sehr häufig benutzt und wird daher an vielen Stellen im Buch eingesetzt. Das Beispiel zeigt die Summe zweier Zellbereiche, die sich überschneiden. Es soll nur der Zellbereich addiert werden, der in beiden Zellbereichen enthalten ist.

1. Öffnen Sie die Datei *SUMME.XLSX*.
2. Schalten Sie zum Arbeitsblatt *SUMME_Beispiel_3_leer*.

3. Setzen Sie den Cursor in die Zelle B13.

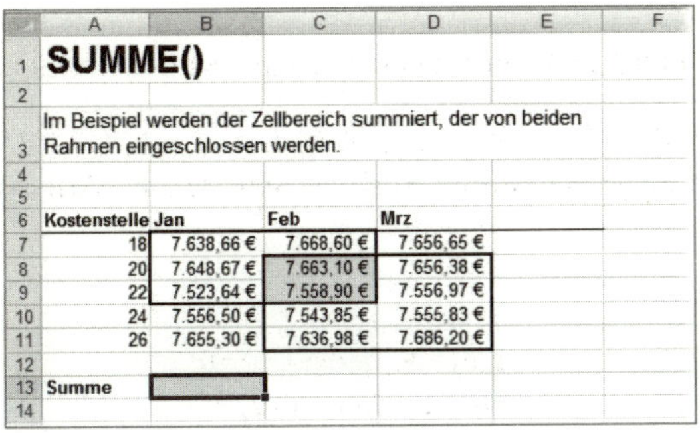

	A	B	C	D	E	F
1	SUMME()					
2						
3	Im Beispiel werden der Zellbereich summiert, der von beiden Rahmen eingeschlossen werden.					
4						
5						
6	Kostenstelle	Jan	Feb	Mrz		
7	18	7.638,66 €	7.668,60 €	7.656,65 €		
8	20	7.648,67 €	7.663,10 €	7.656,38 €		
9	22	7.523,64 €	7.558,90 €	7.556,97 €		
10	24	7.556,50 €	7.543,85 €	7.555,83 €		
11	26	7.655,30 €	7.636,98 €	7.686,20 €		
12						
13	Summe					
14						

Bild 8.9: Der Schnittbereich soll summiert werden

4. Starten Sie die Eingabe der Summenformel, indem Sie die folgende Formel eingeben.

```
=SUMME(
```

5. Markieren Sie den ersten Zellbereich B7 bis C9. Geben Sie dahinter als Trennzeichen das Leerzeichen statt des Semikolons ein.
6. Markieren Sie anschließend den Zellbereich C7 bis D11.
7. Beenden Sie die Formeleingabe mit der `Eingabe`-Taste.
8. Das Ergebnis (15.222,00 EUR) ist der Saldo des Schnittbereichs (gelb markiert).

8.14 SUMMENPRODUKT

Summiert die Werte aus einer Multiplikation. Die Zellbereiche, die Sie als Parameter angeben, werden miteinander multipliziert und anschließend addiert.

▶ Syntax

```
=SUMMENPRODUKT(Array1; Array2;..)
```

▶ Parameter

Array1; Array2,..	Geben Sie bis zu 255 Zellbereiche an.

▶ Ähnliche Funktionen

SUMME(), PRODUKT()

8.15 SUMMEWENN

Addiert Zahlen im angegebenen Werte- oder Zellbereich, wenn das Kriterium erfüllt ist.

▶ Syntax

```
=SUMMEWENN(Bereich; Suchkriterien; Summe_Bereich)
```

▶ Parameter

Bereich	Der Bereich, in dem gesucht werden soll.
Suchkriterien	Das Such- bzw. das Vergleichskriterium.
Summe_Bereich	Der Bereich, über den summiert werden soll.

▶ Ähnliche Funktionen

SUMME(), SUMMEWENNS(), WENN(),ZÄHLENWENN()

Bezahlte Beiträge summieren

In einem Verein bezahlen alle Mitglieder den gleichen Beitrag. Nur zahlen nicht alle Mitglieder zur gleichen Zeit. In einer Excel-Liste sind die Mitgliedsnamen aufgelistet. Die Zahlung wird durch die Eingabe eines X in der Spalte *Bezahlt* gekennzeichnet.

Zur Kontrolle soll in einer Zelle die Summe der eingezahlten Beiträge angezeigt werden, je nachdem, ob ein x gesetzt ist oder nicht.

Das Beispiel *SUMMEWENN_Beispiel_1* in der Beispieldatei *SUMMEWENN.XLSX* veranschaulicht die Berechnung der Kontrollsumme mithilfe der Funktion SUMMEWENNN.

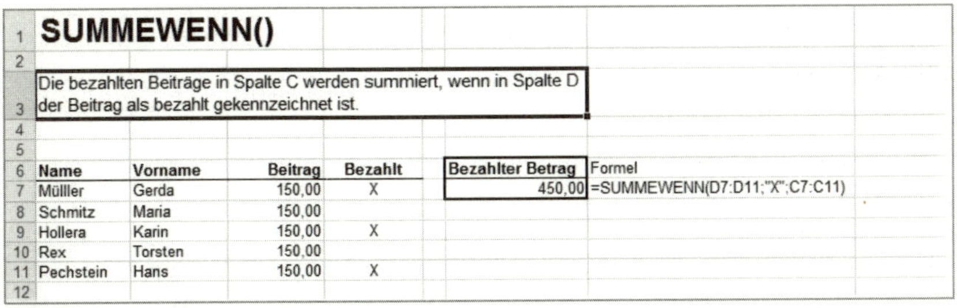

SUMMEWENN()

Die bezahlten Beiträge in Spalte C werden summiert, wenn in Spalte D der Beitrag als bezahlt gekennzeichnet ist.

Name	Vorname	Beitrag	Bezahlt	Bezahlter Betrag	Formel
Mülller	Gerda	150,00	X	450,00	=SUMMEWENN(D7:D11;"X";C7:C11)
Schmitz	Maria	150,00			
Hollera	Karin	150,00	X		
Rex	Torsten	150,00			
Pechstein	Hans	150,00	X		

Bild 8.10: Die Summe der gezahlten Beiträge

Die Formel in der Zelle F7 lautet:

```
=SUMMEWENN(D7:D11;"X";C7:C11)
```

Als ersten Parameter geben Sie den Bereich an, der untersucht werden soll. Die Prüfung lautet "X". Der Zellbereich, der die Beiträge enthält, wird als dritter Parameter angegeben. In diesem Beispiel ist es der Zellbereich C7 bis C11. Die Beträge werden in der Funktion nur summiert, wenn im Zellbereich D7 bis D11 ein X enthalten ist.

Die verwandte Funktion ZÄHLENWENN finden Sie bei den statistischen Funktionen.

8.16 SUMMEWENNS

Mit dieser Funktion können Sie den Inhalt eines Bereichs summieren, wenn bestimmte Kriterien zutreffen.

▶ Syntax

```
=SUMMEWENNS(Summe_Bereich; Kriterien_Bereich1; Kriterien1;
Kriterien_Bereich2; Kriterien2;…)
```

▶ Parameter

Summe_Bereich	Der Bereich, über den summiert werden soll.
Kriterien_Bereich1	Der Bereich, der geprüft werden soll.
Kriterien1	Das Such- bzw. Vergleichskriterium.

usw.

Tipp: Die verwandte Funktion ZÄHLENWENNS finden Sie bei den statistischen Funktionen.

Zahlen addieren, wenn zwei Kriterien zutreffen

Im folgenden Beispiel soll der Bestand nur dann summiert werden, wenn zwei Kriterien zutreffen, nämlich wenn die Artikelgruppe X011 ist und wenn der Bestand größer als zwei Stücke sind.

1. Öffnen Sie die Datei *SUMMENWENNS.XLSX*, aktivieren Sie das Register *SUMMEWENNS_1* und setzen Sie den Cursor in die Zelle C8.
2. Öffnen Sie den Funktions-Assistenten und öffnen Sie die Funktion SUMMEWENNS.
3. Im ersten Feld *Summe_Bereich* geben Sie die Zellen an, deren Inhalt gleich summiert werden soll. Im aktuellen Beispiel sind es die Zellen mit dem Bestand, nämlich E11 bis E162.
4. Im zweiten Feld *Kritieren_Bereich1* geben Sie die Zellen ein, in denen das erste Kriterium gesucht werden soll. Dies sind die Zellen A11 bis A162 mit der Artikelgruppe.
5. Für das Feld *Kriterien1* markieren Sie die Zelle C5. Dort steht das erste Kriterium X011.
6. Im Feld *Kritieren_Bereich2* geben Sie die Zellen ein, in denen das zweite Kriterium gesucht werden soll. Dies sind die Zellen E11 bis E162 mit dem Bestand.
7. Für das Feld *Kriterien2* markieren Sie die Zelle C6. Dort steht das zweite Kriterium >2.
8. Bestätigen Sie mit *OK*.

In der Zelle C8 steht nun die folgende Formel:

```
=SUMMENWENNS(E11:E162;A11:A162;C5;E11:E162;C6)
```

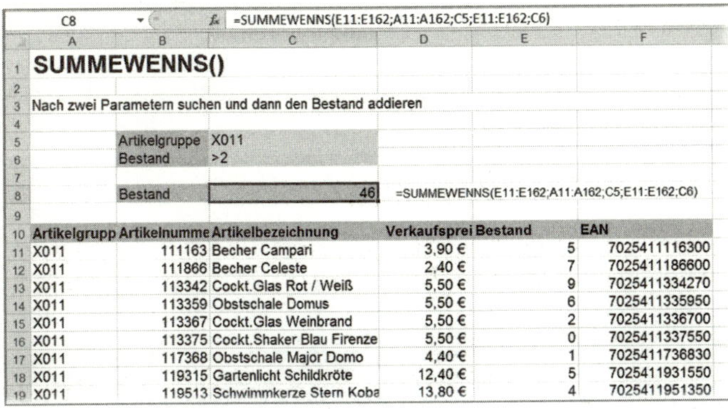
C8 =SUMMEWENNS(E11:E162;A11:A162;C5;E11:E162;C6)

	A	B	C	D	E	F
1	SUMMEWENNS()					
2						
3	Nach zwei Parametern suchen und dann den Bestand addieren					
4						
5		Artikelgruppe	X011			
6		Bestand	>2			
7						
8		Bestand	46	=SUMMEWENNS(E11:E162;A11:A162;C5;E11:E162;C6)		
9						
10	Artikelgrupp	Artikelnumme	Artikelbezeichnung	Verkaufsprei	Bestand	EAN
11	X011	111163	Becher Campari	3,90 €	5	7025411116300
12	X011	111866	Becher Celeste	2,40 €	7	7025411186600
13	X011	113342	Cockt.Glas Rot / Weiß	5,50 €	9	7025411334270
14	X011	113359	Obstschale Domus	5,50 €	6	7025411335950
15	X011	113367	Cockt.Glas Weinbrand	5,50 €	2	7025411336700
16	X011	113375	Cockt.Shaker Blau Firenze	5,50 €	0	7025411337550
17	X011	117368	Obstschale Major Domo	4,40 €	1	7025411736830
18	X011	119315	Gartenlicht Schildkröte	12,40 €	5	7025411931550
19	X011	119513	Schwimmkerze Stern Koba	13,80 €	4	7025411951350

Bild 8.11: Der Bestand für die zwei Kriterien

Wenn Sie die Kriterien in den Zellen C5 und C6 ändern, ändert sich auch die Summe in C8.

Zahlen addieren, wenn drei Kriterien zutreffen

In diesem Beispiel wollen wir das Beispiel von oben um ein weiteres Kriterium erweitern. Der Bestand soll nur dann addiert werden, wenn die Artikelgruppe X011 ist, wenn der Bestand größer als 2 ist und wenn der Preis unter 10 Euro liegt. In der Zelle C9 steht nun die folgende Formel:

```
=SUMMENWENNS(E12:E163;A13:A163;C5;E12:E163;C6;D12:D163;C7)
```

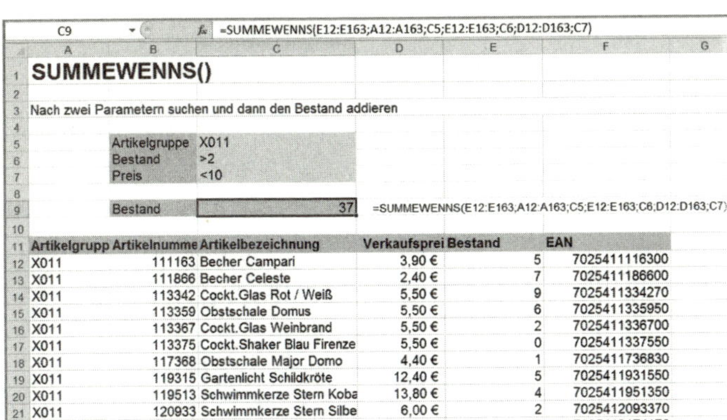
C9 =SUMMEWENNS(E12:E163;A12:A163;C5;E12:E163;C6;D12:D163;C7)

	A	B	C	D	E	F	G
1	SUMMEWENNS()						
2							
3	Nach zwei Parametern suchen und dann den Bestand addieren						
4							
5		Artikelgruppe	X011				
6		Bestand	>2				
7		Preis	<10				
8							
9		Bestand	37	=SUMMEWENNS(E12:E163;A12:A163;C5;E12:E163;C6;D12:D163;C7)			
10							
11	Artikelgrupp	Artikelnumme	Artikelbezeichnung	Verkaufsprei	Bestand	EAN	
12	X011	111163	Becher Campari	3,90 €	5	7025411116300	
13	X011	111866	Becher Celeste	2,40 €	7	7025411186600	
14	X011	113342	Cockt.Glas Rot / Weiß	5,50 €	9	7025411334270	
15	X011	113359	Obstschale Domus	5,50 €	6	7025411335950	
16	X011	113367	Cockt.Glas Weinbrand	5,50 €	2	7025411336700	
17	X011	113375	Cockt.Shaker Blau Firenze	5,50 €	0	7025411337550	
18	X011	117368	Obstschale Major Domo	4,40 €	1	7025411736830	
19	X011	119315	Gartenlicht Schildkröte	12,40 €	5	7025411931550	
20	X011	119513	Schwimmkerze Stern Koba	13,80 €	4	7025411951350	
21	X011	120933	Schwimmkerze Stern Silbe	6,00 €	2	7025412093370	
22	X011	121741	Schwimmkerze Stern Gold	7,60 €	5	7025412174170	

Bild 8.12: Der Bestand für die drei Kriterien

8.17 TEILERGEBNIS

Kann die gewünschte Berechnungsvorschrift auch auf den gefilterten Zellbereich durchführen.

▶ Syntax

```
=TEILERGEBNIS(Funktion ;Bezug1; Bezug2;…)
```

▶ Parameter

Funktion — Geben Sie die Funktionsnummer laut der aufgeführten Tabelle an.

Bezug1; Bezug2;.. — Die Zellbereiche, für die Sie die Berechnung durchführen möchten.

Die folgende Tabelle gibt Aufschluss über die Möglichkeiten des ersten Parameters in der Funktion TEILERGEBNIS:

Funktionsnummer (inkl. ausgeblendete Zellwerte)	Funktionsnummer (ausgeblendete Zellwerte werden ignoriert)	Funktionsname
1	101	MITTELWERT
2	102	ANZAHL
3	103	ANZAHL2
4	104	MAX
5	105	MIN
6	106	PRODUKT
7	107	STABW
8	108	STABWN
9	109	SUMME
10	110	VARIANZ
11	111	VARIANZEN

▶ Ähnliche Funktionen

ANZAHL(), ANZAHL2(), MIN(), MAX(), MITTELWERT(), PRODUKT(), SUMME(), SUMME(), STABW(), VARIANZ(), VARIANZEN()

Summe und Anzahl auf eine gefilterte Liste berechnen

1. Öffnen Sie die Datei zur Funktion *TEILERGEBNIS.XLSX.*
2. Schalten Sie zum Arbeitsblatt *TEILERGEBNIS_Beispiel_1.*
3. Die Liste der Verkäufe mit den zugehörigen Umsatzdaten findet sich ab Zeile 9.
4. Filtern Sie die Liste nach einem Wert, beispielsweise nach der Produktgruppe D87.
5. Setzen Sie den Cursor in die Zelle F6.
6. Geben Sie die folgende Formel ein.

```
=TEILERGEBNIS(9; F2:F1000)
```

Die Funktion TEILERGEBNIS benötigt zwei Parameter. Im ersten Parameter geben Sie an, was Sie berechnen möchten. Im Beispiel ist es die Funktion 9, also die Summenfunktion. Der zweite Parameter gibt den Zellbereich A2:A100 an, über den summiert werden soll.

Um die Anzahl der gefilterten Zeilen anzuzeigen, ersetzen Sie den ersten Parameter 9 in der TEILERGEBNIS-Funktion durch den Wert 3.

```
=TEILERGEBNIS(3; A2:A1000)
```

Mit der 3 ermitteln Sie laut der oben angegebenen Tabelle die Anzahl der Zahlenwerte und Textwerte.

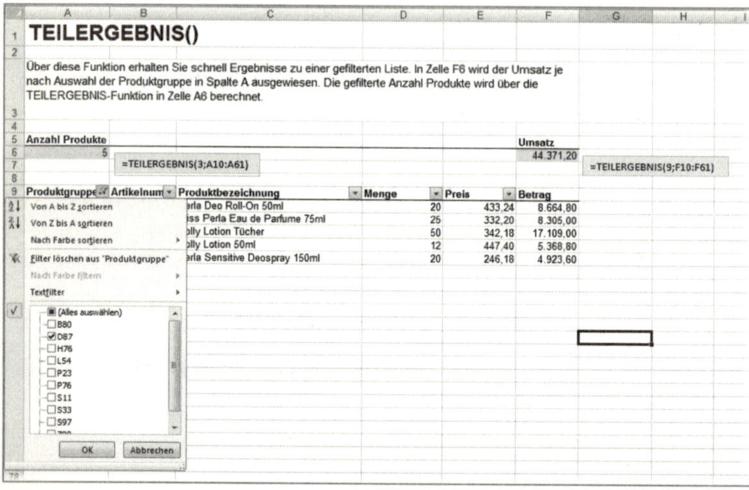

Bild 8.13: Die Summe der sichtbaren Beträge für die Produktgruppe D87

8.18 UNGERADE

Die Funktion liefert die nächste ungerade ganze Zahl. Wie sich die Funktion einsetzen lässt, lesen Sie im Beispiel zur Funktion GERADE. Um festzustellen, ob eine Zahl ungerade ist, verwenden Sie die Funktion ISTUNGERADE.

▶ Syntax

```
=UNGERADE(Zahl)
```

▶ Parameter

Zahl	Eine Zahl oder ein Zellbezug.

▶ Ähnliche Funktionen

GERADE()

8.19 UNTERGRENZE

Mit dieser Funktion können Sie einen Zahlenwert auf ein Vielfaches zur angegebenen Schrittweite gegen die Zahl 0 abrunden.

▶ Syntax

```
=UNTERGRENZE(Zahl; Schritt)
```

▶ Parameter

Zahl	Die Zahl, die gerundet werden soll.
Schritt	Das Vielfache, auf das der Wert abgerundet werden soll.

▶ Ähnliche Funktionen

OBERGRENZE()

8.20 UNTERGRENZE.GENAU

Mit dieser Funktion können Sie einen Zahlenwert auf ein Vielfaches zur angegebenen Schrittweite gegen die nächste ganze Zahl abrunden. Bei dieser Variante wird der Absolutwert des Vielfachen verwendet.

▶ Syntax

```
=UNTERGRENZE.GENAU(Zahl; Schritt)
```

▶ Parameter

Zahl	Die Zahl, die gerundet werden soll.
Schritt	Das Vielfache, auf das der Wert abgerundet werden soll.

▶ Ähnliche Funktionen

UNTERGRENZE(), OBERGRENZE.GENAU()

8.21 VORZEICHEN

Die Funktion ermittelt das Vorzeichen zum Zellwert bzw. der Zahl.

▶ Syntax

```
=VORZEICHEN(Zahl)
```

▶ Parameter

Zahl	Eine Zahl oder ein Zellbezug.

▶ Ähnliche Funktionen

ABS()

8.22 WURZEL

Die Funktion berechnet die Quadratwurzel einer Zahl.

▶ Syntax

```
=WURZEL(Zahl)
```

▶ Parameter

Zahl	Eine Zahl oder ein Zellbezug.

▶ Ähnliche Funktionen

WURZELPI()

8.23 ZUFALLSBEREICH

Die Funktion gibt eine Zufallszahl für einen angegebenen Wertebereich zurück.

▶ Syntax

```
=ZUFALLSBEREICH(Untere_Zahl; Obere_Zahl)
```

▶ Parameter

Untere_Zahl	Die untere Zahl für die Zufallszahl.
Obere_Zahl	Die obere Zahl für die Zufallszahl.

▶ Ähnliche Funktionen

ZUFALLSZAHL()

Lottozahlen aus dem Computer

Für eine Tippreihe müssen Sie sich für eine Zahl zwischen 1 und 49 entscheiden.

1. Öffnen Sie die Datei *ZUFALLSBEREICH.XLSX* und aktivieren Sie das Arbeitsblatt *ZUFALLSBEREICH_Beispiel_1_leer.*

2. Fügen Sie in die Zelle C8 die Funktion ZUFALLSBEREICH, wie oben beschrieben, in eine Zelle ein.

```
=ZUFALLSBEREICH(1;49)
```

Falls der untere und obere Bereich von Zellen anhängt, geben Sie die entsprechenden Zellbezeichnungen ein:

```
=ZUFALLSBEREICH(C10;C11)
```

Jedes Mal, wenn Sie die Funktionstaste [F9] drücken, erhalten Sie eine neue Glückszahl zwischen 1 und 49.

8.24 ZUFALLSZAHL

Die Funktion ZUFALLSZAHL liefert als Ergebnis eine Zahl zwischen 0 und 1. Da in Excel in der Regel die automatische Neuberechnung eingeschaltet ist, erscheint nach jeder Eingabe in die Mappe ein neues Ergebnis. Um ein neues Ergebnis zu erhalten, ohne eine Eingabe machen zu müssen, drücken Sie [F9]. Sie erhalten dann beispielsweise diesen Wert:

```
0,514193985797242
```

Soll das Ergebnis eine bestimmte Anzahl von Nachkommastellen haben, wenden Sie auf das Ergebnis die Funktion RUNDEN an. Sollen ganzzahlige Zufallszahlen erstellt werden, multiplizieren Sie das Ergebnis mit einer Konstante und runden es, oder Sie setzen gleich die Funktion ZUFALLSBEREICH ein. Bei dieser Funktion geben Sie keine Parameter zwischen den Klammern an.

▶ Syntax

```
=ZUFALLSZAHL()
```

▶ Ähnliche Funktionen

ZUFALLSBEREICH()

9 Finanzmathematische Funktionen

Excel hält in der Kategorie Finanzmathematik über 50 Funktionen bereit, die zum Teil jedoch nur bei aktivierten Add-Ins verfügbar sind. Einige Funktionen sind auf spezielle Zielgruppen zugeschnitten, die mit Aktien, Wertpapieren oder Fonds zu tun haben. Im Text werden Beispiele für die allgemein verständlichen Funktionen beschrieben. Die spezialisierten Funktionen werden jedoch nicht links liegen gelassen. Sie finden zu jeder Funktion mindestens ein Beispiel in den Dateien zum Buch.

Meist spielt die Zeit bzw. das Datum bei diesen Funktionen eine wichtige Rolle. Die korrekte Angabe der Parameter zu Zinssatz, Anzahl der Zahlungen oder dem Start- und Enddatum sind besonders wichtig, um das richtige Ergebnis zu erhalten.

Die Funktionen dieser Kategorie finden Einsatz in unterschiedlichen Bereichen:

- Abschreibung in unterschiedlichen Arten
- Sparen und Kredite
- Berechnungen zu Wertpapieren / Wechsel

Download-Link

www.buch.cd
Hier finden Sie alle Beispieldateien übersichtlich nach Kapiteln geordnet.

Der Parameter Basis

In vielen finanzmathematischen Funktionen steuert der Parameter *Basis* die Methode bei der Zählung der Tage für ein Berechnungsjahr. Folgende Optionen werden angeboten, wobei in den einzelnen Funktionen nicht alle Parameterwerte möglich sind:

Parameterwert	Bedeutung
0	360 Tage
1	Tatsächliche Anzahl der Tage pro Jahr
2	Taggenau / Ein Jahr hat hierbei 360 Tage
3	Ein Jahr wird mit 365 Tagen gerechnet
4	Ein Jahr wird mit 360 Tagen gerechnet (europäische Methode)

9.1 BW

Die Funktion berechnet den Gesamtwert für eine Reihe zukünftiger regelmäßiger Zahlungen bei einem bestimmten Zinssatz und einer Vorgabe der Anzahl der Zahlungen. Bei einem Kredit stellt aus der Sicht des Kreditgebers der Barwert die Gesamtsumme des Kredits dar.

▶ Syntax

```
=BW(Zins; Zzr; Rmz; Zw; F)
```

▶ Parameter

Zins	Zinssatz pro Periode in Prozent oder als Zahlenwert.
Zzr	Anzahl der Zahlungszeiträume.
Rmz	Betrag der regelmäßigen Zahlung.
Zw	Zukünftiger Wert bzw. Endwert. Der Parameter ist optional.
F	0 oder nicht angegeben bedeutet, dass die Zahlung am Ende der Periode fällig wird. Bei 1 ist die Zahlung bereits am Anfang der Periode fällig. Der Parameter ist optional.

▶ Ähnliche Funktionen

RMZ(), ZZR(), ZINS(), ZW()

Barwert und regelmäßige Zahlungen

Für regelmäßige Zahlungen, ob Sparbeträge oder Rückzahlungen von Krediten, bietet Excel eine Gruppe von Funktionen an, die aus fünf Parameterwerten bestehen.

Es handelt sich um die Parameter mit den folgenden Bezeichnungen:

BW Barwert	Diese Zahlen stellen den gegenwärtigen Wert der regelmäßigen Zahlungen dar.
RMZ Regelmäßiger Zahlungsbetrag	Diese Zahl stellt den regelmäßigen zu zahlenden Betrag dar. Zahlen Sie den Betrag, beispielsweise für einen Kredit, geben Sie einen negativen Wert an. Zahlt Ihnen die Bank, ist der Zahlenwert positiv.
ZINS Zinssatz	Bei diesem Parameter handelt es sich um den Zinssatz für eine Zahlungsperiode. Zinssatz und die Anzahl der Zahlungszeiträume sollten zusammenpassen.
ZR Zeitraum	Mit diesem Parameter ist eine Periode im gesamten Zahlungszeitraum gemeint.
ZZR Zahlungszeiträume	Die Gesamtanzahl der Zahlungszeiträume.
ZW Zukünftiger Wert	Der gewünschte zukünftige Wert.

Wenn Sie also die Funktion ZZR() einsetzen möchten, benötigen Sie Angaben zu den Parametern *Barwert*, *Regelmäßiger Zahlungsbetrag*, *Zinssatz* und *zukünftiger Wert*.

Regelmäßiges Sparen

Nehmen wir an, Sie sparen jeden Monat 200 Euro. Die Bank gewährt Ihnen einen gleich bleibenden Zinssatz von 2 %.

1. Öffnen Sie die Datei *BW.XLSX*, aktivieren Sie das Register *BW_1* und markieren Sie die Zelle C9.

2. Starten Sie über den Funktions-Assistenten die Funktion BW.
3. Der *Zins* steht in Zelle C5.
4. Für das Feld *Zzr* (Zahlungszeitraum) markieren Sie die Zelle C6.
5. Für das Feld *Rmz* (Regelmäßige Zahlungen) markieren Sie die Zelle C7.
6. Bestätigen Sie mit *OK*.

In der Zelle C9 steht die folgende Formel:

```
=BW(C5:C6;C7)
```

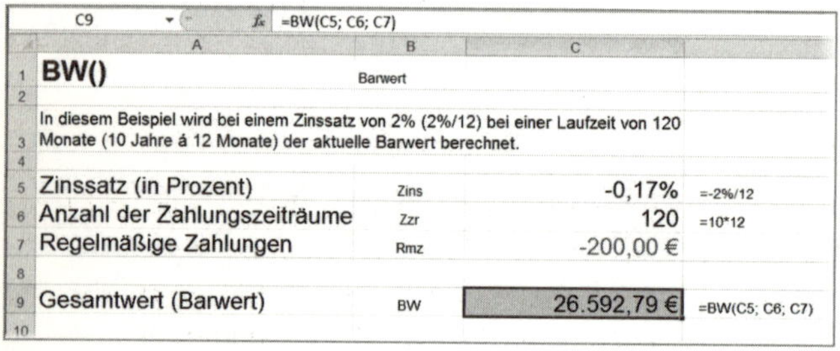

Bild 9.1: Eine Beispielrechnung zur Funktion BW

9.2 RMZ

RMZ berechnet den Betrag, der regelmäßig zu zahlen ist. Für die Lösung werden der konstante Zinssatz über die Laufzeit (Zins), die Anzahl der Zahlungen (Zzr), der Barwert (Bw) und der Endwert (Zw) benötigt.

▶ Syntax

```
=RMZ(Zins; ZZr; Bw; Zw; F)
```

▶ Parameter

Zins	Zinssatz pro Periode in Prozent oder als Zahlenwert.
Zzr	Zahlungszeiträume: Die Anzahl der Zahlungen.
Bw	Der Barwert.
Zw	Zukünftiger Wert bzw. Endwert. Der Parameter ist optional.

F	Wenn Sie den optionalen Parameter mit 0 oder nicht angegeben haben, bedeutet es, dass die Zahlung am Ende der Periode fällig wird. Bei 1 ist die Zahlung bereits am Anfang der Periode fällig.

▶ Ähnliche Funktionen

BW(), ZZR(), ZINS(), ZW()

Die Höhe der Rückzahlung berechnen

Ein Beispiel zu dieser Funktion finden Sie in der Beispieldatei *RMZ.XLSX*. Auf dem Blatt *RMZ_1* berechnet die Funktion RMZ() die Höhe der Zahlungen, die jährlich erfolgen müssen.

Die Höhe des Kredits können Sie in der Zelle B5 verändern.

Die Formeln in der Übersicht enthalten gemischte Zellbezüge. Beim Zinssatz ist der Zeilenbezug fest, sodass vor der Zeilennummer das $-Zeichen eingetragen wird, für die Laufzeit setzen Sie die Spalte A mit dem $-Zeichen fest. Der Barwert, also die (aktuelle) Kredithöhe, ist für alle Formeln an der festen Zellposition $B$5.

```
=RMZ(E$7;$A15;$B$5)
```

Die beiden letzten Parameter *Zw* und die Art der Fälligkeit *F* sind optional und müssen daher nicht angegeben werden. Als Standardwerte werden sowohl für Zw als auch für die Fälligkeit der Wert 0 angenommen.

E15 =RMZ(E$7;$A15;$B$5)

RMZ()

In dieser Tabelle wurden über die RMZ-Funktion Werte für die Rückzahlung eines Kredits über 10.000 EURO berechnet. Die Höhe des Kredits können Sie in der Zelle B5 ändern. Wenn Sie also einen Kredit über 10.000 EURO bei 3,5% über 8 Jahre aufnehmen, müssen zum Jahresende je 1.454,77 gezahlt werden. Der jeweils verbleibende Restbetrag wird mit 3,5% weiter verzinst.

Betrag 10.000,00

Jahre	2,0%	2,5%	3,0%	3,5%	4,0%	4,5%	5,0%	5,5%	6,0%	7,0%
1	-10.200,00	-10.250,00	-10.300,00	-10.350,00	-10.400,00	-10.450,00	-10.500,00	-10.550,00	-10.600,00	-10.700,00
2	-5.150,50	-5.188,27	-5.226,11	-5.264,00	-5.301,96	-5.339,98	-5.378,05	-5.416,18	-5.454,37	-5.530,92
3	-3.467,55	-3.501,37	-3.535,30	-3.569,34	-3.603,49	-3.637,73	-3.672,09	-3.706,54	-3.741,10	-3.810,52
4	-2.626,24	-2.658,18	-2.690,27	-2.722,51	-2.754,90	-2.787,44	-2.820,12	-2.852,94	-2.885,91	-2.952,28
5	-2.121,58	-2.152,47	-2.183,55	-2.214,81	-2.246,27	-2.277,92	-2.309,75	-2.341,76	-2.373,96	-2.438,91
6	-1.785,26	-1.815,50	-1.845,98	-1.876,68	-1.907,62	-1.938,78	-1.970,17	-2.001,79	-2.033,63	-2.097,96
7	-1.545,12	-1.574,95	-1.605,06	-1.635,44	-1.666,10	-1.697,01	-1.728,20	-1.759,64	-1.791,35	-1.855,53
8	-1.365,10	-1.394,67	-1.424,56	**-1.454,77**	-1.485,28	-1.516,10	-1.547,22	-1.578,64	-1.610,36	-1.674,68
9	-1.225,15	-1.254,57	-1.284,34	-1.314,46	-1.344,93	-1.375,74	-1.406,90	-1.438,39	-1.470,22	-1.534,86
10	-1.113,27	-1.142,59	-1.172,31	-1.202,41	-1.232,91	-1.263,79	-1.295,05	-1.326,68	-1.358,68	-1.423,78
11	-1.021,78	-1.051,06	-1.080,77	-1.110,92	-1.141,49	-1.172,48	-1.203,89	-1.235,71	-1.267,93	-1.333,57

Bild 9.2: Die Höhe der regelmäßigen Zahlungen für verschiedene Zinssätze und Laufzeiten

Auf einem weiteren Blatt *RMZ_2* ist die Funktion so angepasst, dass Sie auch den zukünftigen Wert und die Fälligkeit einstellen können.

C14 =RMZ(C$7;$A14;$B$5;$E$5;$H$5)

RMZ()

Auf diesem Blatt können Sie auch die Parameter Zukünftiger Wert (Zw) und die Art der Fälligkeit (F) einstellen.

Betrag (Bw) 10.000,00 Zukünftiger Wert (Zw) 20.000,00 Fälligkeit (F) 1

Jahre	2,0%	2,5%	3,0%	3,5%	4,0%	4,5%	5,0%	5,5%	6,0%	
1	-29.607,84	-29.512,20	-29.417,48	-29.323,67	-29.230,77	-29.138,76	-29.047,62	-28.957,35	-28.867,92	-28
2	-14.756,36	-14.697,38	-14.639,15	-14.581,66	-14.524,89	-14.468,83	-14.413,47	-14.358,81	-14.304,82	-14
3	-9.806,51	-9.760,11	-9.714,48	-9.669,59	-9.625,44	-9.582,01	-9.539,29	-9.497,27	-9.455,94	-9
4	-7.332,07	-7.292,23	-7.253,21	-7.215,01	-7.177,60	-7.140,97	-7.105,10	-7.069,99	-7.035,61	-6
5	-5.847,80	-5.812,10	-5.777,32	-5.743,42	-5.710,40	-5.678,23	-5.646,90	-5.616,39	-5.586,69	-5
6	-4.858,60	-4.825,85	-4.794,10	-4.763,33	-4.733,52	-4.704,64	-4.676,69	-4.649,64	-4.623,47	-4
7	-4.152,31	-4.121,82	-4.092,42	-4.064,09	-4.036,82	-4.010,57	-3.985,33	-3.961,07	-3.937,78	-3
8	-3.622,84	-3.594,17	-3.566,69	-3.540,39	-3.515,23	-3.491,19	-3.468,24	-3.446,37	-3.425,55	-3
9	-3.211,24	-3.184,10	-3.158,27	-3.133,70	-3.110,37	-3.088,26	-3.067,34	-3.047,57	-3.028,93	-2

Bild 9.3: Alle Parameter sind nun einstellbar.

Tipp: Die Pfeile erhalten Sie über das Register *Formeln* mit einem Klick auf die Schaltfläche *Spur zum Vorgänger*.

9.3 ZINS

Die Funktion ZINS rechnet bei gegebenen Beträgen der Anzahl der Zahlungen als Ergebnis den Zinssatz in Prozent je Periode zurück.

▶ Syntax

```
=ZINS(Zzr ;Rmz ;Bw; Zw; F)
```

▶ Parameter

Zzr	Zahlungszeiträume: Anzahl der Zahlungen.
Rmz	Der Betrag, der regelmäßig bezahlt wird.
Bw	Der Barwert.
Zw	Zukünftiger Wert bzw. Endwert. Der Parameter ist optional.
F	Ist dieser optionale Parameter 0 oder nicht angegeben, heißt es, dass die Zahlung am Ende der Periode fällig wird. Bei 1 ist die Zahlung bereits am Anfang der Periode fällig.

▶ Ähnliche Funktionen

BW(), RMZ(), ZZR(), ZW()

Die Zinsen berechnen

Im Beispiel zu dieser Funktion ist ein Kredit in Höhe von 5.000 Euro vergeben worden. Es wird 60-mal, also monatlich über fünf Jahre, der gleiche Betrag über 100 Euro zurückgezahlt. Nach 60 Monaten ist der Kredit zurückgezahlt, der Zukunftswert also 0.

Die Berechnung finden Sie in der Datei *ZINS.XLSX*.

1. Aktivieren Sie das Blatt *ZINS_1* und klicken Sie in die Zelle C11.
2. Starten Sie über die Funktions-Assistenten die Funktion ZINS.
3. Die Anzahl der Zahlungsperioden *Zzr* stehen in der Zelle C5.
4. Der Betrag der regelmäßigen Zahlungen *Rmz* steht in Zelle C6.
5. Der Barwert *Bw* steht in Zelle C7.

6. Der zukünftige Wert *Zw* steht in Zelle C8.
7. Die Angabe zur Fälligkeit *F* steht in Zelle C9.
8. Bestätigen Sie mit *OK*.

In Zelle C11 steht nun die folgende Formel:

```
=ZINS(C5;C6;C7;C8;C9)
```

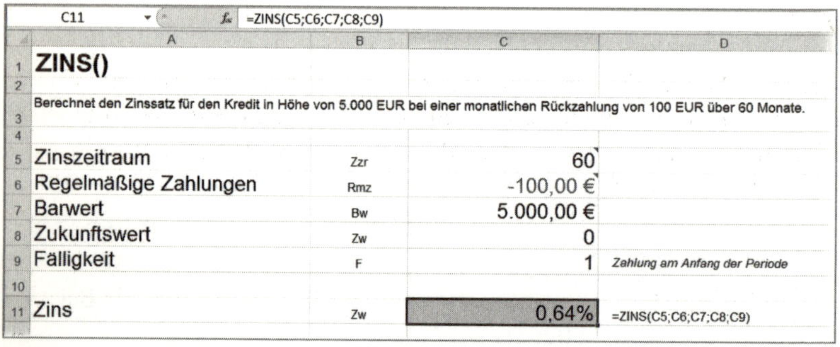
C11 =ZINS(C5;C6;C7;C8;C9)

	A	B	C	D
1	ZINS()			
2				
3	Berechnet den Zinssatz für den Kredit in Höhe von 5.000 EUR bei einer monatlichen Rückzahlung von 100 EUR über 60 Monate.			
4				
5	Zinszeitraum	Zzr	60	
6	Regelmäßige Zahlungen	Rmz	-100,00 €	
7	Barwert	Bw	5.000,00 €	
8	Zukunftswert	Zw	0	
9	Fälligkeit	F	1	Zahlung am Anfang der Periode
10				
11	Zins	Zw	0,64%	=ZINS(C5;C6;C7;C8;C9)

Bild 9.4: Der Zinssatz lässt sich auch zurückrechnen.

Unterhalb der Zinsberechnung mithilfe der Funktion finden Sie den zeitlichen Verlauf der Rückzahlung.

9.4 ZW

Die Funktion ZW liefert den Endwert (Zielwert) einer Investition.

Syntax

```
ZW(Zins ;Zzr ;Rmz ;Bw ;F)
```

Parameter

Zins	Zinssatz für eine Periode.
Zzr	Zahlungszeiträume: Anzahl der Zahlungen.
Rmz	Der Betrag, der regelmäßig bezahlt wird.
Bw	Der Barwert. Der Parameter ist optional.

F — Der Parameter ist optional. 0 oder nicht angegeben bedeutet, dass die Zahlung am Ende der Periode fällig wird. Bei 1 ist die Zahlung bereits am Anfang der Periode fällig.

▶ Ähnliche Funktionen

BW(), RMZ(), ZZR(), ZW()

9.5 ZZR

Die Funktion ZZR liefert die Anzahl der Zahlungen für eine Reihe zukünftiger, regelmäßiger Zahlungen bei einem festen Zinssatz und einem Anfangs- und Endbetrag. Der Parameter F kann den Wert 0 oder 1 annehmen und gibt an, wann die Zahlungen fällig sind (F = Fälligkeit).

▶ Syntax

```
=ZZR(Zins; Rmz; Bw; Zw; F)
```

▶ Parameter

Zins	Zinssatz pro Periode in Prozent oder als Zahlenwert.
Rmz	Höhe der regelmäßigen Zahlung.
Bw	Der Barwert.
Zw	Zukünftiger Wert bzw. Endwert. Der Parameter ist optional.
F	Der Parameter ist optional. 0 oder nicht angegeben bedeutet, dass die Zahlung am Ende der Periode fällig wird. Bei 1 ist die Zahlung bereits am Anfang der Periode fällig.

▶ Ähnliche Funktionen

BW(), ZZR(), ZINS(), ZW()

Beispiel zur Funktion ZZR()

Mit dieser Funktion können Sie beispielsweise ermitteln, wie lange es dauert, einen Annuitätenkredit zurückzuzahlen, wenn Zins, Kreditbetrag und die Höhe der regelmäßigen Zahlung bekannt sind.

Das Beispiel finden Sie in der Datei *ZZR.XLSX.*

Bei einem Kreditbetrag über 20.000 Euro, einem Zinssatz von 4,5% und regelmäßiger monatlicher Rückzahlung von 200,00 Euro liefert die Funktion das Ergebnis 125. Es sind daher 10 Jahre und 5 Monate notwendig, um den Kredit vollständig zurückzuzahlen.

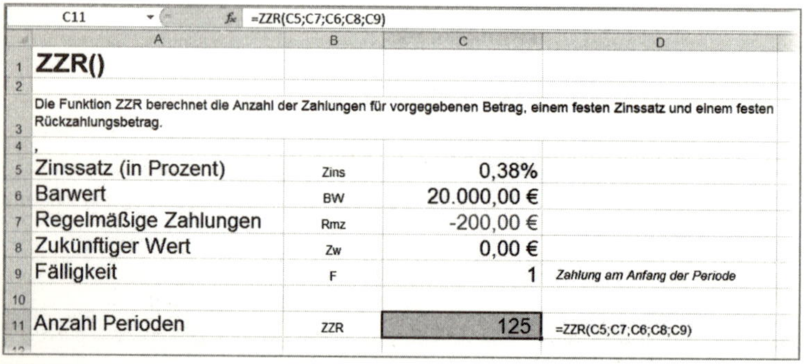

C11 =ZZR(C5;C7;C6;C8;C9)

	A	B	C	D
1	**ZZR()**			
2				
3	Die Funktion ZZR berechnet die Anzahl der Zahlungen für vorgegebenen Betrag, einem festen Zinssatz und einem festen Rückzahlungsbetrag.			
4	,			
5	Zinssatz (in Prozent)	Zins	0,38%	
6	Barwert	BW	20.000,00 €	
7	Regelmäßige Zahlungen	Rmz	-200,00 €	
8	Zukünftiger Wert	Zw	0,00 €	
9	Fälligkeit	F	1	*Zahlung am Anfang der Periode*
10				
11	Anzahl Perioden	ZZR	125	=ZZR(C5;C7;C6;C8;C9)

Bild 9.5: Die Anzahl der Perioden ermitteln

S Stichwortverzeichnis